申启武

暨南大学新闻与传播学院教授、博士生导师，拥有十余年媒体工作经历，主要从事广播理论和实务教学与研究。主持国家社科基金一般项目及省部级重大与一般项目多项；发表论文近百篇，出版专著7部，主编著作6部；获全国广播电视学术论文、论著评选一等奖、二等奖，广东省广播影视奖社科论文一等奖、二等奖。中国广播电视社会组织联合会特邀理事，中国高校影视学会理事，中国高校影视学会广播专业委员会副主任委员，全球修辞学会——视听传播学会副会长，《中国广播电视学刊》编委，重庆师范大学广播研究院执行院长，中国新闻奖第20、23、25届评委及第31届审核委员会委员。

陆敏华

中国广播电视社会组织联合会交通宣传委员会常务理事，广东广播电视台编委、羊城交通（城市之声）频率总监；曾担任珠江经济台副总监、总监；珠江经济台第一代主持人，曾入选《中国广播电视人物词典》，获第五届广东省金话筒奖，中国广播改革20年纪念“珠江模式”广播先锋奖。2006年入选省委组织部专家人才库，2020年度全国广播电视和网络视听行业领军人才。在核心期刊发表论文多篇，获全国广播电视学术论文一等奖。2017年带领团队研发上线广东台首个全球粤语音频应用客户端——粤听App，并入选中国广播融合优秀案例。

学术顾问

编辑委员会

播学院教授、博士生导师）

栾轶玫（中国高校影视学会广播专业委员会副主任，中国人民大学新闻学院教授、博士生导师）

申启武（中国高校影视学会广播专业委员会副主任，暨南大学新闻与传播学院教授、博士生导师）

赖黎捷（中国高校影视学会广播专业委员会秘书长，重庆师范大学新闻与传媒学院副院长、教授）

何新仕［广东广播电视台珠江经济电台（南方生活广播）首席业务指导］

张建敏（中国高校影视学会广播专业委员会副秘书长，暨南大学新闻与传播学院党委副书记、副教授）

珠江模式与当代广播

主　编◎申启武　陆敏华　　副主编◎张建敏　徐　宏

ZHUJIANG MOSHI YU DANGDAI GUANGBO

暨南大学出版社
JINAN UNIVERSITY PRESS

中国·广州

图书在版编目（CIP）数据

珠江模式与当代广播/申启武，陆敏华主编；张建敏，徐宏副主编 . —广州：暨南大学出版社，2022. 7

ISBN 978 – 7 – 5668 – 3433 – 1

Ⅰ. ①珠…　Ⅱ. ①申…②陆…③张…④徐…　Ⅲ. ①广播事业—发展—广东—文集　Ⅳ. ①G229. 276. 5 – 53

中国版本图书馆 CIP 数据核字（2022）第 098776 号

珠江模式与当代广播

ZHUJIANG MOSHI YU DANGDAI GUANGBO

主　编：申启武　陆敏华　副主编：张建敏　徐　宏

出 版 人：张晋升
策划编辑：雷晓琪
责任编辑：林　琼
责任校对：刘舜怡　黄晓佳
责任印制：周一丹　郑玉婷

出版发行：暨南大学出版社（511443）
电　　话：总编室（8620）37332601
营销部（8620）37332680　37332681　37332682　37332683
传　　真：（8620）37332660（办公室）　37332684（营销部）
网　　址：http：//www. jnupress. com
排　　版：广州市广知园教育科技有限公司
印　　刷：广州一龙印刷有限公司
开　　本：787mm × 1092mm　1/16
印　　张：15. 25
字　　数：300 千
版　　次：2022 年 7 月第 1 版
印　　次：2022 年 7 月第 1 次
定　　价：68. 00 元

序

2021年12月15日，由中国高校影视学会、广东广播电视台、暨南大学联合举办，广东广播电视台珠江经济台和暨南大学新闻与传播学院共同承办的第六届中国广播创新发展高端论坛在广州举行。我原本计划参加会议，但因疫情影响未能如愿，觉得很是遗憾。因为我从1995年到广播电台工作后，曾三次到广东台考察学习，听取了原台长曾广星等关于“珠江模式”的经验介绍，同时还两次参加有关论坛，作了关于“珠江模式”的学术发言，可以说，“珠江模式”给了我诸多启迪，也引发我研究的兴趣。这次会后，论坛主办者和主编之一的申启武教授嘱我为会议论文集作序，并很快发来电子书稿，我一一拜读，仿佛置身于会场，聆听了论坛上诸多创新的高见，欣喜之情油然而生。

“珠江模式”对于全国广播界而言，早已家喻户晓。但对于把“珠江模式”推向全国的学术研究模式，研究者还不太多。近十年，我梳理世界多个国家广播学术研究的里程碑，如美国的“炉边谈话”研究、类型化电台研究、《星际战争》研究、默罗研究、日间广播连续剧研究等，发现他们基本上是由基金会赞助、研究小组进行。“珠江模式”的研究则不同，是举国体制下“业界＋学界＋社会组织＋期刊”的研究范式。广东台运用这种范式，调集各方资源，通过高层论坛，研究了“珠江模式”的理论逻辑和实践逻辑，把“珠江模式”推向了全国，成为全国广播界学习、借鉴的典范。这也是中国特色广播研究的里程碑，是人民广播在改革开放40年中一个经典案例，可以说在世界广播的研究中独具特色。其第一、二次的研究成果《横空出世——广播“珠江模式”的理论与实践》，由原台长曾广星主编，洋洋65万字，于1999年5月出版，成为研究“珠江模式”宝贵的历史文献。如今，申启武教授在多年研究“珠江模式”并有不少成果的基础上，策划组织了第六届中国广播创新发展高端论坛，并将论坛上的学术论文编辑为《珠江模式与当代广播》公开出版，这是一件值得祝贺的事。因为在当下，业界和学界时有把广播边缘化的现象，特别是在大疫情流行的背景下，研究广播存在诸多困难，但暨南大学新闻与传播学院、珠江经济台全力支持，特别是申启武教授积极而为，使180多名专家学者以线上线下的方式参加了论坛，为广播事业贡献了智慧。从书稿来看，业界和学界同仁对“珠江模式”

与当代广播，对广播理论和实践中出现的重要问题、新时代广播传播方向路径问题、改革创新问题等深入思考，大胆探索，不乏真知灼见。如业界同行的论文，理论联系实际，用理论指导实践，采研融合、编研结合，从广播实践得来的经验总结、理性思考，让人加深了对广播理论的认知；而学界学者的文章，密切关注、思考、探索广播（音频）的现实走向，发力广播（音频）融合，对“珠江模式”进行新的解析，包括延伸性的研究，功莫大焉。至于书中关于广播“视频化”的问题，前几年就有争议，为此我曾于2018年专门与美国密苏里新闻学院、NBC、CBS的教授和总监进行过专题对话。在美国，也有“视频化”的提法，但CBS为了吸引用户，采取的普遍做法是“短视频引领”，并取得一定成效。我国人民广播目前还有三大争议没有定论，如人民广播的起源问题等，对“视频化”有不同认知，这并不奇怪，我们完全可以采取“百花齐放”的态度。有一句名言：“实践是检验真理的唯一标准”，这个问题也可以通过实践来检验。我们有理由相信，这些争议最终都会有定论。

另外，这次论坛有不少年轻学子参与，书中收录有他们的论文，这种做法值得提倡。广播要后继有人，离不开对年轻人的培养，抓好这项工作，应是我们义不容辞的责任。为了让“珠江模式”在新时代结出新的果实，为了继续推进人民广播事业的高质量发展，我真诚向读者推荐这部论文集。

覃信刚

2022年6月

（作者系中国广播电视社会组织联合会学术委员会副主任、博士生导师）

目　录

珠江模式：过去、现在与未来

新媒体　新广播

新理念　新探索

新视野　新观察

会议综述

珠江模式

过去、现在与未来

“珠江模式”三十五载回望与前瞻

张靖华

摘要：被“逼”出来的珠江模式，在几十年的运营实践中，从未停止创新与探索。其重要创新一方面在于“接地气”，另一方面体现在不拘一格的用人方式上；而且“珠江模式”从诞生之日起就没有把运作范围局限在广播电波中。从早期以线下活动形式办“看得见的广播”，到后期的互联网、电商及新媒体，珠江人一直以积极的心态去正视和面对时代变迁，尝试与新事物结合。既然昨天广播人没有束手待毙，今天当然也不会！因此，“珠江模式”的明天仍然值得期待。

关键词：“珠江模式”；创新与探索；融媒；共生与竞争

从1986年12月15日广东广播电视台珠江经济台（以下简称“珠江台”）正式开播算起，至2021年已历三十五载。“以新闻信息为骨架，以大版块主持人直播节目为肌体”的“珠江模式”一直为广播人津津乐道，这一当年颠覆中国广播界传统的制播方式至今仍是国内广播的主流形式。时至今日，新媒体的诞生再次颠覆大众接收信息的途径，广播、电视、报纸等传统媒体面临着生存的考验。此刻，回望细品三十五年来“珠江模式”的发展历程，对我们思考广播的下一步发展方向不无裨益。

一、被“逼”出来的“珠江模式”

20世纪70年代末，改革开放政策打开了国门，而且对外开放的政策并不仅仅止步于经济领域。一夜之间，毗邻港澳地区的珠三角群众“惊喜”地发现，自己的收音机里能清晰地收听到以往一直被干扰电波覆盖的港澳电台信号，全新的主持风格和海量流行歌曲从听觉上前所未有地冲击着受众。

面对挑战，从1979年起，广东电台按照“面向基层、面向群众、面向生活”的思路，对专题、新闻、文艺节目从内容到形式进行了摸索性的改革，先后开办了《大众生活》和《大众科学》等节目，将专题节目大众化，而后更是率先创办了主持人节目《大众信箱》，同时还不断尝试改变传统广播节目的播音方式。

但是，这些局部的调整在面对与香港地区电台的竞争时仍处于明显劣势，显得只有“招架之功”。

有人说，身处改革开放前沿阵地的广东能在当年“杀出一条血路”、实现经济腾飞，既离不开政策支持，更离不开人的因素。在广播改革中闯出新路的珠江台能够诞生，同样离不开当时广东电台一批勇于突破自我、勇于创新、勇于承担责任的领导和员工。1984 年下半年，广东电台几位年轻的同事主动请缨，用最原始的方法每天去商店和一些住户家里做收听调查，了解居民收听情况，结果发现在北京路、上下九等广州最繁华、人口最密集的地区，广东电台只有两到三成的收听率。广东电台的领导也发现，即使自己坐在车上，车队的司机都在“用耳投票”，毫不“给面子”地经常收听香港电台的节目。

1984 年年底，广东电台领导实地考察了香港电台和香港商业电台后，确定了以台为单位的广播改革，决心要用听众喜闻乐见的形式办全新的广播。将广东电台二套节目改造成经济广播，从正式筹备到开播只用了 22 个月。

珠江台的成功，离不开当时改革开放的大气候及各级领导人的支持。时任党和国家领导人及多位省委省政府领导还先后为珠江台题字，这也成为中国广播改革乃至整个国家改革开放的一个典型。在 2019 年深圳改革开放 40 周年成果展上，曾获评“广东改革开放十年十件大事”的“珠江经济台开播”出现在展板之上。据不完全统计，开播后仅一年内，国内 20 多批记者对珠江台进行了报道，100 多批同行前来参观学习。之后，各地经济广播相继涌现，再其后，新闻、文艺、教育、信息、儿童等专业广播频率如雨后春笋般出现，这些新开播的专业广播频率在节目形式上都部分地借鉴了“珠江模式”，并在这一基础上不断发展且延续至今。

二、“珠江模式”是模仿的产物？

“珠江模式”的出现在国内广播界是公认的创新，但也曾有一种声音认为这不过是一种模仿。其实，大方承认当年“珠江模式”有模仿成分一点也不尴尬。事实上，不但筹办珠江台的台领导亲自带队到香港的电台考察，筹备小组也分工反复收听香港各电台的相关节目，这种动作在珠江台开播后的一段时期内仍在持续。甚至在 20 世纪 90 年代初，当香港地区电台取消了中波改成 FM 调频，广播覆盖面收窄后，到深圳等靠近香港的地区出差的同事也总不忘把收录香港的电台节目作为一项附带任务。

但是，模仿不等于抄袭。更关键的是，这一模式绝非靠单纯模仿就能成功的。创新，才是“珠江模式”的灵魂。正是有了这一条，才很好地解释了广州社情民意研究中心在1987年发布的一项调查结果：珠江台居然是广州市民打开收音机时必听的电台，开播后立刻实现了收听市场上的“惊天大逆转”！显然，在“收听成本”完全相同的前提下，如果是纯“山寨版”的节目，是不可能超越“正版”的。

这里还有一则鲜为人知的“秘闻”：当年珠江台的称号一度考虑叫“商业电台”，若真的采用这个名字，名称上就会与当年曾在珠三角拥有颇多听众的一家香港地区电台高度类似，更容易被人说是“抄袭”了。经过反复的争论和研讨，大家觉得在当时国际通用的广播语音中，“商业电台”往往是完全靠广告支撑的私营电台标签，筹备组最后确定“经济台”更能契合当时中央提出的“以经济建设为中心”的思想，名字不但更容易被上级通过而且也更贴切。名称上这种在“模仿”“借鉴”基础上的“创新”，最终诞生了这个当时在全球中文广播中独一无二的创造性称号——珠江经济台。

还有一个几乎被人遗忘的小故事：当年第一份节目表上就设计了直接接入听众电话的环节，但保障安全播出的“延时器”直至开播前还只是耳闻，未见实物。这时候珠江人想出了一个今天看来依然令人拍案称奇的“土办法”——用上两台拉开一定物理距离的开盘带录音机，接热线时在一台上录音后用另一台播出，播出时播控人员就拿着剪刀胶布随时准备在中间剪辑接驳！正是一代珠江人血脉里“不服输”“创造条件也要上”的精神，正是这一个个看似天马行空甚至荒诞不经的创意及实践，造就了一代中国广播的新模式。

珠江台最重要的创新还在于“接地气”。

翻开珠江台的头几份节目表，从节目及栏目名称就能发现浓厚的“老广的味道”，如《一盅两件》《街边仔时间》《一嚿云博士》等。有些栏目名称甚至没有普通话发音，连用标准软件打字都成了难题。还有一些节目则是香港地区电台碍于当地法律及非政府背景，即使想做也很难实际操作的节目，如《消费者之声》等。

珠江台的“接地气”也体现在办“看得见的广播”这一行动上。在平均每年超过200场的户外直播和活动中，以往“只闻其声，不见其人”的幕后主持人被推到了前台和听众直接见面交流。开播后仅半年的1987年五一国际劳动节，珠江台就在广州市文化公园举办“珠江欢乐传万家”大型活动。作为珠江台第一场大型户外活动，全体主持人在公园亮相并表演节目，活动全程直播，听众拨通热线电话就能与舞台上的主持人交流。活动当天，七万多人把公园挤得水泄不通，不少人拿着收音机到现场参加联欢活动，公园门口的交通堵塞持续了整整两小时。

在开播之初的几年，珠江台还连续举办了“我最喜爱的节目主持人”听众评选活动，每次都能收到数十万的听众选票来信。这种互动形式在当时确实能因时、因地制宜地有效调动和强化本地听众的参与感，同样是一项独特的“接地气”创新。

珠江台的“接地气”还体现在对本地文化的推广上。1989 年，其率先创立了弘扬本地乐坛的原创音乐节目《音乐冲击波》，次年起连续 3 年在广州体育馆举办的节目颁奖礼及演唱会盛况空前，不但本地明星云集，更成为当时少见的能卖门票的内地歌手演唱会。该节目还和影音公司合作，连续 4 年推出了共 16 盒原创专辑卡带，其后在这一系列铺垫基础上创立的“岭南新歌榜”更是成为中国最早的原创音乐排行榜之一。

“岭南新歌榜”当时在全国都极具影响力和权威性。每逢该榜的季度和年度颁奖晚会在广州举办，很多国内其他省区的电台歌手和广播频率音乐节目主持人都纷纷自费前来，仅仅是为了学习经验和结识国内的当红歌手，越来越多的乐坛“璞玉”通过“岭南新歌榜”的“打磨”脱颖而出。这些逐渐成为榜单常客并走向全国的歌手及其代表作在今天仍耳熟能详，如毛宁《涛声依旧》、杨钰莹《风含情水含笑》、林依轮《爱情鸟》、高林生《牵挂你的人是我》、李春波《小芳》、甘萍《大哥你好吗》、陈明《寂寞让我如此美丽》、王子鸣《伤心雨》等。

“珠江模式”的创新更充分体现在不拘一格的用人方式上。在珠江台筹办伊始，公开招聘就成为挑选员工的重要手段。在 20 世纪 80 年代末，事业单位公开招聘还是新鲜事，正是这种“稀缺”的机会吸引了当年一大批有广播梦想、有情怀的有志青年投身广播事业。最难得的是，珠江台从第一批人员招聘开始，除了对学历有基本要求外，完全不考虑报考人的专业及家庭背景。对主持人岗位应聘者虽有严格的音质音准标准和个人素质考核要求，但也从不要求必须拥有播音专业的正规培训经历。在那个年代，人才的流动还具有浓重的计划市场色彩，当珠江台的筹备组从数以千计的报名者中层层筛选出“心水”人选后，还得克服重重困难与入选者的原单位或毕业院校进行“拉锯式”谈判。当年珠江台在第二批公开招聘人员中，为“预订”一位入选时还是五年制医科大学的大四在读学生，珠江台编辑部的领导不惜为其在周末腾出三档客座节目时间，主动与大学沟通，请校方把该学生最后一年的实习安排在电台邻近的医院，更在当年高校“包分配”的体制下多番折腾，在“专业不对口”的情况下申请到一个专门的名额指标，最终如愿以偿将其纳入麾下……

正是通过这一“开门办广播”的广纳人才政策，珠江台成功招揽了一代具有活力、富有创新精神的广播人，形成“珠江模式”百花齐放、活力四射的节目风格。在步入 21 世纪前夕，珠江台开始组织赛会式的“广播魅力新人王大赛”来选拔补充广播新血，在社会上尤其是高校中掀起了一波波广播热潮。这一延续九届的大赛使珠江台成为广东广播电视界培育新人的“黄埔军校”，历届参赛者至今仍有多位活跃在广东广播电视的舞台上，并成为各自频率、频道的业务骨干。

三、“永不停顿的珠江”——从未停止创新与探索的“珠江模式”

早年珠江台的台标词中，有两款至今被奉为经典：一款是“珠江通四海，经济第一台”，另一款是“永不停顿的珠江”。这两款台标词，可谓浓缩了珠江人一直在传承的开放、包容、创新与探索基因。

“珠江模式”从诞生之日起就没有把运作范围局限在广播电波中。从早期以线下活动形式办“看得见的广播”，到后期的互联网、电商及新媒体，珠江人一直以积极的心态去正视和面对时代变迁，尝试与新事物结合的探索从未停止。

早在1996年，珠江经济台率先注册了网站，把节目表及广播直播信号同步传上了互联网，成为国内首批“触网”的广播频率。而后电商大潮来袭，在各路媒体大军纷纷向电商投去关注目光之时，珠江人更是身体力行，于2014年启动“双十一购物节”，由电商旁观者直接成为参与者，让“听众”变成“用户”，探索广播媒体经营转型的新模式。

2015年，珠江台开始探索互联网场景下的新“珠江模式”，着力打造“媒体+平台+终端+用户”的“广播+”跨媒介生态系统，次年更是打造出自己的专属电商平台“呼啦商城”。这一举措把广电节目内容生产、网络新媒体孵化、呼啦电商、财富投资及管理产业、线下活动（每年100余场）的策划与制作等，联合构建成珠江经济台融媒矩阵，实现了产业间的有机循环和整体协调。[①]

同样在2015年，珠江台石破天惊地实现了“让听众自己直接掏钱办节目”的创举。《风云再汇》是一档创办了10年的著名财经清谈节目，收听率一直保持同时段领先并积聚了大量忠实听众。节目组“脑洞大开”地提出以“用户是否愿意付费”来决定节目能否继续播出，决定通过“众筹”方式募集一年的制作费。众筹活动于当年2月13日在中国最具影响力的众筹平台——“众筹网”正式公开上线，目标为人民币88万元，结果短短13天就成功达到众筹目标，成为“众筹网”开办以来众筹金额排名第三的项目，并创造了该网最短筹集周期的纪

① 《珠江“带货”广播发力电商“云风口”》，“珠江经济台”微信公众号，2020年4月11日。

录。广东广播再次引领传统媒体筹集节目经费的突围之路，开创了中国广播业先河。[①]

广播的“稍纵即逝”一直是其传播上的严重短板。随着融媒时代的来临，音频 App 在很大程度上弥补了这一缺憾。自提出“广播 +”的概念后，珠江台一直在这一领域进行探索和尝试。在“花小钱集中力量办大事”的思想指导下，珠江台把发力点集中到粤语广播上，其孵化培育的“粤听”App 于 2017 年 9 月 26 日正式上线。其后珠江台更肩负着拓展融媒创新领域的重要使命并入了总台网台，继续朝着打造“全球最大粤语移动电台”的目标迈进，在推动广东广播整体创新与发展、传播优秀岭南文化上起着积极作用。

四、新媒体时代“珠江模式”前瞻

在新媒体时代，广播的“珠江模式”仍有自己的突破口，主要体现在以下三方面：

（一）把握受众“伴随性场景”的需求

进入新时代，手机成为现代人须臾不离的生活伴侣，寄生于手机中的各类新媒体平台自然也占据了信息传播的高地。其中不乏各类装载了广播节目的新媒体产品，如各类音频 App 及各广播电台自行开发的 App，不少手机还可以直接接收 FM 广播信号。相比报刊和电视等传统媒体，广播在新媒体时代的困境仍然属于“危中有机”，其依然是不可替代的媒体传播渠道，尽管有些时候只是个“配角”。当人们的双手双眼都另有“工作任务”时，“伴随性场景”中只占用双耳的广播自然具有独特优势，最典型的是驾乘状态。这个时候的“配角”是可以“喧宾夺主”的。

iiMedia Research（艾媒咨询）2019 年发布的一项调查数据显示：人们在进行运动、开车、家务等体力劳动以及上下班通勤时最常收听音频，占比在 40% ~50%之间，明显超越同样场景下接收图片、文字及视频信息人群的比例。音频占主导的上述四种使用场景都属于“伴随性场景”，能够让用户在进行其他活动的同时接受信息。而睡觉前和居家休闲则属于“非伴随性场景”，用户浏览图片文本或观看视频通常更为普遍。与视频、图文相比，音频形式的内容更适合

① 《珠江经济台〈风云再汇〉节目众筹成功　开创中国广播业先河》，“珠江经济台”微信公众号，2015 年 2 月 28 日。

用户在“碎片化”和“伴随性场景”中使用。[①]

一段时期以来，交通广播在国内崛起，不少地方的交通广播都占据了当地收听榜单的龙头位置，这很大程度上正是因为节目设计符合司乘一族在“伴随性场景”中的需求。值得高兴的是，随着生活水平的提高，人们的休闲时间越来越多，“伴随性场景”也在不断增加，就看广播有没有“功力”抓住这些人群的耳朵了。

（二）“珠江模式”与在线音频App的共生与竞争

近年来，各类在线音频收听App在资本市场的加持下大举进占“伴随性场景”这一收听阵地。iiMedia Research（艾媒咨询）的调查数据显示，2020年中国在线音频用户规模达5.7亿人，在线音频用户规模保持连续增长态势，预计2022年整体用户规模达到6.9亿人。

通过分析相关调查数据会发现，这些在线音频收听App与广播往往是既竞争又共生的关系。数据显示，2021年上半年中国“95后”群体偏好度最高的在线音频节目类型分别是“二次元”、广播剧和小说；而“80后”群体偏好度最高的节目类型是商业财经、情感生活和人文历史。“80后”群体偏好的更多属于传统电台原有的节目类型，只是收听平台转移到了在线音频平台。[②] 而早在2018年，CSM十二城市基础研究调查结果也显示，互联网音频节目用户中大约20%是纯网络内容用户，大约80%的人群是广播直播与网络内容的重叠人群，只不过听互联网音频内容的人群多会同时使用手机App来收听广播。[③]

在线音频收听App的出现其实很好地弥补了以往广播节目“稍纵即逝”的最大一块短板，节目回听正是这些App的一项重要功能。广播频率更可以成为其重要的内容提供商，至于版权、节目附带的广告被听众有选择性地跳过等问题，理论上可以通过针对性收费和软件设计等方法解决。当然，这需要漫长的法规完善、市场培育和各方的复杂博弈等过程才有望进入良性循环。

“珠江模式”的广播今天仍有自己的听众，只不过收听的渠道有了变化，且广播的节目出品必须适应当代听众更为挑剔的耳朵，因为他们已经习惯了在音频App上随时主动选取无广告的定制类内容，“转台”也变得更加容易。

融媒时代带来传播手段的变化，对于专注“专业性窄播”的广播频率而言

---

① 《艾媒报告：2019中国在线音频市场研究报告》，搜狐网，https://www.sohu.com/a/299233480_533924。

② 《艾媒2021：中国在线音频用户规模将达6.4亿，喜马拉雅稳居头部地位》，DoNews，https://www.donews.com/news/detail/4/3166621.html。

③ 《手机App音频用户特征及收听行为分析》，搜狐网，https://www.sohu.com/a/362792788_750267。

冲击其实更大。以“交通广播”为例，免费的车载或手机地图已经成为每位司机的出行必备，面对这些“秒秒在更新”路况的导航“神器”，交通广播的正半点交通信息很容易沦为鸡肋；当一顿早饭的价钱就可以每月在音乐 App 上收到个性化定制推送的无损音乐时，传统音乐广播受到的冲击之大也可想而知。

相对地，走“新闻、资讯类”路线的广播频率在融媒时代反而显得更有生机，关键是要在整套节目中考虑突出自己的“实时性”及“公信力”这两个利器。“实时性”方面，广播就应该提供更多“这一刻发生”的资讯来与在线音频 App 的固有内容抢夺听众。互联网信息时代的到来其实已经为广播及时收集各类实时信息提供了太多的渠道和来源，需要的只是设立一套甄别遴选和审核发布信息的严格且高效的制度。“公信力”则是传统广播相较于“自媒体”的另一个明显优势。国家互联网信息办公室于 2021 年 2 月 22 日实施新修订的《互联网用户公众账号信息服务管理规定》，明确未经许可或者超越许可范围提供互联网新闻信息采编发布等服务属违法违规行为。

所以，上至国家大事国际动态，下至一场正在进行的体育比赛乃至所在城区的突发事件，如果每次都能在节目中及时提供权威且准确的信息并形成习惯，进而不断有动态性的跟进甚至独家报道，“伴随性场景”中的受众自然会对广播所提供信息的权威性和及时性产生“路径依赖”。更何况，“手机依赖”造成视觉疲劳是这一代人的“流行病”，越来越多白领一族开始更乐于在睡觉前及“放空”自己的时候闭目，只接受声音信息。声音传播即使在专注收听领域也未完全被消灭。

当然，广播人要如同珍惜自己眼睛一样珍惜这种“公信力”。前些年广播节目中一度泛滥成灾的医药卫生类节目就是“饮鸩止渴”的典型，今后应从制度上杜绝。

珠江台一直以“南中国最权威的综合资讯粤语广播”为立台之本。良好的权威性资讯广播形象正是珠江台多年来在本地收听榜一直位居前三甲的不二法宝。近年来，国内一些经济广播以“定位不清晰”为由更改了称号和定位。实际上，经济问题关系国计民生，和每个社会个体息息相关，也是目前国内媒体环境下资讯传播中限制较少、天地更为广阔的领域。作为中国经济第一台，珠江台不但不会放弃这一定位和呼号，反而会在此基础上考虑进一步突出“泛经济生活”和“资讯广播”的形象，在节目设计上增强这两方面的内容，以完善制度为基础强化上述“实时性”的操作保障和可执行性。在此基础上，还将同时担负起传承、传播、推广粤语歌曲、粤剧、粤语“讲古”等粤语文化的使命。

（三）打造一支少而精的骨干型融媒团队

近年的网红经济捧红了一批网络主播，“直播＋互动”是其最大卖点，看起来是否似曾相识？这不就是当年“珠江模式”的广播节目最常用的制作方式吗？

是的，“珠江模式”节目的制作手法其实本身就隐含着现代融媒共有的基因。近年来，珠江台主动拥抱新媒体进行的种种融媒传播和实践也证明，广播与新媒体是可以共生共荣的。接下来的“珠江模式”必将围绕制作出品优质音频这个核心，打造与自己体量规模相适应的融媒矩阵，充分运用包括各类视频平台在内的新媒体平台手段，通过线上线下的常年互动实施自己的立体传播。

要实现这一目标，人是最重要的因素。如果说当年的“珠江模式”要求主持人“采、编、播”合一是一个很大的突破，那么今天的“珠江模式”更需要新一代从业者在传统广播人素质基础上具备新媒体观念、掌握融媒传播手段。要吸引这样的骨干型人才加入新“珠江模式”下的广播频率，必须建立具市场化竞争力的薪酬体系，而广播的营收体量又注定了人员队伍只能较以往更精干。当在传统广播节目基础上衍生出来的大量具融媒特征的线下活动及经营等项目出现时，广播人更应该担当的是项目策划监制和执行监理的角色，方案的具体执行完全可以交由第三方专业队伍去操作。珠江台最近连续四年操办的“迷你马拉松跑”项目就是一个典型的成功例子：该赛事赞助方是一家国有商业银行，而赛事执行都交给了一家具组织赛事资质的体育发展公司，这种操作也更符合近年“专业人办专业事”的公认游戏规则。

“珠江模式”从一开始就是在逆境中诞生的，当年面对的是电视屏幕和境外广播的双重夹击，今天传统媒体面临的则是全方位的新媒体冲击，逆境似曾相识。既然昨天广播人没有束手待毙，今天当然也不会！广播“珠江模式”的明天仍然值得期待。

［作者系广东广播电视台珠江经济台（南方生活广播）首席业务指导］

融媒时代传统广播媒体的转型探索
——以珠江经济广播为例

纪 瑞

摘要：35 年前的广播“珠江模式”掀起了广播改革的热潮，然而当下媒体已“深度融合”，传统广播媒体的发展又一次走到了岔路口，在“个性化 + 高质量”的内容为王的今天，传统广播媒体除了需要紧跟时代步伐、积极应用新兴技术之外，还必须保有传统媒体阵地，在此基础上进行多方向、多角度的探索发展，这才是生存之道。其中最重要的也最需要进行转变的，依然是观念和思路。

关键词：媒体融合；广播；转型

2021 年是珠江经济台开播 35 周年。35 年前，珠江经济台开播时打破了传统节目模式，推出了融大众型、信息型、服务型、娱乐型为一体的全新节目，开创了主持人直播、听众热线参与、大版块结合、全天滚动播出等全新的广播模式。这一模式吹起的广播改革春风迅速刮向全国各地，掀起了广播改革的新浪潮。在随后的数十年间，我国广播媒体不仅见证和记录了国家变革道路上的一个个重要历史时刻，而且自身也在不断焕发出活力，探索着属于自己的发展道路，经历了中国广播的自主化、人格化、专业化、数字化、社会化、融合化等一个个改革与创新的重要阶段。然而，在 35 年后新旧媒体已深度融合的今天，传统广播媒体的发展又一次来到了岔路口。

一、当前媒体融合发展的态势

（一）国家传媒发展战略的引领

2020 年 9 月 26 日，中共中央办公厅、国务院办公厅印发了《关于加快推进媒体深度融合发展的意见》，预示了媒体深度融合的加快推进，已被纳入国家的文化发展战略。2020 年 10 月 29 日，十九届五中全会通过了《中共中央关于制定国民经济和社会发展第十四个五年规划和二〇三五年远景目标的建议》，其中也明确提出“推进媒体深度融合，实施全媒体传播工程，做强新型主流媒体，建强用好县级融媒体中心”[1]。在国家政策的引领下，传媒领域各行业开始加强顶层设计，如2020年召开的全国广电工作会议提出，要建设“智慧广电”工程，推动广电媒体深度融合发展。这便为当下及未来智慧媒体的建设确立了发展基调。

（二）5G、人工智能等为媒体革新提供了技术支撑

5G作为第五代移动通信技术，具有高速率、低时延和大连接等特点，如今正以异乎寻常的速度开始运用于社会诸多行业。在媒体融合领域，“5G+”广播电视已然兴起。如2019年8月19日，全球首台“5G+8K”超高清视频全业务转播车落成，并投入第二天的篮球世界杯“5G+8K”转播实验。2020年，央视春晚利用5G、8K、4K和VR等新技术为观众带来了全新的观看体验。2020年5月，中央广播电视总台成功进行了国内首次“5G+8K”超高清内容的制作与传输，真正开始在5G带动下进行视频内容的迭代升级。这些全新技术带来的不仅仅是人民生活上的改变，同时也促进了直播行业的跨越式发展。

另外，人工智能同样成为推进媒体技术变革的重要动力。如2020年5月，搜狗联合新华社推出“新小微”、央视网联合百度智能云推出AI主播产品“小智”等，这一系列的创新改变了传统的新闻播报方式，给受众以耳目一新的观看体验。2020年5月的两会云直播、云访谈、视频连线等新闻创新，都应用了5G移动通信技术以及智能高清传输技术。可以说，5G、人工智能等新兴技术，为媒体的融合发展提供了前所未有的技术支持。

（三）直播形式的多样化创新助力传统媒体变革

2016年，直播第一次成为风口行业，在资本力量的助推之下，直播平台犹如雨后春笋，“百播混战”如火如荼。特别是到了2020年，受到突如其来的新冠肺炎疫情的影响，物理空间的隔绝加速了“非接触经济”的兴起。直播+电商、直播+游戏、直播+秀场、直播+社交、直播+视频、直播+综艺、直播+旅游、直播+招聘……林林总总，五花八门，直播行业欣欣向荣。据商务部数据统计，2020年上半年全国电商直播超1 000万场；而据CNNIC数据披露，“截至2020年12月，我国网络直播用户规模达6.17亿，占网民整体的62.4%”[2]。直播行业的蓬勃发展，直接刺激并推动了传统媒体的变革。如2020年“央视频”启动了武汉火神山、雷神山建设过程“慢直播”，“人民视频”开设了战胜疫情

---

① 《中共中央关于制定国民经济和社会发展第十四个五年规划和二〇三五年远景目标的建议》，中华人民共和国中央人民政府网，http://www.gov.cn/zhengce/2020-11/03/content_5556991.htm。

② 《第47次中国互联网络发展状况统计报告》，中国互联网络信息中心，http://www.cnnic.net.cn/hlwfzyj/hlwxzbg/hlwtjbg/202102/t20210203_71361.htm。

网络直播节目《人民战“疫”》，新华社推出了VR高清直播“丈量”珠峰全过程等。传统媒体通过新技术创新直播形式，用全新的表达方式坚守舆论阵地，传播主流社会价值观。

二、珠江经济广播频率转型的探索和实践

面对科技创新促动媒体融合发展的带来的机遇与挑战，广东广播电视台于2014年启动了广播技术改革项目，历时7年，总投资超过1亿，人工智能辅助、云计算、大数据分析、3D智能监控系统等全新技术均在其中得以应用。这套全新的制作播出系统涵盖了视频直播、直播互动、移动汇聚制播、内容共享、跨媒体分发等多种功能，助力传统广播媒体的转型升级。

珠江经济广播频率作为广播“珠江模式”的开创者，早在35年前就已经第一次在中国广播电视界提出了“直播+主持人”这一概念。在2021年的今天，其依然敢为人先，在转型之路上率先布局，大胆前进。在2019年的“全域媒体生态发展峰会”上，广东广播电视台珠江经济广播频率总监陆敏华，以“中国有赞商盟传统媒体联盟理事单位”和“广州有赞商盟理事长单位”的身份作主题演讲，提出了“传统媒体转型，转身就行”的观点，强调传统媒体想要转型，第一步就是要改变固有观念和思路，在生产优质节目内容、做好主流媒体宣传任务的同时，灵活运用新兴技术，“放下身段”去参与市场竞争。

（一）坚守传统广播阵地，生产优质节目内容

无论如何，优质内容生产依旧是第一位的，传统媒体原有的宣传阵地不能丢。守好意识形态安全“南大门”，培育践行社会主义核心价值观，打造岭南文化新高地，构建“大宣传”工作格局，为广东实现“四个走在全国前列”提供坚强思想保证和强大精神力量[①]，这是广东媒体首要任务。为此，珠江经济广播频率多次进行组织架构调整，最终形成了以节目中心、融媒中心、财经中心为主的三角架构，通过机构机制创新与人才团队建设，推动节目内容的高效、高质生产，不断增强整个频率的竞争力。从2016年至今，珠江经济广播频率一直稳居广东地区收听率排行榜前二，市场份额位居前二。参见图1：

① 《广东省委宣传部长傅华：守好意识形态安全“南大门”》，中国文明网，http://www.wenming.cn/dfcz/gd/201805/t20180524_4697045.shtml。

	日期 >>	2020/10/20	2020/10/20	2020/10/20	2020/10/20	2020/10/20	2020/10/20	202
	设置 >>	所有	所有	在家	在家	车上	车上	工作
	频率	收听率%	市场份额%	收听率%	市场份额%	收听率%	市场份额%	收听
1	广东广播电视台珠江经济广播电台(E I	0.981	20.175	0.565	24.788	0.234	17.489	
2	广东广播电视台羊城交通广播台FM105.	0.865	17.783	0.392	17.214	0.284	21.261	
3	广州新闻电台FM96.2	0.648	13.33	0.401	17.603	0.089	6.626	
4	广州交通电台FM106.1	0.559	11.501	0.2	8.791	0.229	17.151	
5	广东广播电视台音乐之声FM99.3	0.378	7.779	0.113	4.96	0.12	8.97	
6	广东广播电视台股市广播(FM95.3财经	0.294	6.037	0.139	6.089	0.039	2.903	
7	广州电台青少年广播(MY FM88)FM88/A	0.284	5.831	0.053	2.307	0.131	9.801	
8	广东广播电视台新闻广播FM91.4/AM64	0.159	3.273	0.069	3.01	0.045	3.337	
9	广州电台金曲1027 汽车音乐广播 FM1	0.154	3.165	0.08	3.513	0.025	1.879	
10	广东广播电视台文体广播	0.12	2.458	0.029	1.275	0.045	3.347	
11	中央人民广播电台第二套节目经济之声	0.07	1.432	0.053	2.303	0.011	0.816	
12	广东广播电视台南方生活广播FM93.6/	0.066	1.35	0.043	1.865	0.015	1.119	
13	中央人民广播电台第一套节目中国之声	0.055	1.139	0.035	1.531	0.016	1.209	
14	中央广播电视总台粤港澳大湾区之声	0.055	1.133	0.028	1.223	0.006	0.418	
15	广东广播电视台城市之声FM103.6	0.05	1.038	0.03	1.311	0.018	1.373	
16	中国国际广播电台劲曲调频(CRI HIT I	0.038	0.773	0	0.006	0.008	0.573	
17	中国国际广播电台环球资讯广播FM107.	0.028	0.568	0.023	1.016	0.001	0.091	

图 1　央视 – 索福瑞 2020 年 10 月 20 日收听市场调查报告截图

仅 2020 年，珠江经济广播频率就制作播出了全网点击量达 5.5 亿的 12 集广播融媒体文学节目《抗疫演义——张忠德驰援故事》，全网点击 8 000 万的全媒体传播作品《2 710 公里，十位广东农民从田头到海心沙》。从抗击疫情到助推乡村振兴，珠江经济广播频率充分践行了身为主流媒体的社会价值，也因此荣获了“2019—2020 全国广播收听市场风云榜全国广播频率综合影响力指数省级电台都市经济生活频率 TOP5”“2019—2020 年度十大领军品牌媒体”等诸多荣誉。

图 2　《抗疫演义——张忠德驰援故事》海报

（二）深度联动政府、企业，大力开展地面活动与融媒直播

作为一家省级传统媒体，珠江经济广播频率充分发挥自身的公信力和品牌影响力优势，积极与各地政府部门、企业进行深度联动，在直播带货、大型地面推广活动、融媒体直播环节迈出了坚实的一步。

2020 年是我国脱贫攻坚的决战决胜之年，频率联合广东省农业农村厅，通过“线上广播融媒体 + 线下推广”的方式助推乡村振兴，承办了一系列带货直播与地推活动，例如《庆丰收、迎小康——广东省庆祝 2020 年中国农民丰收节活动暨大湾区电商节开幕仪式》《520 就用荔枝表达爱》《抗“疫”助农——广东韶关农产品春季拍卖会》《大爱有声 · 630 助农云购大直播》等。其中，通过“广东荔枝 520”系列策划，带动广东荔枝销售 180 亿元。“广东荔枝 520”主话题阅读量达到了 1.1 亿，讨论 1.12 万，登上了微博热搜榜本地第一。

为了解决疫情之后各行业产业复苏难题，珠江经济广播频率联动广东旅游控股集团，举办了《广东有诚意，暖心游羊城》大型直播带货秒杀活动，倡导“广东人游广东”，带动广东各大乡村景区及农产品消费。直播活动同时在白天鹅宾馆、珠江夜游轮船、广州塔顶进行，是一次真正意义上的海陆空三地联播，吸引了超过 130 万人次观看，旅游控股集团当晚的直播营收近 100 万元。

除了助农、抗“疫”这两方面之外，珠江经济广播频率同样没有忘记传承传统民俗文化、增强城市文化认同感等任务。自 2016 年起，珠江经济广播频率连续 6 年承办“广州第一诞”——郑仙诞，和白云山名胜风景区联手打造广府新民俗文化，开展了丰富多彩的民俗文化活动，将广州历史悠久的民俗活动重新带回人们的视野。每次活动持续一周，吸引了大量市民和社会各界精英人士的热情参加，使郑仙诞成为广府人喜闻乐见的大型民俗文化庆典。经过 6 年的举办，“郑仙传说”已成功申请了市级非遗项目，成为广州白云山的品牌。

（三）孵化自主品牌平台，引领岭南地区传媒发展

2021 年，主流媒体入驻其他平台已成常态。珠江经济广播频率也入驻了央视频、抖音、快手、今日头条、百家号等多家平台，组建自己的媒体矩阵。不过，为了减少分流带来的影响并保存自身的忠实用户群体，珠江经济广播频率早在数年前就开始进行产业布局，通过搭建培训平台 + 电商平台 + 音视频 App 平台互济互补的三角架构，为珠江经济广播频率本身保驾护航。

珠江经济广播频率最早成立的是南方广电教育培训中心，率先发挥传统媒体优势，通过内部主持人兼职、外部招聘的组合方式储备了优秀的师资力量，其中有“金话筒奖”获得者，也有多年从事教育培训的教师。连续十余年的培训，

打造了大量的优秀学员，为各大学校输送了各式各样的传媒人才。

珠江经济广播频率早在2016年就敏锐地把握了行业变革的风向，早早布局电商平台。使用“有赞”公司技术，依托自身的微信公众号，建立了“呼啦云购”，于融媒中心下开设了电商小组，专门负责电商板块的经营与拓展。在2017年秋季大闸蟹上市之际，其联动阳澄湖、太湖大闸蟹品牌经销商，线上线下同时大力推进大闸蟹销售，仅当年就获得了超过100万元的销售业绩。

为了不受制于其他网络平台，并推进媒体融合转型，频率在2017年9月26日正式推出“粤听”App，它是广东广播电视台继“触电新闻”“正直播”后第三个移动客户端，也是唯一的一个主打音频业务的运营级新媒体平台。一方面，由于在全国广电自办的音频App中，“粤听”App属于起步较晚的一个，与其他传统广播内孵化的移动客户端产品遇到问题一样，无论在资金还是技术上，都无明显优势；另一方面，音频移动客户端竞争激烈，几大商业平台如喜马拉雅、蜻蜓、荔枝等牢牢占据流量入口，规模稍弱的平台内容则拼命抢夺KOL（Key Opinion leader，意见领袖），运营上同质化明显，作为后来者，想在现有的市场格局中分一杯羹相当不易。因此，“粤听”App在创建之初，就明确其“地域化、小而美”的差异化竞争理念。“粤听”深耕广东市场，处处“讲好广东故事”，以本土情怀为切入点，在短时间内“笼络”了大批用户。至2018年12月，“粤听”App下载量就已经接近150万，会员用户数超过10万，并于同年6月获得广东省2018年文化繁荣发展专项资金资助，同年9月被评为“2018年中国广播创新融合十佳案例”。

（四）深度改革中遇到的阵痛

2020年6月，《中共广东广播电视台委员会关于巡视整改进展情况的通报》在谈及深化体制机制改革力度不足的问题时指出，“实行内部机构改革，精简机构，优化流程，重点推进综合管理机构实行大部门制，合并同类机构”，“加强新媒体平台和产品管理，进一步推动媒体融合发展。授权下属网络广播电视台统一管理PC端和移动互联网上的新媒体平台和产品”[①]。于是，珠江经济广播频率的南方广电教育培训中心以及“粤听”App均从原频率剥离，并由广东广播电视台进行统一管理。频率的稳定三角架构被打破，仅剩电商平台独力支撑。在新的改革形势下，频率将运营重点回归于内容创作生产与融媒发展、电商发展方向，最终成立了节目中心、融媒中心、财经中心的三中心架构。

---

① 《中共广东广播电视台委员会关于巡视整改进展情况的通报》，南粤清风网，http://www.gdjct.gd.gov.cn/xszg51/content/post_30433.html。

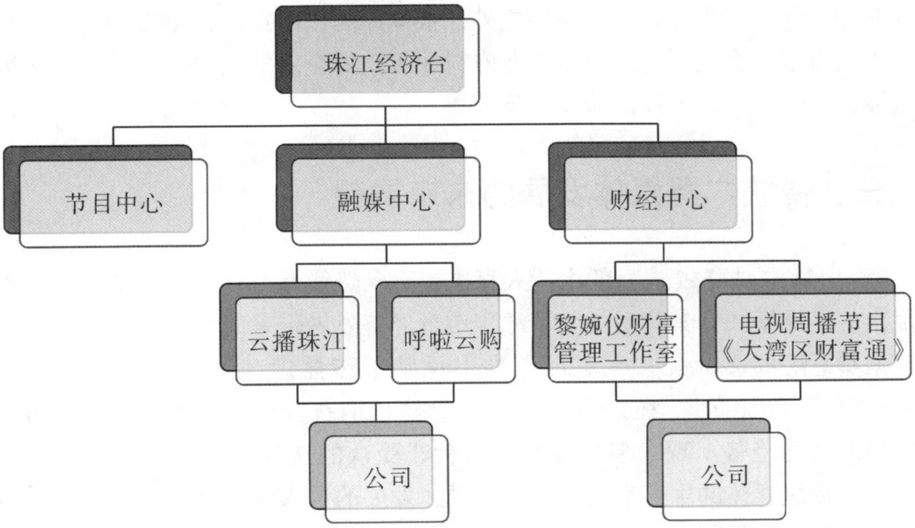

图 3　珠江经济台三中心架构

在全新的架构下，珠江经济广播频率固有的广播节目内容生产获得了进一步巩固和加强；融媒中心也获得了充足的发展，其间珠江经济广播频率在学习强国、抖音、快手等平台上发布了大量的新媒体内容并取得了较好的成绩；财经中心也通过扩充节目板块内容，成立了《财富风云录》等优秀的财经故事栏目，并于 2021 年 10 月 10 日组织了上市公司、投资者、听众三赢的大型系列活动“上市公司考察之旅”，足迹遍布中国大江南北，广受好评。

图 4　云播珠江新媒体平台截屏

珠江经济广播频率在经历“阵痛”后之所以能够迅速重新找准定位，开展各项业务，除了因为原本底蕴深厚之外，根本原因依旧在于根据自身特长，积极进行市场竞争：在延续与广东省农业农村厅等政府企业的项目合作之外，拓展各种可能的全新项目，发展的步伐永不停滞。

三、传统广播媒体发展的未来展望

35 年前，“珠江模式”的主持人直播、听众热线参与、大版块结合、全天滚动播出的广播模式，其背后的变革源于市场经济发展带来的大众文化消费力的提升和消费意愿的多元化，在更深层次上反映了传播理念上由“传者本位”向“受众本位”的转向①。在 2021 年的今天，这依旧符合现今时代从大众传播向分众传播的转变趋势。现今多媒体共存时代，受众的选择更加具有主动性和多样性，同时传统媒体的生存空间也受到了极速发展的自媒体的严重挤压，传播格局的迅速变化，使得传播不仅要注重形式，还必须注重内容。

需要注意的是，珠江经济广播频率的广播节目、线下活动与直播带货、电商三者从来都不是独立运行，而是相互协作配合的。不论是上述提到的大型地推活动《庆丰收、迎小康——广东省庆祝 2020 年中国农民丰收节活动暨大湾区电商节开幕仪式》，还是小型的单场直播带货，广播、直播、电商均参与其中，三者相辅相成，共同完成项目，且缺一不可，而这正是传统媒体与其他企业和商业平台最大的差别。

同样改革比较成功的浙江电台交通之声（FM93 交通之声），采取的是成立财经、汽车和全媒体旅游三大工作室，其中业务骨干均由频率的主持人、记者承担，打通了生产、营销、品牌等中间的环节，灵活地解决了节目生产和经营的融合问题，同时实现从内容生产、节目包装、市场宣传、经营推广到 IP 打造的一体化链条式运作。② 两个频率架构虽然各不相同，但改革的方向有异曲同工之妙。

在“个性化 + 高质量”的内容为王的今天，传统广播媒体的发展，除了需要紧跟时代步伐，积极应用新兴技术之外，必须保有传统媒体阵地，在此基础上尝试多方向、多角度发展，才是生存之道。同时，最重要的也是最需要进行转变的，依然是观念和思路。在市场竞争中寻找自身定位，充分发挥传统广播媒体固有优势，将会在竞争中无往不利。

[作者系广东广播电视台珠江经济台（南方生活广播）编辑]

---

① 钱锋：《“珠江模式”的文化意义》，《中国广播》2017 年第 3 期。

② 周煜媛：《浙江电台交通之声三大工作室：永动机阵容，融合创新在路上》，《中国广播影视》2019 年第 24 期。

探索融媒实践与创新

——在改变传播方式中实现传统媒体新价值

何新仕　林少霞

摘要： 互联网年代，传统广播传播环境与传播现实已发生根本性改变，最大的特征是受众大多处于各种数字场景以及充满无限可能的“连接”“链接”中，传统广播必须适应这个转变。珠江经济台近几年深耕农业领域，探索在改变传播方式中实现传统媒体新价值。

关键词： 媒体融合；场景融合；产销对接

“珠江模式”的核心是创新，敢为人先。正如 1986 年珠江经济台的口号“永不停顿的珠江”，35 年来，珠江经济台一直在变：在改变传播方式中改变自己，把文章写在田间地头，让文章沾着泥土、带着露珠、冒着热气，为自己添活力。

一、创新传播，营造社会关注点，呈现媒体新活力

一直以来，作为粤语广播的珠江经济台在珠三角、粤西、粤北等地有着广泛的受众，开播之初就有农业农村节目。在脱贫攻坚、乡村振兴的大背景下，珠江经济台该怎样为农民办实事？

创新传播，创新消费。5 月 20 日是年轻人追捧的“示爱日”，“520”谐音“我爱你”，也可延伸成“我爱荔”。珠江经济台推动“520”营销，发力助农卖荔枝。2019 年在本地媒体首个原创性策划中推动荔枝营销与“520”消费有机融合，让荔枝成为广东“520”仪式性、标配性消费品，5 月 20 日成为广东荔枝消费日。同时喊出一句口号：520，就用荔枝表达爱！赋予荔枝更多的情感价值、文化价值，让城市大市场带动农民增收致富。当天在增城举办了广东全省荔枝营销推广活动。晚上，这一口号登上城市地标广州塔，这是广州塔首个广东农产品区域品牌广告，广大荔农没想到有这样的惊喜——广州塔给他们做了一次声势浩大的广告。

（一）创新传播，营造情景化话题宣传，为荔枝上市造势引流

荔枝是广东单一种植面积最大、品种特色最鲜明、区域优势最明显、种植历史悠久的亚热带水果。广东荔枝每年总产量达 140 万吨，荔枝产业直接带给农民增收 150 亿元以上，带动产业相关环节创造产值 50 亿元以上。

荔枝是 180 万荔枝产业人的希望，特别是粤东、粤西、粤北等欠发达地区果农的期盼。2020 年，一场突如其来的新冠肺炎疫情，给荔枝销售带来影响。荔枝销售成了果农的揪心大事，广东茂名高州荔枝集中上市，总产量预计超过 20 万吨，即 4 亿斤。高州市农业农村局负责人算了一笔账："如果每斤收购价能增加 1 元，群众就能增收 4 亿元。"疫情之下，荔枝丰收年如何拓宽销路，促进果农增收？促增收，关键是立品牌、拓销路，而要达到这一目标，首先应营造出消费氛围和消费场景。

2020 年开展了更大声势的"520"宣传推动，仅一天就有九项安排，包括：印上广东荔枝 logo 和图样的南航客机"广东荔枝号"全球首航，"广东荔枝"高铁专列首次开通，2020 年中国荔枝产业大会于广东茂名开幕，广东荔枝巨幅海报首次霸屏东京、纽约等国外城市，以及为致敬抗疫一线英雄和脱贫攻坚一线人员，广东荔枝巨幅宣传点亮大湾区广州、深圳、珠海等十个城市的屏幕，还有广东荔枝宣传出现在广州地标"小蛮腰"顶上的 LED 挂网屏幕，举行"2020 广东国际网络荔枝节之丝路行——520，让世界知道我爱'荔'"全球视频直播，薇娅为广东荔枝直播带货的广播融媒体新闻现场直播节目《520，就用荔枝表达爱》，首个电商直播马拉松 52 小时超长接力带货直播等。一系列策划形成关注焦点，荔枝上市季，借"520"营造消费热潮，让全社会支持荔枝营销。

2020 年 5 月 20 日上午，中国荔枝产业大会在广东茂名开幕。大会举办了"520 用荔枝表达爱·致敬战'疫'英雄"荔枝赠送仪式，在这个特别的日子，用最新鲜的茂名荔枝向"最美逆行者"致敬。

抗击新冠肺炎疫情，白衣执甲，逆行出征。你给"荔"，我接"荔"，齐心协力共克时艰。当天，在茂名市，一大批清晨从树上采摘下来的新鲜荔枝，通过顺丰冷链直达的方式，配送到 2 495 名援鄂医务工作者手中，以表达对战"疫"英雄的深深敬意和浓浓关爱。2020 年的"520 就用荔枝表达爱"活动，有了新的诠释，颂扬大爱与奉献精神，向奋战在抗疫一线与病魔较量、与时间赛跑的英雄们致以崇高的敬意。

2020 年一系列策划成就了"亿级爆款·荔枝出圈"，成为备受关注的现象。#广东荔枝 520# 系列话题上了微博热搜，位列本地第一。其中主话题 #广东荔枝

520# 阅读量1.16亿，讨论量1.14万。据不完全统计，话题矩阵#广东荔枝上天了# #520就用荔枝表达爱# #广东荔枝520# 等累计阅读量1.5亿，讨论量7万。

珠江经济台推动“520”营销已经持续三年。疫情之下的2021年，珠江经济台策划“520”“邂逅·尝鲜，就用广东荔枝表达爱”系列宣传。52辆“荔枝号”定制车摆出了“520”的字样。主持人化身荔枝甜蜜体验官，坐上“荔枝号”专车，穿街走巷喊大家吃荔枝，送上今年第一批上市的荔枝鲜果，将“520”变成“惊喜之日”。

在“广东荔枝520广播日”，珠江经济广播以全天版面制作播出广东荔枝特别节目。原创歌曲《520小甜蜜》朗朗上口，在新华网、南方+、触电新闻、微信视频号、抖音等平台被网友广为传播。《520，广州用荔枝表达爱》《520，北上广，海陆空，广东荔枝是最闪亮的星》等报道，在微信、微博、抖音等社交媒体平台引发刷屏。活动同时联动亿级粉丝电商平台橙心优选，对接进行荔枝线上销售，力推尝鲜的湛江遂溪“仙品荔”，“520”后的一周已基本售罄。一系列情景化宣传推广，使荔枝成为城中焦点，为荔枝上市造势引流。

（二）新闻策动，促成立体“爱心接荔”，搭建荔枝端到端的营销桥梁

2021年6月，受疫情影响，广州增城、从化荔枝在物流、销售等环节遇到不同程度的困难。6月20日，珠江经济台联动广东台七大广播频率以及触电新闻App、“粤听”App、“呼啦商城”等新媒体平台，推出特别节目《620，大爱有声·爱心接“荔”联播》，通过融媒体直播+电商营销+明星主持IP“打call”的形式为荔农排忧解难。节目一边连线采访农业部门领导、广州荔枝产区果农、生鲜物流企业代表、超市批发农贸市场等单位，了解广东荔枝面临的困难；一边进行电商销售，号召工会、工商联、企业等大单购买；还连线采访饮食和养生方面的专家，科普荔枝的食用方法和药用价值等，加深受众对广东荔枝的认知，促进消费。当天适逢父亲节，主持人们还喊出一句口号“620，就用荔枝表达爱”，呼吁市民购买消费，直接助农。

120分钟的爱心接“荔”联播，统一行动，形成声势，在广东广播各新媒体平台视频直播观看总量超52万，促成机关单位、企业及个人荔枝订购48吨，在政府、媒体、行业之间搭建“爱的桥梁”，构筑疫情下新一轮有温度、立体的“爱心接荔”，体现了政府、行业帮群众办实事，为广大荔农的生产与经营排忧解难，为全社会的爱心涌动传递真情。

（三）联动直播，发动全国电台主播接“荔”喊话，让广东荔枝走出广东走向全国

大爱有声，扶农助农，同心抗疫一起来！2021 年 6 月，珠江经济台在全国广电媒体策划推出了“大爱有声·经济广播喊全国人民吃广东荔枝”行动，联合全国三十多家电台的百名主播，以主持人“打 call”短视频形式，用家乡话喊当地乡亲吃广东荔枝，引起全网关注，为广东荔枝销售引流。

6 月 28 日到 7 月 5 日，珠江经济台又联动全国十家经济广播电台，策划了《经济广播十台接“荔”——喊全国人民吃广东荔枝》直播活动。十家经济广播电台传递的接“荔”棒，带着广东荔枝的甜蜜风潮从广州出发，来到了从化、哈尔滨、山东、南京、河南、福建、安徽、天津、四川、贵州等全国十个不同省市，喊全国人民吃广东荔枝。其以广东荔枝为媒，给全国人民带来了一场场精彩纷呈的荔枝融媒体盛宴。

从首站发起的广州，走进了北回归线上的明珠、著名荔枝之乡从化，溯源广东荔枝的深厚底蕴和现代化绿色产业；延续到哈尔滨经济广播，唤起了冰城人民对广东荔枝这款岭南佳果的热爱；山东经济广播则邀请了粤菜师傅坐镇教授荔枝菜式；南京经济广播推出“金陵爱‘荔’”策划；河南经济广播特邀专业营养专家科普荔枝的养生食法；福建经济广播将诗歌会和趣味吃播糅合；安徽经济广播将徽菜与广东荔枝的创意菜系完美结合；天津经济广播深入一线农贸市场了解广东荔枝行情；广东惠来荔枝推荐官走进四川经济广播直播间与粉丝亲尝荔枝；收官之站贵州经济广播更是把广东荔枝带进了电视融媒直播间。十台经济广播接“荔”各显神通，创意迭出，精彩纷呈。

《经济广播十台接“荔”——喊全国人民吃广东荔枝》全网累计观看量超过 6 200 万人次。节目活泼新颖的画面，配合广播新零售方式创造共享爱“荔”平台，直播中同步上线广东荔枝销售链接，通过各地主持人的宣传推介，大大提高了广东荔枝的知名度。

珠江经济台推动的“520 就用荔枝表达爱”，自 2019 年 5 月 20 日强势“表白”以来，已成为广东荔枝市场营销行动的重要组成部分，亦成为岭南农耕文化赋能广东特色农产品的标志性事件，是荔枝上市季的亮点活动。

二、多维策划，小切口讲大主题，锻造媒体整合力

在城中央为农民颁奖，把丰收节活动变成乡村与城市的一场超级链接。2020 年珠江经济台承办广东省庆祝中国农民丰收节活动，举办地选在广州城市中央的

海心沙广场。作为广东省庆祝2020年中国农民丰收节的重头戏，活动以“丰收”为媒，城乡居民一起庆丰收、迎小康，呈现广东发展精细农业、建设精美农村、培养精勤农民的新篇章，也是对全省乡村振兴成果、脱贫攻坚成果和丰收成果的一次检验。

把乡村与城市连在一起，就是把产区与销区连接，拉动乡村产业、推动城乡融合。城乡同庆丰收，就是要在全社会形成关注农业、关心农村、关爱农民的浓厚氛围，让乡亲们的日子越过越红火。

（一）庆丰收、说丰收，着力讲好广东特色农产品的营销逆转战役

丰收来之不易，突如其来的新冠肺炎疫情以及各种自然灾害的侵袭，给粮食和农业生产带来挑战。全省广大农民和基层干部发扬伟大抗疫精神，防控疫情保春耕，不误农时抓生产，坚持抗灾夺丰收，为保持经济社会大局稳定提供了有力支撑。

一年来，广东上下一心、众志成城，克服重重困难，在徐闻菠萝、广东荔枝等特色农产品的营销逆转战役中，广东打出了组合拳，打出了大品牌，打出了大市场。2020年上半年，徐闻菠萝主产镇曲界镇，仅邮政银行农户存款余额合计12.56亿元，同比增长高达26.68%，这在疫情防控的大背景下显得更加难得；2020年是荔枝丰收大年，广东荔枝价格普遍提高2倍至5倍，产值超过180亿元，百万荔农钱进腰包、喜上眉梢；梅州柚走进上海，进军长三角。这一个又一个的广东农产品，不但走进了国内高端市场，还开拓了国际大市场。依靠“12221”农产品市场营销体系，依托广东农产品“保供稳价安心”数字平台，广东以数字力量和互联网力量聚集全产业链要素资源，让农民朋友们“放心种、不愁卖”。

在这个为农民朋友们举国同庆的欢乐节日里，广东给农民发“大礼包”，启动百万农民线上免费培训工程，帮助农民朋友们掌握数字化新技能，打开农产品新销路，切实提升获得感。广东还着力培育一批数字农业农村新农民，建立更多的新型数字农民学习平台，低门槛、智能化地开展农业数字化技能培训，让越来越多的农民朋友掌握数字新技能。

（二）“杂交水稻之父”袁隆平院士寄语广东现代农业成为亮点

为了广东的庆祝活动，珠江经济台摄制组专程赴湖南录制首届国家最高科学技术奖得主、杂交水稻之父、中国工程院院士袁隆平给广东的寄语视频，他说：“仓廪实则天下安，农业丰则基础强。值此2020‘中国农民丰收节’，我向广东

农民们致以节日的问候！广东省委省政府高度重视现代农业建设，近年来无人农场等智慧农业取得重大进展，衷心祝愿广东现代农业又好又快地发展！”

身为“中国农民丰收节宣传大使”的袁隆平院士说，现在的农业已经不是面朝黄土背朝天，而是现代农业了，希望更多有志青年加入现代农业的研究实践中，为中国农业发展尽力。

（三）奋斗在希望的田野上，着力说好新农人故事，农业成为有奔头的大产业

推动中国现代农业发展，离不开像袁隆平这样的院士，同样也离不开更多基层的农科人员。在活动现场，在万众瞩目中走上广州海心沙广场星光大道红地毯的，就有“2020 年广东十佳最美农技员”和“2020 年广东十大杰出高素质农民”，他们兢兢业业扎根基层、服务乡村，是“懂农业、爱农村、爱农民”的三农工作排头兵。珠江经济台派出两路采访拍摄团队，分赴茂名、清远，到小山村实地跟拍他们的日常劳动以及前来广州的全过程。

“杰出高素质农民”之一的朱焱宗，是茂名高州市桑马生态农业发展有限公司的副经理，他建立精准扶贫产业基地，吸纳贫困户到基地务工，并以保底价收购贫困户产品，创新农村电商发展模式，共享冷库、物流、电商平台等设施资源，带动了当地 200 多户农户，平均每户增收 5 000 多元，实现了农业增效、农民增收。

清远连南瑶族自治县瑶山水有机稻农民专业合作社的房瑶冷三尔，是粤北高寒贫困山区的瑶族农村妇女。36 岁那年，她和丈夫一起回乡创业，整合种养植、加工、销售资源，带动大坪镇 500 多户村民发展，为当地农户人均增加收入 3 000 元以上，还打造出具有连南瑶族地方特色的“稻田鱼有机米”品牌。

十大杰出高素质农民，十大经典案例，展现了广东农业农村的新面貌。广阔的农业农村天地，正呈现让人欣喜的新场景、新潮流，广东的农业，正成为有奔头的大产业。

（四）聘请七位宣传大使，着力推进丰收节成风化俗

为进一步发动社会各界广泛参与中国农民丰收节，提升节日影响力、凝聚力、号召力，推进成风化俗，引导带动城乡同庆丰收、共迎小康，广东省庆祝 2020 年中国农民丰收节活动特别聘请了七位宣传大使，他们分别是中国工程院院士、华南农业大学教授罗锡文，扶贫干部、那毛村党支部第一书记彭彬，以及名人名嘴唐彪、郑达、吴瑕、宋嘉其、李嘉。

一直致力于“智慧农业”的罗锡文院士，是中华人民共和国农机发展的见

证人和参与者。从农机 1.0 时代到农机 4.0 时代，几十年来，他主要从事水稻生产机械化的研究，他带领团队研发的“水稻精量穴直播技术与机具”成果获 2017 年国家技术发明奖二等奖，“无人农场”技术成果获 2021 年国家科技进步奖二等奖。

扶贫干部、那毛村党支部第一书记彭彬驻村扶贫 5 年。这位被村民亲切唤为“番薯哥”的第一书记，用了 3 年时间便带领村民靠种植红薯走上了致富路，获得 2019 年第二季度“敬业奉献好人”称号。

还有全国劳模、国家一级演员唐彪，他是广东文艺界的名人，心系群众，曾每年都义务参加 10 场由省政协组织的“情系山区”演出，2015 年被授予“全国中青年德艺双馨文艺工作者”荣誉称号。

广东名嘴、珠江经济台主持人郑达则横跨舞台、广播、电视三大领域，上至时事新闻点评、下至经济饮食类节目均有涉足，谈吐风趣亦敢想敢言，备受广东观众喜爱。曾多次为广东农产品代言推广，助力广东农产品带货直播，获聘“2019 广东荔枝宣传大使”。

（五）启动大湾区电商节，线上线下为“粤字号”农产品带货，形成广泛的社会化营销

不知不觉中，时下手机已经成为新农具，数据成为新农资，直播成为新农活。本次活动与前两届中国农民丰收节最大的不同，就是在农业领域，通过直播卖农产品已经成为一种新潮流。为此，广东省庆祝 2020 年中国农民丰收节活动特别聘请了在电商直播领域做出过骄人成绩的主播作为“广东扶贫助农公益主播”，共同助力脱贫攻坚、乡村振兴。

9 月 23 日启动的大湾区电商节，将庆丰收与金秋消费相结合。在海心沙广场，2020 年全省乡村振兴与脱贫攻坚成果展同时展出，舞台两边次第排开十个独立直播间，广电主持人、头部主播、村播、网红等在淘宝直播、抖音、快手、网易、腾讯小程序、微信端以及一亩田等平台直播带货，他们都铆足了劲推介广东名优特色农产品，拉动城乡消费，助力城乡融合发展。首日线上围观合计达 1 098 万人，销售总额 213 万元。在采购商平台一亩田的直播中，单品梅州柚实现了周采 21 万斤的意向订单。

（六）融媒发力，整合传播，布局全媒体矩阵宣传，致力打造现象级传播体验

“庆丰收、迎小康”2020 中国农民丰收节宣传周期从 9 月开始，至 12 月底结束，横跨 4 个月。

珠江经济广播频率首次采用5G+4K+VR技术，全景式展示海心沙开幕式现场实况。乡亲们通过网络，真切地体验他们的农民代表从边远的小山村一直走上省会广州这个大都市中央为他们铺设的红地毯。当天，活动吸引了《人民日报》、新华网、央广网、南方网、《南方日报》、《广州日报》、《羊城晚报》、广州电视台等十几家主流媒体报道关注。

珠江经济广播频率除了承办广州海心沙开幕式活动，还开展农民趣味运动会、线上丰收节+云展会以及多场地市特色农产品推广活动。地市直播活动包括：9月26日，“产业兴农迎小康·怀岭大地庆丰收——怀集县庆祝2020年中国农民丰收节暨第三届谭脉西瓜节”；9月28日，韶关兰花走进大湾区华南植物园主题展暨韶关文旅推介会。另外，举行“我丰收、我分享”短视频大赛和拍摄制作“市长县长话丰收”短视频。

据统计，广播电视传播平台有广东广播电视台旗下广东卫视、广东新闻频道、珠江经济台等，新媒体平台有触电新闻、“粤听”App、南方+、微博、微信、微视、腾讯视频、抖音、快手、今日头条、网易新闻、百家号、搜狐新闻、一点资讯、知乎等，总点击量超过8 000万。

三、传导连通，变身综合传播平台，实现媒体新价值

2020年初，新冠肺炎疫情来势汹汹，举国上下奋力抗击，众志成城，共克时艰。珠江经济台充分发挥广播电视媒体的传播作用，在广东省农业农村厅的指导下，切实做好“保供给、稳物价、安民心”宣传工作，用平台实效讲好广东强力保障抗疫故事。

（一）力推“保供给、稳物价、安民心”平台，吸引更多企业商家加入保供给行列，讲好广东强力保障抗疫故事

全国上下齐心协力坚决打赢疫情防控阻击战。兵马已动，粮草不能迟。2020年1月27日，在广东省农业农村厅的指导下，珠江经济台成为广东农产品采购商联盟发起单位之一，联盟发出“保供给、稳物价、安民心”倡议书，短短3天时间，就有超过300家“菜篮子”企业积极响应。从水果蔬菜到禽畜肉类，从食品生产商到生鲜超市再到物流公司，一条给市民“菜篮子”稳定输送粮食的线上线下“绿色通道”迅速搭建起来。

为及时宣传广东省“保供给、稳物价、安民心”的各项举措，吸引更多企业商家加入保供给行列，2月1日上午9：00—10：30，珠江经济广播精心策划，推出特别节目《“米袋子、菜篮子、果盘子”保供给稳物价安民心！——广东决

心打赢疫情防控阻击战》，邀请北京一亩田新农网络科技有限公司、广州江南果菜批发市场、鸿霖供港蔬菜、广东佰顺农产品供应链集团、湛江国联水产开发股份有限公司、盒马鲜生、广东新供销天润粮油集团有限公司、广东省农业展览馆等12家单位和企业的负责人接受访谈，畅谈如何发挥各自优势，竭尽所能及时组织主要农产品采购供应，以生产促供应，保证不哄抬价格。

节目同步在“粤听”App、蜻蜓FM、喜马拉雅等新媒体平台播出，实时在线收听用户超过200万。节目播出后反响热烈，不少听众称，听了节目的介绍，真心感到疫情之下百姓的“菜篮子”有保障了，尤其是各家企业的表态让人既放心又舒心。广东省农业农村厅副厅长陈东在节目结束后称赞本次策划充分凸显了珠江经济台作为主流媒体的社会责任，对当前全民抗疫，“保供给、稳物价、安民心”起到很好的宣传作用。

珠江经济台还策划播出三期特别节目，分别是《不出门的“云买菜”，你试过了吗?》《共同战“疫”，我们和你在一起》《浓情二月，珠江送暖——特别的爱给“最美逆行者”》，音视频收听观看点击量合计超3 000万，收到很好的宣传效果。

（二）发起“珠江速递，爱心团购”公益活动，放心蔬菜送上门

针对疫情联防联控条件下省内外农产品生产、供销、物流、销售各环节渠道遇阻、信息不畅等情况，珠江经济台“呼啦商城”立足公益，于2020年2月8日发起“珠江速递，爱心团购”活动，对接“保供稳价安心”平台的蔬菜、肉类、水产等农产品供应商，为居民小区提供便民服务，把放心蔬果等农产品送上门。

配合团购活动，珠江经济台（FM97.4）每天10：30—11：00还在广播节目中进行秒杀推介，连线各供应商以及购买客户。

据统计，参与爱心团购的市民约8万人次，爱心团购专区访问人数200万余人次，累计销售6万余单。活动组织了150多位爱心团长，服务涵盖广州、佛山等珠三角地区的70多个社区，同时特别照顾到特殊人士群体，为他们提供了方便、快捷、实惠的送菜服务，深受欢迎和好评。

广东省委宣传部2020年3月2日《广东新闻阅评》对珠江经济台的这一举措给予通报表扬，指出“省主要媒体开展公益服务战‘疫’护农，开创‘媒体+’深度参与新模式”。

（三）主持人助力农产品营销，策划推出《战“疫”助农，达哥拿锤！——广东韶关农产品春季拍卖会》

疫情之下，广东传统的农产品营销受阻严重，种植养殖户们面临着巨大的销

售压力，农产品的滞销问题牵动着社会各界的心。为助力疫情防控和脱贫攻坚取得“双胜利”，珠江经济台联合广东农产品采购商联盟秘书处（广东省农业展览馆）、韶关市农业农村局和一亩田 App 平台，策划推出《战“疫”助农，达哥掌锤！——广东韶关农产品春季拍卖会》爱心助农活动，通过“名人名嘴直播带货 + 云助农拍卖会”的新模式，提供供应商与采购商供需对接服务平台，促进韶关农产品销售，擦亮韶关“善美韶农”区域公用品牌。2.5 小时直播、4 位明星主持、6 款韶关农副产品，这场广东韶关助农云拍卖会空前火爆，让疫情期间一直眉头紧锁的农户们都乐开怀了！直播结束后，珠江经济台还把竞拍过的采购商信息汇总给供应商，让他们在线下继续沟通，持续销售。

珠江经济台依托触电新闻、“粤听”App 以及“云播珠江”等主要新媒体平台，以融媒优势，进行线上线下互动，引领网络热点。据统计，直播观看人数约 50 万人次。

结　语

珠江经济台顺势而为，运用了多媒体融合、多场景融合、产销对接等多维度的融合力量，推动广东农产品从品质到品牌的迭代升级，把农产品打造成为广货的 IP。

珠江经济台助力广东农产品市场体系建设，体现了强公信力、强策划力、强传播力三个特点：强公信力，媒体与农业农村同舟共济，讲好广东农产品故事，号召社会各界群策群力，用行动诠释责任与担当；强策划力，为广东农产品推广打造多场活动，传统媒体与新媒体平台双管齐下，用广播、电视、短视频、网络直播等方式，全方位推广广东农产品品牌；强传播力，联动出口企业和采购商，助力农产品销售和出口，世界各地人士为广东农产品“打 call”、广东农产品在海内外开展亮屏行动，进一步扩大广东农产品的全球知名度，让世界爱上广东农产品，让广东农产品成为世界名品。

珠江经济台近年深耕农业，发现原有媒体资源价值，因势而动，用创意改变传播方式，在实践中寻找实现价值的机制，用脚力、眼力、脑力、笔力把文章写在田间地头，记录新农村天地，用媒体力量助力脱贫攻坚，推动乡村振兴。

520，就用荔枝表达爱——可以说，这是对火热土地的深厚情怀。

[作者分别系珠江经济电台（南方生活广播）首席业务指导，珠江经济电台（南方生活广播）编辑]

论传统媒体如何转化为电商顶流

——以珠江经济台为例

陆敏华　李绮梅

摘要： 伴随着互联网信息科技的快速发展，直播带货这一形式已普遍为人们所接受。淘宝直播、京东直播、抖音、快手等各大平台纷纷投入直播带货的风潮之中。传统媒体在发展的转型期跟随时代发展的潮流，逐步与直播带货对接。如何运用媒体所拥有的特殊优势向电商顶流转化，是传统媒体面临的一大问题。本文即对传统媒体向电商顶流转化所具备的优势及劣势进行分析，并基于此提出传统媒体转化为电商顶流的具体策略，为传统媒体在经济社会发展的新时期获取新的发展动力提供有价值的参考。

关键词： 传统媒体；珠江经济台；电商顶流

2019 年被称为“直播电商元年”，各大电商平台纷纷推出直播带货模式，引来无数好奇目光。一组数据可以显示当年的直播带货有多火：根据淘宝公布的数据，在 2019 年淘宝“双十二”当天，7 万多场直播引导的成交额与去年同比增长 160%。而在一个月前的“双十一”，淘宝直播引导成交额近 200 亿元，其中有超过 10 个“亿元直播间”，超过 100 个“千万元直播间”。2020 年受新冠肺炎疫情影响，直播带货被推到空前的高度。3 月，广州市商务局出台方案，将广州打造成为全国著名的直播电商之都，“千年商都”变身“直播之城”。直播江湖不单有直播带货界的头部网红李佳琦等，连企业明星董明珠、罗永浩，演艺界“国民媳妇”刘涛、知名主持汪涵等都开设了带货直播间。在这个背景之下，传统媒体以自身的功能为依托进行产业升级，保持与时俱进和革新思维，将自身拥有的固有资源优势与电商拥抱、与直播科技拥抱，这就是传统媒体进行创新和多元化经营的新途径。下文就传统媒体如何转化为电商顶流这一问题进行具体分析。

一、传统媒体向电商顶流转化所具备的优势及劣势

传统媒体向电商顶流转化具备固有的优势。现如今的网络经济发展环境为传统媒体向电商顶流转化提供了良好的氛围，传统媒体自身具有较强的平台作为后

盾，可依托拥有的媒体经验以及社会资源，增强传播的效果。媒体内部储备了成熟的媒体运营经验，专业化的技术团队有助于电商直播活动的开展，成熟的媒体管理经验、广泛的客户资源都为传统媒体转化为电商顶流提供了支撑。以珠江经济台为例，可以发现这一传统媒体就是充分发挥其固有的优势，通过转型升级逐步向电商顶流转化的。2020 年，珠江经济台与薇娅联手，将薇娅这一直播网红、流量大咖打造成《云播珠江》这一节目的公益主播。薇娅作为直播带货的大流量与珠江经济台的合作无疑推动了珠江经济台影响力进一步提升。根据尼尔森调查报告的数据信息（2020 年 8 月），在中国省级广播的传播影响力榜单中，珠江经济台处于省级经济广播首位；赛立信与广告协会广播电视分会共同发布的广播收听市场风云榜（2020 年 8 月）也表明，珠江经济台在省级的电台频率融媒体云端点击量中，保持了全国第二、广东省第一的位置。这些信息都表明，珠江经济台作为传统的媒体利用自身固有的传播效应，借助网红的流量快车扶摇直上。

传统媒体向电商顶流转化也存在一定的劣势。传统媒体与直播带货业务的联合是一种全新的购物形式，所搭建的购物平台与其他购物平台相比入市较晚，市场开拓的力度不足，平台知名度不高，需要经历一定的阶段和过程，才可获取市场的认可。平台在运营过程中需要提升线上客服服务能力，为客户留下优良的印象，但传统媒体向电商顶流转化过程中并不具备这类经验，暂时还无法提供媲美京东、淘宝等平台所提供的专业性服务。以珠江经济台为例，作为中国经济广播第一台，自 2014 年起已建立“呼啦”这一电商品牌，同时也是最早运营电商品牌的广播电视传媒之一，这些都可以体现其在经济广播及传统媒体电商转营方面的“江湖地位”。但在“呼啦”这一电商品牌推出前期，其市场开拓以及知名度拓展能力并不强。2015 年，“呼啦”打响“一听即发 1 + 8”电商狂欢节，数据显示，当年共 120 万人访问广东广播微商城，商品销售额仅 300 多万元；2016 年，广东广播电商将狂欢节进一步拓展，转变为狂欢周，“双 11”当天销售额也只是 30 多万元。由此可见，传统媒体在向电商顶流转化的过程中存在着劣势，商品销售额不高，所吸引的客户量并不乐观，其市场开拓以及知名度建设还有较大的提升空间。

二、传统媒体转化为电商顶流的策略

（一）与商家建立战略合作关系

加速变革的技术、逐步缩短的产品周期使得传统购物平台生存环境巨变，单凭自身能力进行独立卖货，可能无法适应市场的需求。要想快速发展，就应当寻求新的合作，通过创新经营模式，扩大影响力。传统媒体向电商顶流的转化，就是通过媒体的宣传效应使得各类资源充分联合，直播带货与传统媒体的合作使得商家与媒体之间达成合作关系，快速提升了媒体的宣传效应，同时增强了商家卖货竞争力。基于传统媒体所具有的资源，商家所提供的优势商品可迅速打开市场，借助媒体宣传效应，商家提升品牌的知名度，媒体也能提升传播效果，丰厚扎实的客户资源进一步助力商品市场开拓以及媒体宣传效应的扩大。

例如，珠江经济台就通过直播带货与商家深入合作，在农产品的销售方面与农户合作，推动了脱贫攻坚工作的开展。从 2018 年中国设立农民丰收节开始，珠江经济台凭借其在省级媒体当中的影响力，成为广东省农业农村厅指定合作宣传媒体之一（唯一的广播媒体），策划多场宣传活动，线上线下联动推广东农产品。2019 年，珠江经济台与广东省农业农村厅联合策划了“520 广东荔枝节”，而后 2020 年 5 月策划了网络荔枝节即“520 就用荔枝表达爱”，9 月成功竞标“中国农民丰收节广东电商节活动”的全案服务。在直播过程中，珠江经济台以其媒体影响力成功邀请淘宝第一女主播薇娅担任荔枝国际的推广大使及《云播珠江》公益主播，这也是薇娅唯一一次为省级媒体担任公益主播。珠江经济台在现场直播间推荐对岭南地区农户所提供的岭南佳果荔枝。同时，通过策划“520”当天在广东中山、深圳、珠海，国外如日本银座、美国纽约时代广场等地户外 LED 巨屏致敬抗疫英雄的快闪活动为扶贫荔枝点赞，以及制作为广东荔枝宣传等系列海报；“雷岭荔枝开采节”“茂名荔枝直播”等一系列线上线下的主题策划，让广东荔枝成功出圈。数据显示，#广东荔枝 520# 这一话题阅读量 1. 16 亿，讨论量 1. 14 万，#520 就用荔枝表达爱# #广东荔枝 520# #广东荔枝上天了# 等各类话题，阅读量高达 1. 5 亿，讨论量高达 7 万，在微博广东省热搜榜处于第一的位置。这证明珠江经济台与省农业农村厅、地方政府、荔枝商户所建立的合作关系，不仅推动了荔枝的销售，还促进了脱贫攻坚目标的达成。未来珠江经济台这一传统的媒体可以与各类商家建立更深入的战略合作关系，发挥传统媒体与直播红人所带来的广大影响力，通过直播带货的形式将各类商品推介出去。

（二）联合互联网平台扩大宣传效力

在互联网时代，信息迭代的速度过快，用户面临海量的新闻信息，难以从特定的信息中获得满足感，例如微信公众号点击率不断降低，娱乐产品使用时长逐步缩短。传统媒体要转化为电商顶流，就应当考虑到用户的流向，与具有较高热度的互联网平台联合，进一步提升宣传效率。近年来，越来越多的流量向着短视频平台涌入，广告商也逐步进入短视频平台，爆款产品在短视频平台一一打造，这证明传统媒体与互联网平台的结合着实提升了产品的影响力。传统媒体与互联网平台合作，将客户引流至商家店铺，可提升商家店铺浏览率、访客数量，促使客户付款、下单，提升店铺成交额。基于互联网平台与传统媒体的联合，更多类别的商品被推荐出去，社会影响力更加广泛。例如，从珠江经济台所举办的直播带货活动情况来看，2020 年珠江经济台与华南国美联合开展了“520 为爱拼了”这一直播活动，三个小时直播销售额将近 6 000 万元；2020 年 7 月，珠江经济台与淘宝直播联合，开展了淘宝直播产地广州直播节，启动的带货直播活动助力广州货品实现全球购；2020 年 8 月，珠江经济台联动省旅游厅、旅控集团，同步宁夏、广东等地多个电商平台，通过政企联合开启跨省互动带货模式。其中，传统媒体与电商平台的融合引来了近 100 万人次的直播观看量，实现了近 70 万元的线上交易额。这一系列直播活动都证明，传统媒体与互联网平台的联合着实扩大了商品销售的宣传效率，为商品的销售拓展了新的局面。

三、把握机遇，迈步向前

直播带货的热潮是传统媒体在转型发展过程中所面临的机遇和挑战。传统媒体要实现向电商领域的转化，就应把握这一发展时机，要具备移动互联网与共享经济相互融合的指导思维。其可以通过与商家建立战略合作关系，提升商品的影响力，为商品的售卖拓展市场，并与互联网平台联合，扩大各大直播活动的宣传效力。传统媒体向电商顶流发展，这一思路已经受到了商家和众多消费者的认同，传统媒体应当把握这一转型发展的机会，积极开拓电商市场，努力转化为电商顶流。

参考文献

[1] 吴谷枫:《论传统媒体投身直播带货的优势与风险》,《视听纵横》2020 年第 4 期，第 44－47 页。

[2] 郭全中:《传统媒体布局直播电商研究》，《青年记者》2020 年第 19 期，第 52－54 页。

[3] 陶岳志:《流量变现：广播＋电商的媒体运营模式创新》,《传媒评论》2020 年第 6 期，第 87－88 页。

[4] 谭天、赵娜:《传统媒体直播电商路径探析》,《新闻战线》2020 年第 10 期，第 41－45 页。

[5] 刘峥：《浅谈传统媒体如何打造“官方主流网红”》，《传播力研究》2020 年第 6 期，第 1－2 页。

[6] 卢俊敏:《传统媒体如何办好电商平台——温州都市报温都猫的探索》,

《新闻战线》2019 年第 11 期，第 88－90 页。

［7］吕敏：《“拍我吖”媒体电商购物平台商业计划书》，华南理工大学硕士学位论文，2016 年。

［8］何绮翎：《全媒体视角下佛山电视台“媒体电商”优化研究》，广东外语外贸大学硕士学位论文，2016 年。

［作者分别系广东广播电视台羊城交通广播（城市之声）总监，珠江经济电台（南方生活）主持人］

从“珠江模式”到“融媒体模式”：广播节目主持人角色的演变与发展

樊 华 马 冬

摘要：“珠江模式”把广播主持人推向了前台，带来了地位、话语权利、主持风格和全面素质的转型；“融媒体模式”则把主持人推向节目核心，引起了职业角色、信息诠释、意见领袖和以主持人为核心的节目的变化。本文探讨以上两种模式带给广播主持人的转型方向。

关键词：主持人；珠江模式 ；融媒体模式；全面素养

改革开放创造出了蜚声中外的两个“珠江模式”，一个是珠江三角洲地区借助地缘优势发展“三来一补”，引进外资和发展外向型经济的经济“珠江模式”；另一个是广东电台珠江经济广播“以主持人直播，听众通过热线电话直接参与节目，大版块内容组合，全天滚动式新闻”为核心创意的广播“珠江模式”。在数字技术推动下，广播实现了融媒体，本文称作“融媒体模式”，并探讨广播节目主持人在“珠江模式”和“融媒体模式”下的转型方向。

一、“珠江模式”开启了广播节目主持人走向前台的节目样式

从广播发展史看，早期广播的“主持人”形象说法就是读报纸，时称“播音员”其实很准确。追溯到1893年，匈牙利人西奥多·普斯卡在布达佩斯连接700多条电话线定时进行的新闻广播，被称为“电话报纸”，是世界上最早的有线广播新闻；1910年，美国人李·德·福斯特用他此前发明的三极管广播播送报纸新闻，是世界上最早的无线广播新闻；伟大导师列宁也把广播新闻称作“不要纸张，不要电线的报纸”。1986年12月15日凌晨5时珠江经济广播电台开播前，广播电台新闻节目基本模式也是“读报纸”式的，原原本本，一板一眼，很难说是在“主持”或“播讲”。

“珠江模式”的核心是采用主持人制，一改传统节目的编排结构，全天节目被分为八大版块，全部由主持人组织、串联、引导、沟通、交流、传达和吸引，使之由原先的“播音员”成为真正现代意义的“主持人”。这种标志广播与报纸

“决裂”的划时代意义的嬗变，在广播界乃至整个传媒界产生了“链式反应”，迫使广播节目和其他媒体主持人进行转型。

（一）从居高临下到平等沟通的地位转型

广播电台由党和政府出资开办，是传播主流意识形态的重要媒体，长期以来出现在广播终端的播音员，天然带有官方、媒体色彩。“珠江模式”的重要特点之一是开启主持人直播，变俯视听众为平视听众，变“播新闻”为“说新闻”，特别是经济、服务等节目广播采用热线电话连接，主持人与听众对话直播，变我说你听为相互倾听，变单向传播为双向传播，这种直播在保留大众传播速度快、范围广、影响大，形象生动，真实可信等特点的同时，融入了人际传播、双向交流、亲近受众、互传情感等特征。主持人作为广播媒体向大众传播的中介人物，是广播节目中最具亲和力的传播者，他以朋友的身份、与听众平等的地位，以个性化的视角和个性化的叙述方式进行热情化传播，使传播更具人情味和吸引力，传播影响力的增强可想而知，“珠江模式”引起传播界的强烈反响是有道理的。

（二）从照本宣科到自主发挥的权利转型

有人把“珠江模式”解读为“给予台面人物更多的主动权”是有道理的。过去出现在广播终端的是播音员，只负责把文字符号转换成声音符号，给什么播什么。“珠江模式”突破了原来各个环节的机械分工，主持人和大版块节目架构的结合，形成了大时段节目的整体性，同时贯穿“提纲加资料”活泼的播讲方式，主持人进录制间只带着播出提纲和几张光盘就能在话筒前“聊”起来。这就给了主持人较大的话语权和创作空间，使其能够自主发挥，这和 20 世纪 50 年代的播音员有着本质的区别。当然，这种“主动权”是有边界的，如播送党和政府重大政策法律方面的新闻、上级传媒机构通稿等，主持人不需要带着自己的观点和看法，只是将信息宣传给群众；除此以外，“珠江模式”下的主持人往往会参与节目的每个流程，主导节目的走向，成为“无冕之王”。

（三）从千声一调到个性鲜明的风格转型

长期以来，广播语音播报是以吐字规范、归音准确、字正腔圆、语音纯正标准化为目标的。在社会主义市场经济文化繁荣的背景下，社会从某种意义上说是进入了一个崇尚个性的时代，听众喜欢有底蕴、有思想、棱角分明的主持人。随着“珠江模式”给主持人的“放权”，根据节目连接、解说需求，主持人的播报量增多，从人格出发而表现出来的创作个性也得到淋漓尽致的发挥，其价值取向、道德观念、文化底蕴、情感倾向、思维方式、表达特点、语言习惯、兴趣爱好、审美情趣、脾气禀性等鲜明的个性特征均体现其中；各种高亢、低沉、富有磁性、张扬甚至带有浓厚方言尾音的本色语调，幽默、智慧、平和、诙谐甚至“有缺陷”的主持个性播报，以个性化视角和个性化叙述方式进行传播，赋予节目以鲜明特色，反而对听众更具有新鲜感和吸引力。由此形成的品牌主持人、品牌主持人栏目成为当时的热词，延续至今。这种转型，也可以理解为不同的主持人以不同的主持特长、技巧来展示个人魅力。

（四）从单一专业到多面技能的素质转型

“珠江模式”推出的主持人集采、编、播、控于一身，突破了原来播音员只“念稿子”的机械分工，主持人和大版块节目架构的结合形成了大时段节目的整体性，同时贯穿“提纲加资料”活泼的播讲方式，主持人既参与采编，又要在话筒前即兴生成口语。“珠江模式”推广中的很长一段时间里，国内对主持人的评价标准甚至是：如果不是采、编、播、控合一，就不能称自己为主持人，这就对其业务素质有了更高的要求。

二、“珠江模式”叠加“融媒体模式”后广播主持人的角色变化

进入21世纪以来，数字技术渗透到媒体行业各个方面。作为传统媒体的广播进行“新媒体化”改造，成为“融媒体”的组成部分，从而突破广播声音传播的单一性，使得广播的内容资源可以以文本、图片、数据、音频、视频等多种形式呈现，广播机构会越来越融媒体化，客观上要求广播主持人成为跨界“达人”并出现以下四个变化。

（一）简单型向复合型职业角色的变化

“珠江模式”实行采、编、播一体，实现了播音员到主持人的转型；融媒体不是独立的实体媒体，而是把广播、电视、互联网的优势互为整合、互为利用，实现功能、手段、价值全面提升的一种“资源通融、内容兼容、宣传互融、利益共融”运作模式。“融媒体模式”下，数字技术赋予广播节目存储和下载功能，突破了传统广播在线收听的线性传输特性和区域局限，改变了“我说你听”，其信息可以和报纸、广播App、手机终端、知乎、微信公众号等融为一体进行共享和传播，广播主持人职业角色又向“媒体人”变化，融合策划人、播音员、主持人、编导、记者、制作人等于一身。如，一次采访，主持人既是广播记者，也是报刊文字记者，同时还承担视频录制者、微博信息采集者等角色，信息成果可

以在多种载体传播；采访或制作的可能是新闻节目，也可能是法治节目，或者文教、生活服务节目等，相比于过去，主持人扮演多重职业角色。

（二）资讯推介人向专业解读人的变化

在手机成为普遍传播终端的自媒体时代，广播受众主动性显著增强，不仅对各种传媒的信息具有很大的选择性，而且对信息也有较强的深度了解欲望，不仅想知道发生了什么，也想要了解缘何发生以及发生之后的连锁报道等。广播主持人负有正确引导舆论的职责，比如播报新闻就是传播党和政府大政方针与主流价值观，但无论“珠江模式”还是“融媒体模式”下的广播主持人，播报新闻及其他信息已不是表面性与浅层性诵读，而是在充分理解、领悟前提下，以信息发布者和深度解读者的双重身份进行的，是在对信息进行基本陈述的基础上，对信息产生背景、深层原因进行纵向横向的个性化诠释，给听众最大限度的信息量和全新观点以及思考视角，为播报信息赋值，这其实相当于“二次创作”。这要求广播主持人必须认真学习相关专业知识，具有独立思考和分析问题的能力，从同样的资讯当中解读出不同的见解，语言表达精准无误的同时又具有内容的深度与广度，从根本上提高节目水准和受众关注度。

（三）信息播报者向意见领袖的变化

新媒体时代，伴随着数字技术、移动通信技术的发展，越来越多的用户参与到新闻生产、传播过程中，网络用户不但是信息的消费者，还是信息的生产者，广播主持人更不消说。美国社会学家拉扎斯菲尔德著名的“两级传播”理论认为，观念总是先从广播和报刊传向“意见领袖”，然后再由这些人传到人口中不那么活跃的部分。“珠江模式”和“融媒体模式”下广播主持人是首先或较多接触大众传媒信息的人，在普及信息、分享观点上具有权威的话语权，并且依靠传统媒体的优势，能将经过自己再加工的信息传播给其他人，“关口前移”，成为信息的重要生成者，反映广大群众意见建议，为受众答疑解惑，理所当然成为意见领袖最佳人选，从而加快了广播内容传播速度并扩大了影响。

融媒体模式下广播主持人意见领袖的功能至少有以下几方面：一是在海量的社会、传媒、网络信息中，以自己的专业学识和独特视角，为如坠烟海不知所措的受众筛选、推荐、串联、传递信息；二是依靠自己的信息资源占有优势、专业判断力和公信力，做听众的朋友，引导他们了解党和政府的政策法律，知晓国际国内和社会重大新闻事件，为他们的投资、生活、情感等方面答疑解惑，提供咨询，了解和引导舆情，做众望所归的“意见领袖”。

（四）节目主持人到主持人节目的变化

如果说“珠江模式”是播音员到主持人的变化，“融媒体模式”则是“节目主持人”到“主持人节目”的变化。这里的主持人不再是简单的节目串联人和报幕员，而是一个节目或栏目的灵魂。“融媒体模式”下，主持人品牌化、节目品牌化、栏目品牌化势如席卷，“耳熟”“脸熟”的主持人会给节目带来旺盛的人气，造就受众认同和推崇品牌节目，反过来又成就了一批品牌主持人，互为因果。

再如果说“珠江模式”是把主持人推向了前台，“融媒体模式”则是把主持人推向节目核心。主持人作为节目核心，自始至终贯穿节目全过程。节目的构思、策划到现场运作，都是围绕主持人展开的，有的节目甚至是根据主持人禀赋、个性和能力量身定制的，凸显其个性形象和主持风格。主持人虽然是个体的自然人，却是媒体机构的人格化，他们表现的其实是媒体的风格和价值取向。

三、全要素信息传播，呼唤全面素养的广播节目主持人

广播媒体与生俱来的缺陷是声音传播下主持人“闻声不见人”，说“珠江模式”使他们走向前台其实是虚拟的；而“融媒体模式”使广播新媒体化了，成为集声、影、文字，全方位、全过程的全要素信息传播媒体，受众既听“妙语如珠”，又睹“微笑如蜜”，这就对主持人素养提出了更新更高的要求。择其要者，有以下三方面：

一是知识储备。主持人是一个比较特殊的职业，不仅要外貌出众，伶牙俐齿，更要殖学有根，腹笥丰厚，有较高文化素养。许多主持人感慨，仅仅有播音主持专业必备的知识是无法“以不变应万变”的，面对万千受众千姿百态的需求，知识结构必须由“纵向单一型”向“横向复合型”转变，应当涉猎经济、法律、文学、艺术、中外历史、媒体技术以及所主持节目（栏目）涉及领域的专业常识，这是节目质量和主持人影响力的深层底蕴。

二是深耕专业。节目主持专业属于艺术类学科，是一门艺术，所以首先要提升主持艺术，才能提升主持人魅力和影响力，特别注意提高现场把握能力，厘清主持人与受访者的关系、与节目（栏目）的关系，驾驭好节目。再如，较高的新闻敏感度、采访能力、沟通能力、写作能力等，都是主持人的看家本领和职业要求。再比如融媒体环境下采编播设备的“十八般兵器”，主持人都应当有所了解，这不是要代替专业技术人员，而是要懂得且会操作。

三是创新能力。系统论原理告诉我们，一个系统是否有效率，首先取决于系

统的构造，其次才是要素的状态。任何节目金牌和主持人光环都是变动不居的，只有创新才能长盛不衰、永葆青春。对广播节目和主持人来说，节目的结构创新非常重要，“珠江模式”的经验就在于采用结构的优化，“以新闻、信息为骨架，以大时段（大版块节目）为肌体”进行结构调整从而获得成功。对主持人而言，在节目主持中通过编串，不断调整栏目或节目的话题、资料、背景音乐、兴奋点等，也是结构调整，让人耳目一新，如此坚持下去，本身就是一种创新思维和模式。

参考文献

［1］吴红雨：《节目主持通论》，杭州：浙江大学出版社，2008 年。

［2］陆锡初：《中国主持人节目学》，北京：中国广播电视出版社，2014 年。

［3］王佳一：《广播直播主持艺术》，北京：华夏出版社，2011 年。

［4］吴郁：《主持人的语言艺术》，北京：北京广播学院出版社，1999 年。

［5］曹茹、赵婧怡、赵阳：《变与不变：“媒体转型人”考察——基于访谈、Nvivo 的质性分析》，《传媒》2021 年第 6 期。

（作者单位：西安工程大学新媒体艺术学院）

作为中国广播界集体记忆的“珠江模式”

余俊钦

摘要：中国广播界35年来未曾间断的讨论已经形成有关“珠江模式”的集体记忆。对业界而言，这种记忆起初是经验而后是回顾与纪念；对学界而言，这种记忆先作为榜样然后抽象成精神上的指引。学界有关“珠江模式”集体记忆的变化历程与业界有着高度的一致，这是集体记忆的形塑需要在社会环境里实现，而业界在此过程中又最先感知的缘故。作为一种集体记忆，“珠江模式”这四个字早已超越了技术和模式层面，成为中国广播界对改革创新这一共识的代称，而这正是“珠江模式”集体记忆最具价值的地方。

关键词：珠江模式；集体记忆；广播界；广播改革

1986年广东电台珠江经济台的开播是中国广播史上的里程碑式事件。作为中国内地的第一家经济广播电台，珠江经济台“以新闻、信息为骨架，以大时段（大版块）节目为肌体”结合主持人直播、听众电话互动等形式进行的许多重要创举被总结为“珠江模式”，对全国各地的广播事业发展起到了堪称颠覆性的深远影响。“经济台”作为电台名称从广东走向各省，而“珠江模式”作为办台方法则从珠江经济台走向了全国各大电台。“到了20世纪90年代中期，除了中央人民广播电台，其他电台几乎都采用了这种办台模式。”[①] 时至今日，中国的广播电台仍基本处于“珠江模式”的影响之下。且不论那些未见诸书面的私下讨论，自1987年在珠江经济台开播一周年之际由广东省广播电视厅和广东人民广播电台联合召开“珠江经济广播电台广播理论研讨会”以来，广播业界和学界就一直可见关于“珠江模式”的文献材料，或有亲身参与者的讲述，或有广播从业者的借鉴，或有学术研究者的思考。可以说，三十余年时间里，中国广播界围绕“珠江模式”的讨论始终没有停止。这些讨论彼此交会贯通，在行业与学界之间相互渗透，形成了中国广播界有关“珠江模式”的集体记忆。

---

① 戴朝阳：《“中国之声”在差异化中走自己的路》，《中国记者》2009年第8期，第81页。

一、珠江模式与中国广播界的集体记忆

珠江经济台的创立和“珠江模式”的提出，从时间上看距今并不久远。但是在这35年的时间里，中国的社会环境和媒介生态却发生了翻天覆地的剧烈变化。作为开启中国广播改革的重要标志，“珠江模式”早已成为中国广播界的重要集体记忆。在不同背景下对“珠江模式”的讨论，实际上既反映了相应时期里中国广播发展所面临的主要问题，也呈现着中国广播界关于珠江模式集体记忆不曾间断的建构与重构过程。

在珠江经济台创办一年后的1987年，“珠江经济广播电台广播理论研讨会”在广东召开，“会上首次提出了‘珠江模式’”[①]。当时的中国广播正在电视行业的冲击下处于十分艰难的境地，“珠江模式”的提出很快便得到广播界的重视，并迅速使中国广播走上一条崭新且行之有效的发展道路。到了1996年，也即“珠江模式”出现的十年后，“中国广播改革回顾与展望研讨会”则称“广播‘珠江模式’为全国的广播改革提供了重要经验”[②]，进一步肯定了珠江经济台在中国广播史上的突出地位。面向21世纪是彼时广播业所面临的主要问题，这个问题包含着如何应对报纸、电视和网络等其他媒体的竞争以及对于新媒介技术的应用等诸多方面，而对于“珠江模式”这一现行广播模式的完善和发展则被视为迎接这一挑战的重要方法。又一个10年后的2006年，在“中国广播改革20年高端论坛”上，“珠江模式”被赋予“揭开了广东广播改革的新篇章，开创了中国广播划时代的发展历程，并对全国广播改革产生了深远影响”[③] 的巨大赞誉。在新媒体时代彻底到来并以不可逆转之势重塑媒介环境的前夕，中国广播发展所面临的问题已经从技术、机制层面转向了整体的大环境层面，而对于“珠江模式”的讨论也逐渐从实践应用转向了对其核心价值创新的挖掘发扬。到互联网已经全面渗入社会生活、媒介融合成为任何媒体都无法回避的时代问题之际，2016年举办的“首届中国广播创新发展高端论坛”已经将对“珠江模式”的讨论从强调其历史地位上延伸开来，转而着重突出其“敢为人先，敢于创新”的精神价值。

从上述中国广播界对“珠江模式”相关讨论的回顾当中不难看出，自珠江

---

① 覃信刚：《“珠江模式”的创造性转化和创新性发展》，《中国广播》2017年第3期，第32－36页。

② 区念中：《中国广播改革回顾与展望研讨会综述》，《中国广播电视学刊》1996年第11期，第26－27、33页。

③ 丁海平、黄冬：《要着眼于营造中国广播大环境——中国广播电视协会2006年学术年会暨“中国广播改革20年高端论坛”综述》，《中国广播》2007年第2期，第24－26页。

经济台开办和“珠江模式”提出以来，中国广播界便一直在强调着“珠江模式”的重要作用和历史地位，并在媒介环境不断变化的过程中逐渐将对“珠江模式”的讨论重点从应用和完善转向了对其理念和价值的挖掘。哈布瓦赫指出，“过去不是被保留下来的，而是在现在的基础上被重新建构的”①。从这个意义上讲，“珠江模式”并不仅是35年前诞生的一种广播模式，更是中国广播界围绕“珠江模式”所不断建构的关于广播改革与创新的集体记忆。集体记忆“是社会认同塑造的重要力量，也是代际传承的重要中介”②，对于“珠江模式”的这些讨论实际上正是中国广播界关于“珠江模式”集体记忆的形成、共享、延续和重构的过程，其很明显构成了一种集体记忆的建构实践，并成为塑造中国广播界共识、延续中国广播改革创新精神的重要一环。

在此前的研究当中，学者们已经突出了“热点时刻”在新闻界集体记忆研究中的重要性。张志安和甘晨围绕有关中国新闻界对孙志刚事件的集体记忆研究发现“由于体制、定位及价值等差异因素的存在，中国新闻界缺乏共同的集体记忆，真正具有‘共同体’特征的新闻阐释社群尚未形成”③。而李红涛和黄顺铭则认为中国新闻界围绕“记者节”这样一个“热点时刻”进行的叙事书写与聚焦标志性事件进行的记忆建构不同，“在更一般的意义上折射出新闻界深层的历史意识与集体记忆”④。与之相似，中国广播界对珠江经济台创办这一重要事件的纪念和围绕“珠江模式”所进行的探讨和叙述无疑也是一种基于“热点时刻”的集体记忆建构。本文将围绕中国广播界有关“珠江模式”的记忆文本展开研究，讨论“珠江模式”集体记忆是如何被塑造、传递并在不同时期被不断重构，以及这一集体记忆对中国广播界所带来的影响，同时面向新媒介生态对其进行反思与展望。

二、业界：作为经验和纪念的“珠江模式”

作为对珠江经济台种种开创性做法的归纳，“珠江模式”是在中国广播遭遇重大困难的历史关头出现、并被迅速证明行之有效的一种广播模式，因此业界对

---

① ［法］莫里斯·哈布瓦赫著，毕然、郭金华译：《论集体记忆》，上海：上海人民出版社，2002年，第71页。

② 周海燕：《媒介与集体记忆研究：检讨与反思》，《新闻与传播研究》2014年第21卷第9期，第39－50、126－127页。

③ 张志安、甘晨：《作为社会史与新闻史双重叙事者的阐释社群——中国新闻界对孙志刚事件的集体记忆研究》，《新闻与传播研究》2014年第21卷第1期，第55－77、127页。

④ 李红涛、黄顺铭：《传统再造与模范重塑——记者节话语中的历史书写与集体记忆》，《国际新闻界》2015年第37卷第12期，第6－25页。

其的记忆首先是一种可资借鉴的实践经验。

时任珠江经济广播电台编辑部主任的曹广星在1988年时提道："（珠江经济台开播）这一年来，有20多家国内报刊、电台、电视台的记者前来采访、报道，他们对珠江台的办台指导思想、节目设定、播出方式、社会效果等情况，表现出浓厚的兴趣。"[①] 这种兴趣并非凭空产生，而是源自珠江经济台开播后所取得的巨大社会效益。在珠江经济台开播前，全国的广播行业都面临着来自电视等媒体的艰巨挑战，尤其在广东，港澳地区广播的竞争使得广东广播行业面临的压力更大，挑战也更直接。而在珠江经济台开播后，广东各地迅速掀起了收听珠江经济台的热潮，不仅夺回了被港澳电台占据的收听市场，还将影响力扩散到了临近省份。这个新兴电台很快成为当时普遍低迷的广播行业里最耀眼的存在。因此，当时的广播业界在面对"珠江模式"时，第一反应就是要学习其成功之处。广东电台以及珠江经济台的成员从不同角度对珠江经济台先进经验的总结，与其他省份电台成员对这些经验的相关讨论一起构成了业界关于"珠江模式"的最早记忆。

大版块节目是珠江经济台在广播节目形式上所做的主要改进之一。当时是珠江经济广播电台节目组长的王坚将大版块节目的编辑工作总结成从节目总体设置到主持人直播的四个步骤，认为"我们不能把大版块节目当作新闻、专题、文艺节目的随意混合，也不能看成是'专题+歌曲+播音'的生拼硬凑，而是采取有机的混编手法和混播形式"[②]。对于这一点，江苏广播电台的金筠安在参加了当时的"广播电台台长主持人研习班"后写道："这次到广东一听一看，原来人家的直播是全天候的。它的大版块也一样，全部播出时间分成七个版块，长的三个半小时，短的也有个把钟头。主持人不是主持某一节目，而是主持一个版块。"[③] 1996年，曾广星在对"珠江模式"进行进一步整理的基础上，又强调了广播改革中的系列台改革，称"开办系列台，是这十年在广东电台改革中一项十分重要的成果，也是在这十年中我国广播事业发展的一个重要标志"[④]。这在巩固原有记忆的同时，为业界的"珠江模式"集体记忆注入了新的内涵。

中国广播界很早便总结出了"珠江模式"：它的基本结构是"以新闻、信息为骨架，以大时段（大版块）节目为肌体"，而其形态特征有三点，分别是"多项互动，实时直播""节目由集采、编、播、控于一身的主持人主持"以及"大

---

① 曾广星：《珠江经济台的节目设计思想》，《中国广播电视学刊》1988年第1期，第63－66页。

② 王坚：《试论珠江经济台的大板块节目》，《中国广播电视学刊》1988年第S1期，第37－42页。

③ 金筠安：《关于珠江经济台的热门话题》，《视听界》1988年第4期，第29－32页。

④ 曾广星：《十年广播改革回顾与思考》，《中国广播电视学刊》1996年第S1期，第20－24页。

版块综合性的节目结构”。[1] 但这是面向单个电台、从节目角度出发总结的狭义的“珠江模式”。实际上，珠江经济广播电台的开办是作为整个广东广播改革的第一环节进行的，因此广义上的“珠江模式”不仅包含珠江经济台在技术层面的操作，还应将广东广播以珠江经济台为先锋开展的一系列广播改革包含在内。而系列台的建设就是其中最重要的经验之一。对此，四川人民广播电台的景晓明回顾道：“自 1986 年底珠江经济广播电台诞生之后不几年，一股‘经济广播电台热’在中国迅速涌动。以后又不几年，全国各省、市开办系列广播电台一发而不可收。”[2] 可见，珠江经济台的开播和系列广播电台的建设在当时已经前后相继为人所注意，在广东电台人和各省电台人的记忆文本中双向流动，共同组成了作为重要实践经验的“珠江模式”集体记忆。

时间进入 21 世纪，在以“珠江模式”为代表的广东广播改革经验已经被全国各广播电台充分吸收借鉴而媒介环境却已然发生根本性变化的背景下，“珠江模式”逐渐从一种具有直接借鉴意义的行业记忆转变成了广播业界关于过去时刻的集体纪念，间接地推动着广播行业的新一轮变革。

2003 年，广东广播提出了“跨越式发展战略”，寻找在新环境下继续推进广播改革的可行道路，而这与“珠江模式”同样有着无法割舍的联系。时任广东人民广播电台台长的白玲在一次访谈中说：“‘珠江模式’的核心精神在于创新。我们的改革不是要换一个什么江的‘模式’，而是应该延续‘珠江模式’的精神走创新之路。”[3] 对于珠江经济台在当时的受欢迎程度，时任《七彩黄昏》《双双李时间》《音乐冲击波》节目监制、主持人李一萍在 2012 年的一次座谈会中回忆道：“开播半个月后我们再去调查，大街小巷听的全是珠江经济台了。广州有个已经差不多倒闭的生产收音机的厂子，就因为珠江经济台的开播被救活了，又开始生产收音机，听说一段时间还脱销了。广西梧州地区一些销售收音机的商店还贴着‘本收音机能收听到珠江经济台’。”[4] 广东广播电视台副台长、总编辑曾少华回顾珠江经济台开播 30 年历程时，列举了三个标志性场景：1992 年首次在公共场所设立固定直播室、1987 年全体主持人在广州文化公园集体亮相以及同年举办的“高架路万人行”活动，并在对“珠江模式”辉煌成就进行回忆的基础之上提出对“珠江模式”精神内核“珠江精神”的传承。他写道：“只要广东广播人继续发扬‘敢为人先，勇于创新’的精神，团结拼搏，励精图治，一

---

① 白玲、申启武：《改革·创新·探索·实践——关于广东广播实施跨越式发展战略的对话》，《中国广播电视学刊》2007 年第 11 期，第 20 – 23 页。

② 景晓明：《试论中国广播系列台现象（一）》，《新闻界》1996 年第 6 期，第 52 页。

③ 白玲、申启武：《改革·创新·探索·实践——关于广东广播实施跨越式发展战略的对话》，《中国广播电视学刊》2007 年第 11 期，第 20 – 23 页。

④ 覃继红、刘浩三、吕晓红：《珠江经济台开播始末》，《中国广播》2012 年第 4 期，第 69 – 73 页。

定会创造出一个更加美好的未来！”不难看出，广东广播人带着自豪与骄傲回忆、纪念“珠江模式”，并将从中提取出来的内涵作为推进新一轮广播改革的精神动力。

有关“珠江模式”的集体记忆不仅对于其发源地广东的广播业界有着重要意义，对其他省份的广播人而言也同样是连接过去和现在的桥梁。早在21世纪之前，南京经济广播电台台长陈小平和朱砚便称以珠江经济广播电台为滥觞的经济电台已“载入中国广播发展史”，并在指出经济电台某些逐步丧失的优势后表示，经过十年的发展，“经济电台上述优势的丧失，并非经济电台有自身的失误，而是十年广播改革深化带来的一个必然结果：广播改革发展的时差、地域差已经基本成为过去，大多数电台都已站在同一个新的起跑线上”[①]。而要推动经济电台的发展，“以改革促发展的基本思路”是不变的，已经展现出了对“珠江模式”精神内核的一种延续。北京和云南的从业者在回望“珠江模式”时写道：“改版后4个月，珠江经济台在同一地区的收听率上升到了78%，创历史高峰。而经济广播热也从此形成，‘珠江模式’的种子撒遍全国，到处开花结果。”[②] 回忆是为了面对未来，他们将“珠江模式”的成功归结于其“匹配”了受众的需求，并以此展望新型广播在未来通过大数据等数字技术来满足受众需求的前景。2016年举办的珠江经济台开播30周年活动是中国广播界对“珠江模式”进行集体回忆最近的一个“热点时刻”，浙江广播电视集团原副总编辑董传亮“总结广播运作的8个关键词：特色、服务、动态、互动、碎片化、活动、网络、品牌，这都是‘珠江模式’带来的”[③]。而在归纳“珠江模式”以“创新”为核心的广播改革启示后，中央人民广播电台原台长杨波说：“中国广播的改革任重而道远，‘珠江模式’正在引领我国广播事业在移动互联时代焕发新的生机。”[④]

从以上广播业界有关“珠江模式”的记忆文本中可以看到，作为业界经验和回忆的“珠江模式”集体记忆从产生、演进再到重构，都与中国广播所面临的大环境有着密切关系。这些文本不仅是业界有关“珠江模式”的记忆内容，同时也是“珠江模式”集体记忆作用于业界的反映。最初，广播业界通过对珠江经济台乃至整个广东电台的学习逐渐塑造出了作为实践经验的“珠江模式”集体记忆，是在以珠江经济台从业者为代表的广东广播人记忆文本与其他省份广播人之间的互动中产生，既作用于当时的中国广播界又受到不断变化的广播大环

---

① 陈小平、朱砚：《经济电台的历史进程》，《中国广播电视学刊》1996年第S1期，第77－79页。

② 覃倩、覃信刚：《改革开放以来中国特色广播理论的创新与实践》，《中国广播》2018年第1期，第35－40页。

③ 张涛：《潮起珠江 不忘初心 珠江经济台开播30周年》，《中国广播》2017年第1期，第4页。

④ 杨波：《“珠江模式”的启示》，《传媒》2017年第4期，第1页。

境影响的一种记忆。进入21世纪，在“珠江模式”已经普遍应用于全国各大广播电台的背景下，再将其视作实践经验加以借鉴很明显是与现实有所脱节的。那么此时，广播业界关于“珠江模式”的集体记忆就面临着戛然而止或是继续演进的两条道路。广东广播业从中抽象出了“创新”这一精神内核，并在跨越式发展战略下继承了“珠江模式”的精神，继而将这种精神推向了全国，成为中国广播界的一种共识 。此时，“珠江模式”转而成为一种具有现实推动力的集体记忆，通过回忆、追溯和纪念与“珠江模式”相关的过往继而将目光落在当下，中国广播业再次走上了改革创新的道路。这样的一个演进过程，也正是集体记忆在社会中诞生、反作用于社会并随着社会变迁而被不断重构的历程。

三、学界：作为榜样和指引的“珠江模式”

广播学界对“珠江模式”的讨论，开始于1987年的“珠江经济广播电台广播理论研讨会”。也正是在这个会上，珠江经济台在当时的种种开创性做法被总结为“珠江模式”并首次提了出来。10年后，中国广播电视学会原常务副会长何光总结“中国广播改革回顾与展望研讨会”时写道：“现在，‘珠江模式’已被全国广播工作者普遍接受，纷纷结合自己的实际加以运用，一般都取得了很好的效果。”[①] 而曹璐则以历史的视角对“珠江模式”进行分析，指出：“‘珠江模式’是八十年代广播适应社会改革和体现广东地方特色的广播改革成果，也是全国广播媒介走出低谷、走向振兴所迈出的历史性突破的关键一步。”[②]

从这些研究者们的论述中可以明显看出，中国广播学界很早便形成了关于“珠江模式”是中国广播行业“榜样”的集体记忆。需要指出的是，这种“榜样”记忆并不是一边倒式的极端推崇，其中仍有着学术思考的理性与平衡。除了上述研究外，当时的许多研究都有着对“珠江模式”这一“榜样”的反思。

时任中国广播电视学刊副主编的赵晨盛赞珠江经济台及“珠江模式”，称“珠江台的节目改革和内部管理与运行机制的全面改革，则给我国广播电视系统的全面改革，树立了一个光辉榜样……在珠江台之后，经济广播电台等各类专业台在各省纷纷兴起，各地电台电视台的改革与发展，都曾受到‘珠江模式’的影响，参考、借鉴了珠江台的经验，并有新的探索与发展。”[③] 言下之意，就是全国各地的广播行业均以“珠江模式”为榜样进行改革，同时由此发展出各种

---

① 何光：《在改革实践中继承和发展》，《中国广播电视学刊》1996年第S1期，第11－16页。

② 曹璐：《关于“珠江模式”内涵的思考——珠江经济电台成立十周年有感》，《中国广播电视学刊》1996年第S1期，第61－63页。

③ 赵晨：《珠江台经验给我们的新启示》，《中国广播电视学刊》1996年第11期，第42－44页。

各样的特色。

榜样是学习的对象，但绝不是供照搬照抄的教条。中国广播学界从一开始围绕“珠江模式”展开讨论时，就十分注重避免使其僵化，始终保持着一种开放性的态度，而这也是中国广播学界关于“珠江模式”集体记忆的重要特点之一。广播学界对“珠江模式”的反思一直延续到了21世纪初。戴朝阳写道：“现在广播界对‘珠江模式’的评价非常高，‘珠江模式’几乎成了救中国大陆广播于危难之中的模式。”[①] 然而，越是受到推崇就越需要谨慎对待，他继而批评“珠江模式”只给广播带来了五年左右的短期兴盛，而广播界对其负面影响则“始终认识不足”。

从中国广播学界有关“珠江模式”的这些讨论中不难发现，这一时期广播学界有关“珠江模式”的集体记忆始终是批判的。“珠江模式”是一个具有双重性的榜样，既是学界大加褒扬的模范，也是学界不断思考、寻找其不足的对象。这样的集体记忆既是由学术界争鸣、思辨的特点造成的，也是“珠江模式”在全国范围内展开广泛应用后所自然产生的反应。

与业界有关“珠江模式”集体记忆的转变相似，学界有关“珠江模式”的集体记忆也在21世纪尤其是2003年广东广播提出“跨越式发展战略”后逐渐发生变化，从“榜样”变成了“指引”。

陆地将“珠江模式”的精神内涵划分为四个层次，分别是“开拓精神”“学习精神”“开放精神”和“服务精神”[②]，并将这些精神指向了务实基础上广播媒介的开拓与创新。这种转变与前文所述业界的集体记忆变化有着同样的社会因素，而“开拓创新”的核心精神也正是在这样的背景下逐渐成为“珠江模式”新的记忆内容。

当“珠江模式”成为全国广播电台所普遍采用的办台方法后，再将其视作“榜样”加以推崇或反思同样存在着与实际相脱节的情况。并且，由于媒介环境的剧烈变化，中国广播行业已经走到了新一轮变革的关口。在这样的背景下，学界需要的是对新业态、新环境的思考与展望，而不是对旧方式的凝练和总结。“珠江模式”恰逢其时，它既可以作为来自过去的借鉴，同时其本身包含的创新意识也与学界研究方向不谋而合。因此，在消失与演进的关口，“珠江模式”再次踏上了演进之路，成为中国广播学界作为一种“精神”的“珠江模式”集体记忆。此后，学界有关“珠江模式”的讨论开始逐渐转向“精神”层面，并高度一致地指向了“开拓创新”。

---

① 戴朝阳：《反思“珠江模式”》，《中国记者》2005年第8期，第91页。

② 陆地：《广播媒介功能的到位、回归与开拓》，《中国广播》2007年第3期，第25－28页。

2011年的一篇文章在讨论全媒体融合环境中广播电台发展前路时写道："'珠江模式'审时度势、勇于创新的精神内涵依然具有极大的指导作用。"[①] 周小普等人提出，重新认识听众的需求是当前广播改革的必由之路，而这条道路需要继承"珠江模式"的开拓精神，因为"在很长时间内，珠江经济台为中国广播找到了一条生存、拓展之路，今天仍然是媒体人学习的榜样"[②]。还有的研究者表明，"'珠江模式'所代表的广播创新精神，放在今天的传播语境中依然有着重要的借鉴意义"[③]。类似的表述还有"'珠江模式'的核心是创新，广东电台一直秉承着'珠江模式'的改革创新精神"[④] 等。除了这些直接包含有"创新精神"意涵的研究外，中国广播学界还有着大量没有提及"精神"二字但与之异曲同工的研究。所有的这些研究共同实现了"珠江精神"作为中国广播学界集体记忆的转变，并使得这一记忆成功地延续到了今天并深刻影响着当下的广播研究：当提及广播改革的时候，珠江经济台是无法绕开的对象；当展望广播未来的时候，"珠江模式"的精神则成为颠扑不破的指引。

看向广播学界有关"珠江模式"的记忆文本中可以发现，学界有关"珠江模式"的集体记忆从产生到变化都与业界有着密切的关系。最初的"榜样"记忆，既有着对珠江经济台种种做法的提炼和对"珠江模式"的肯定，也有着对各地在采取这一模式后所发现问题的关注与反思。可以说，其是基于业界的情况而产生的一种记忆。当业界遭遇颠覆性变革时，广播学界有关"珠江模式"的集体记忆也发生了改变，转而成为一种精神指引式的记忆，并深刻地嵌入此后的广播研究当中。

学界有关"珠江模式"集体记忆的变化与业界有着高度一致，这是因为集体记忆首先会与社会环境产生交互，而业界在此过程中最先感知。需要注意的是，变成"指引"记忆的"珠江模式"在当前的学术研究当中存在着被淡化的危险。许多研究只是将"珠江模式"当作研究的历史背景板，略微一提便匆匆带过，并没有真正地将其作为新一轮广播改革当中用作指引的精神。集体记忆不是在真空中形成的记忆，其形塑与发展都离不开切实的社会环境，并总是通过与社会环境的互动来调整、共享与重构自身。对广播学界而言，加强对"珠江模式"精神内涵的挖掘并在研究当中利用这种开拓创新的精神来指引新的广播改革，将在防止"珠江模式"集体记忆消散的同时对其予以强有力的巩固。

---

① 杨硕、黄冬：《"珠江模式"：历史与现实的对接》，《传媒》2011年第6期，第24-26页。

② 周小普、王晓培、江雨晨：《重新认识需求是广播改革的必由之路》，《中国广播》2017年第3期，第28-32页。

③ 武鹏：《从类型化电台到互联网音频媒体——"珠江模式"对广播转型的启示》，《传播力研究》2018年第2卷第7期，第42、44页。

④ 吴星晨：《珠江模式：中国广播突围的一个样板》，《中国广播》2019年第7期，第68-72页。

结　语

广播业界与学界从经验到纪念、从榜样到指引的“珠江模式”集体记忆不是割裂、断开的，而是相互缠绕、相互结合并持续演进，最终彼此交融为中国广播界关于“珠江模式”的集体记忆。这份集体记忆是35年来中国广播界迎难而上，不断开拓、探索的宝贵结晶。可以说，“珠江模式”这四个字早已超越了技术和模式层面，成为中国广播界对改革创新这一共识的代称。“珠江模式”集体记忆不单单是一种对辉煌过去的追忆和对未来美好的展望，它还凝聚着中国广播界对广播改革的共识，形塑着中国广播界对于自身价值的认同。

当前，媒介环境的剧烈变化使得中国广播发展再次面临十分艰巨的困难，在各种新媒介技术、新媒体形态以及不断变化的用户需求面前，创新求变是广播界一致的目标。可以肯定的是，中国广播界的“珠江模式”集体记忆仍将不断经历新的建构与重构。这不仅是因为这一记忆所勾连的广播改革的过去与当下广播所面临的改革需要具有同样的急迫性，还因为这一集体记忆所指向的中国广播界热切期盼的未来。从这个角度来看，作为中国广播界集体记忆的“珠江模式”，将会是“珠江模式”无数发展形态中最重要的一个。

（作者系上海大学影视传媒学院硕士研究生）

媒介融合的先导者和智慧广播的引领者

——媒介融合视域下“珠江模式”历史意义与当代价值再讨论

吴生华　张　怡

摘要：“珠江模式”是中国广播改革的里程碑。时隔35年，当我们站在媒介深度融合的关键时间节点上回望，不难发现，广播“珠江模式”就是我国媒介融合发展的先导者。自“珠江模式”开启广播与社交媒体的融合发展之路以来，广播历经了与电话、短信、微博、微信、客户端等多种社交媒体的融合。随着5G、大数据、云计算、物联网、区块链、人工智能等信息技术的发展，广播媒体再一次站到了智慧媒体建设的风口，而秉承“珠江模式”的改革精神和技术先导理念，广东电台仍然领跑于智慧广播发展的前列。

关键词：珠江模式；媒介融合；智慧广播

随着5G、大数据、云计算、物联网、区块链、人工智能等信息技术的发展，媒介融合已经进入深水区。2020年9月，中共中央办公厅、国务院办公厅印发《关于加快推进媒体深度融合发展的意见》，就推动传统媒体和新兴媒体加快融合步伐作出部署。站在媒介深度融合的关键时间节点上回望，我们发现，35年前推出的广播“珠江模式”，就是我国媒介融合发展的先导者。关注和研究改革开放以来中国广播事业的发展，“珠江模式”被誉为中国广播改革的里程碑[①]。当我们驻足回望，从广播事业的历史中，能够清晰地看到当下全新广播业态发展的来路。“珠江模式”的横空出世，开创了直播参与、多种媒介共同运用等全新广播模式，对中国广播的改革，乃至整个传媒业发展理念的变革，产生了重要的影响，直至今日，其历史意义和当代价值，依然值得我们深入地去探究和思考。而秉承“珠江模式”的改革精神和技术先导理念，广东电台仍然领跑于智慧广播发展的前列。

一、引入热线电话——“珠江模式”开媒介融合先河

20世纪80年代始于美国的“媒介融合”概念，最简单的定义就是“将原先

① 覃倩、覃信刚：《改革开放以来中国特色广播理论的创新与实践》，《中国广播》2018年第1期。

属于不同类型的媒介结合在一起”。美国麻省理工学院媒体实验室教授浦尔（Ithiel De Sola Pool）认为，媒介融合“就是各种媒介呈现出多功能一体化的发展趋势”[①]。在媒介融合视域下再次讨论“珠江模式”历史意义与当代价值，它实际上就是中国大陆最早出现的媒介融合的一种形态。

“珠江模式”是在珠江经济台开播一周年之际广东省广电厅与广东电台联合举办的珠江经济广播电台广播理论研讨会上首次提出的概念，国内广播学者概括为以“大版块、热线电话、主持人直播”为主要特征的新的节目播出模式[②]。其中，由“电话”到“热线”，广播与电话的结合使用，就率先实现了传统广播与电话两种媒介的融合。传播学家麦克卢汉（Marshall Mcluhan）在《理解媒介：论人的延伸》中提出了冷媒介（Cold Medium）与热媒介（Hot Medium）的概念。他认为，收音机是“热媒介”，只延伸一种感觉，并使之具有“高清晰度”；而电话和言语都是“冷媒介”，电话是“低清晰度的媒介”，“给耳朵提供的信息相当匮乏”，言语“提供的信息少得可怜，大量的信息还得由听话人自己去填补”。[③] 刘海龙在《大众传播理论：范式与流派》中指出，区分“热媒介”与“冷媒介”的最基本标杆是参与度，清晰度只是从参与度延伸出来的一个判断标准。[④] 按照上述理论，“珠江模式”恰好将作为“热媒介”的广播和作为“冷媒介”的电话进行了融合，而让同样作为“冷媒介”的言语在交流中变得清晰。

“珠江模式”的成功很大一部分也源于热线电话的开通。彼时广东电台依靠这种融合形式重新夺回受众的关注，听众愿意加入广播直播节目中来增加参与感。之后，这种融媒传播方式被全国各地的广播电台普遍采用，成为广播直播节目的标配。直至今日，即使新媒体发展层出不穷，此类模式也并未消失，而是随着时代的沿革持续创新发展，甚至以视觉化的方式被搬上屏幕。如号称国内首档原创声音互动陪伴真人秀节目——芒果 TV 于 2020 年 2 月上线的《朋友请听好》，以主持人接听听众热线电话进行解答的方式制作呈现，以广播直播与真人秀结合的形式，倾听和分享身边人的故事，被《光明日报》赞誉为疫情影响环境下“传递陪伴感与幸福感”的“创新表达”[⑤]。《朋友请听好》的走红，再一次证明了广播直播和热线电话融合传播方式的魅力所在，只不过传播方式在两种听觉媒介融合的基础上，进一步延伸了网络视觉媒介的直播，并叠加了真人秀的表

① 刘颖悟、汪丽：《媒介融合的概念界定与内涵解析》，《传媒》2012 年第 1 期，第 73 – 75 页。

② 覃信刚：《“珠江模式”的创造性转化和创新性发展》，《中国广播》2017 年第 3 期。

③ ［加］麦克卢汉著，何道宽译：《理解媒介：论人的延伸》，北京：商务印书馆，2000 年，第 51 – 64 页。

④ 刘海龙：《大众传播理论：范式与流派》，北京：中国人民大学出版社，2008 年，第 438 – 440 页。

⑤ 牛梦笛：《〈朋友请听好〉：深耕创新表达，传递陪伴感与幸福感》，光明网，https://news.gmw.cn/2020 – 01/31/content_33514438.htm。

现方式，从可听可感演变为可观可赏，为当下广播直播节目的可视化发展提供了启发。

二、广播与社交媒体融合发展的进阶之路

自“珠江模式”开启广播与社交媒体的融合之路，35年来，广播历经了与电话、短信、微博、微信、客户端等多种社交媒体的融合，引领了大众传媒向交互型融合媒体的进阶。其实，在热线电话引入之前，广东电台在主持人节目的开创，以及与书信媒介的结合上也是引领了风气之先。1981年4月11日，广东电台推出《大众信箱》节目，主持人李一萍集采、编、播于一身，以“近距离、低声调、一对一、生活化”的主持风格赢得听众的信任，成为继1981年1月1日中央人民广播电台推出由徐曼主持对台湾地区广播的《空中之友》之后的第二档主持人节目，广播突破单向传播，与书信媒介尝试结合。[①]

“珠江模式”将热线电话引入广播，广播节目开启了实时的对话交流。1992年，英国22岁的年轻工程师尼尔·帕普沃斯发出了全球第一条手机短信。但直到2002年，北京交通广播《一路畅通》才成为广播媒体引入短信互动的第一个节目。2009年8月14日，新浪门户网站推出微博服务内测，开启我国内地微博应用的发端。2011年初微信诞生，2012年8月微信公众号上线，浙江交通之声“FM93交通之声”、杭州交通经济广播“杭州交通918”等广播微信公众号抢先注册，成为广播与社交媒体平台融合的先行者。2014年，中央人民广播电台“中国广播”改版上线，上海东方电台阿基米德FM和北京电台听听FM诞生。2016年和2017年，省级电台纷纷开发自有独立音频App，辽宁电台“瓢虫FM”、江苏电台“大蓝鲸”、四川电台“熊猫听听”、湖北电台“九头鸟FM”、河北电台“即通FM”、山东电台“51听”、广东电台“粤听FM”、福建电台“广电车盒子”和浙江电台“喜欢听”等近十家省级电台上线音频手机客户端。在智慧技术的引领下，广播媒体成为媒介融合发展的实验室和先导者。借助“两微一端”社交媒体平台，广播构建起了实时互动的交互场景，把自身打造成为全新的交互型融合媒体。[②]

广播与社交媒体的融合发展，也不断丰富了听众收听广播的渠道，同时拓展了听众分享的路径。听众想要收听广播节目，在各个常用社交平台上进行简单搜索即可，收听节目的同时还可以与其他听众即时互动，也能看到其他听众的点

① 钱锋：《国内广播节目主持人的诞生与成长》，《中国广播》2018年第12期。

② 吴生华：《广播引领传统媒体向交互型融合媒体进阶——对广播媒体40年交互功能进化的研究》，《中国广播》2018年第4期。

评，听众的参与感与体验感不断优化。如今，以互动、开放为主要传播特点的网络媒介颠覆了传统媒介时代的传播方式，创造性地构建出不同于以往的，由受众为生产和传播中心动力的信息入口。以微博平台为例，微博作为当下各个社交平台上参与人数最多的“类公共空间”，许多广播媒体都建立了自己的账号，对重点节目进行推介和宣传，希望借此引发网友讨论，激发他们的收听热情与转发意愿，自然也开放了收听广播的入口和多项参与方式。从广播与社交媒体持续地融合发展也可以窥见，广播媒介本身蕴藏的活力与创新动力不断焕发出新的光彩。

三、智慧广播，全媒融合再启新程

“珠江模式”带给中国广播的不仅是历史的变革，更重要的是保持创新的精神和发展的动力。它的成功经验告诉我们，无论技术、内容、业态如何改变，广播媒介都要与时俱进，勇立改革发展的潮头。2021 年 8 月，广东广播电视台广播中心技术系统改造全面完成，广播频率全新融媒直播室正式启用，这一投资过亿元、富含“脑含量”的广播节目制播控制中枢，就是一个智慧化的融合媒体内容生产管理平台——广播融媒体混合云平台，开启了向智慧广播发展的全新征程。融媒直播室作为内容生产者，对新兴技术进行审视的过程中强调对其的认知、理解和运用的过程。从技术层面上的升级与改造便可窥知一二，直播室的中枢是一个新建设的融合媒体管理内容生产平台，像是控制运行制作的大脑，主持人面前挂着多达 6 块至 8 块大小屏幕，桌面上还有调音台，直播节目主持人可谓“眼观六路，耳听八方”。直播室的技术手段可以实现多元化的节目互动直播、可定制化的网络视频直播、智能化的节目素材汇聚制作等多项功能，成为国内领先水平的广播融媒体混合云平台。社会学家曼纽尔·卡斯特（Manuel Castells）提出的网络社会理论指出，技术发展会使网络流动的空间产生真实的虚拟性文化，以无时间的时间为特征。明明是以单一线性传播方式为显著特征的广播，也在技术更迭的时代被留住了“时间”，除了反复收听收看，还可以进行任意点播与节目预约。技术的发展带给受众的服务体验越来越趋向“自由”，即使是媒介融合的基础手段自此也产生了呈现上的变化。

同时，播出呈现更丰富，与多感官联动。传播学家麦克卢汉提出“媒介是人体的延伸”，但是不同器官的延伸会带来人整体感觉器官的不平衡，比如原来只靠耳朵接受媒介信息的广播，延伸了人的听觉，但是这使视觉等其他感觉变得麻木。人们在收听广播的同时可以进行其他活动，广播媒介的内容或许显得并没有那么重要。反观媒介融合下的新型广播形式，从生产流程到播出形式进行的改造，会让听众整个人的身心都能得到延伸，从而达到麦克卢汉所说的“社会的理想状态”，听众以更加沉浸的姿态加入整个传播活动中来。近年来，广东广播电视台广播中心一直坚持强调不仅要做“听得见的广播”，还要做“看得见的广播”。如今，广东广播全新的融媒直播室可以将音频、视频、文字、图片等全媒介素材融为一体，给受众带来了多感官联动的沉浸感受。并且，在直播中听众还能通过刷礼物、弹幕互动和连线交流等多种方式参与节目互动。即便是只能观看回放的听众（用户），依然可以感受到节目直播时的交互氛围。作为景观化的存在，人类对感官刺激的追求从未停止。“偏爱图像而不信实物，偏爱复制本而忽视原稿，偏爱表现而不顾现实，喜欢表象甚于存在”，在碎片化、快餐化和视觉化的网络文化语境下，全媒融合的广播媒介更能捕获用户的注意力，重新成为传播媒介当中不可忽视的一部分。

结　语

全媒体融合时代的广播发展呈现一种兼收并蓄的状态，作为传统媒体时代不可忽略的重要组成部分，在万物皆媒的当下，也渐渐找到了其成长和进化的新道路。对于广播媒介而言，内向增长趋缓，外向融合是蜕变的必然方向，广播媒介也不断地探寻着自身融合成长的新的道路。时至今日，广播不断成长与探索的成功，依然要归功于当初勇于改变的“珠江模式”源头，它所带来的不仅仅是广播形态上的变化、节目内容上的创新，更重要的是带来了创新的动力和勇气，这才是“珠江模式”留给我们历久弥新的精神财富。

（作者分别系浙江传媒学院新闻与传播学院教授，浙江传媒学院新闻与传播学院硕士研究生）

“珠江模式”的历史意义与当代价值

徐　宏　申启武

摘要：“主持人、大版块、直播化”的“珠江模式”的成功不仅仅表现在广东广播与境外广播竞争中所取得的胜利，更主要表现在引领中国广播的全面改革。而且，“珠江模式”的创新精神一直体现在中国广播不断开拓、锐意进取的血脉里，成为其勇往直前、追求梦想的强大动力。因此，“珠江模式”不仅具有划时代的历史意义，在新媒体时代的今天，也具有启示意义和借鉴价值。

关键词：珠江模式；传统广播；融合发展

1985年12月15日，珠江经济广播电台正式开播，引领中国广播全面改革的“珠江模式”横空出世。时至今日，35年过去了，珠江经济台在创新发展中拥有过诸多辉煌与荣光，也经历过不少酸楚与苦痛。与此同时，“珠江模式”的内涵得到了不断的丰富、发展与完善。然而，“珠江模式”的创新精神一直体现在中国广播不断开拓、锐意进取的血脉里，成为其勇往直前、追求梦想的强大动力。在“珠江模式”问世35周年这个重要的时间节点上，重温“珠江模式”的内涵与精髓，回顾“珠江模式”的历史意义，探寻“珠江模式”的当代价值，意在提振新媒体时代广播媒体融合发展的信心，同时为广播媒体融合发展提供一些方向性建议。

一、“珠江模式”的概念解读

“珠江模式”是广东电台的决策者在充分调研、反复论证，并认真总结广东广播几十年传播实践的经验与教训，巧妙借鉴境外广播尤其是香港广播先进做法与传播理念的基础上，经过精心策划成功推出的一种集大众性、信息性、服务性、娱乐性于一身，“以新闻、信息为骨架，以大时段（大版块）节目为肌体”的广播传播样式。与广播传统的传播样式不同的是，“主持人、大版块、直播化”是“珠江模式”三个最基本的构成要素，而且三者相辅相成，互为表里。

（一）主持人

主持人是“珠江模式”的标志，没有主持人，“珠江模式”就失去其存在的价值。之所以这样认为，是因为人民广播在其诞生以后的几十年的传播实践中一直没有主持人概念，所有的节目无论是广播新闻、广播社教还是广播文艺，大多是由播音员演播编辑记者提供的稿件，经录音合成后在广播中播出，所以无法摆脱众口一腔、语态单调的传播格局。改革开放以后，伴随着“自己走路”方针的重新提起，1981 年 4 月，广东台在《大众生活》节目中开办了由李一萍担纲主持的《大众信箱》栏目。李一萍以诚恳的态度、亲切的话语和充满个性的风格赢得了众多听众，并与当时的中央台《空中之友》主持人徐曼一起被称为“北徐南李”。随后，一些新的主持人节目在广东台相继出现。然而，所有的尝试与努力仅仅处于零敲碎打状态，不成规模，缺乏体系化设计和规范化操作，而且当时的主持人节目是在录播状态下完成的，所以稳定性有余，灵活性不足。而珠江经济台的主持人完全是在直播状态下主持节目的，集采、编、播、控于一身。由于直播状态下的节目在运行过程中的不确定因素很多，对主持人的应变与控制能力要求很高。因此，从某种意义上说，主持人是节目的核心与灵魂，主持人的个性决定节目的风格特征，主持人表现的优劣决定节目的成功与失败。

（二）大版块

“珠江模式”问世之前，广东台在设有节目主持人的两个栏目《星期天早晨》《农村天地》中曾尝试过大版块节目形式，但整体上仍从属于广播传统的节目编排。珠江经济台中的大版块节目则是以整个频率为单位，通过直播化的播出方式与听众见面的，除了半点新闻和整点信息外，其余时间均采用大版块节目的结构形式，所以具有自身的独立性。具体说来，该频率每天按时间顺序划分为若干个大版块，每一个版块的方针主要根据收听对象及其收听规律来确定。大时段、综合性和主持人主持是珠江经济台大版块节目的主要特征，这一结构模式打破了广播传统传播格局中新闻节目与其他类型节目分类设置的原则，融新闻性、知识性、服务性、娱乐性、教育性于一体，由主持人将不同内容的栏目贯穿到一起，从而形成一个有机的节目整体。

（三）直播化

说到直播化，其实，战争年代的延安新华广播电台就是采用直播化的播出方式，只不过是在缺少录音设备的情况下的一种原生态直播。当录音技术逐步成熟并广泛运用到广播内容生产与传输中以后，录音播出便一直成为广播的内容生产与传输主导方式。应该说，录音播出具有很强的稳定性，但实效性不强，灵活性不足。当现代广播先进的传输技术使得实时直播成为现实以后，主持人摁下播控室直通发射台的按钮，节目就会直接进入播出状态。因此，在主持人有效把控节目运行程序与节奏的前提下，直播化的播出方式赋予了广播传播实效性、灵活性。不仅如此，当现代通信技术与广播传输技术合理对接以后，电话介入了广播并成为广播信息传播的有效手段时，广播不仅实现了新闻信息的多点连线报道，而且实现了传受双方的多向互动交流。珠江经济台有些节目就是借助电话连线来完成的，这种在同一时段借助电话展开的多向互动交流，既能够以最快的速度传递新闻信息，也可以为听众提供参与节目表达意见与观点的机会。

总之，在“珠江模式”三个最基本的构成要素中，直播化的播出方式是“珠江模式”的基础，同时也是检验节目主持人把控能力与应变能力的试金石；主持人是“珠江模式”的灵魂，没有主持人，直播化的播出方式与大版块节目结构形式均失去其应有的意义与价值；大版块节目结构既是“珠江模式”的形态特征，也是主持人施展才华与本领的平台，因为大版块节目的不同内容需要主持人穿针引线才能形成一个完整的节目整体；与此同时，直播化的播出方式又赋予大版块节目形式的灵活性与实效性。因此，“主持人、直播化、大版块”相互作用，相互依存，共同支撑着“珠江模式”的存在与发展。

二、“珠江模式”的历史意义

“珠江模式”是在改革开放和社会主义市场经济的大背景下，广东电台适应广播创新发展的需要，为应对境外广播尤其是香港广播对本土广播的巨大冲击，而推出的一种广播传播样式。实践证明，“珠江模式”是成功的。“珠江模式”的成功不仅仅表现在广东广播与境外广播竞争中所取得的胜利，更主要地表现在其“受众本位”观念和“按广播的规律办广播”原则的胜利。从“珠江模式”对中国广播创新发展所产生的巨大影响看，“珠江模式”具有划时代的历史意义。

（一）在“受众本位”观念的牵引下，“珠江模式”让“听众是广播的主人”理念在广播传播实践中真正得到贯彻落实并生根开花

受众本位“指的是大众传播媒介在信息传播活动中，以受众为中心，以最大限度地维护受众的根本利益为出发点，满足受众获取信息的需要”①。从战争中走来的人民广播一直是国家政权的有机组成部分，主要功能是作为党和政府的喉舌，为党和政府的中心工作提供舆论服务和舆论支持。宣传党的路线、方针和政策无疑成了广播媒体的社会责任和光荣使命。因此，在相当长的一段时期里，广

① 王彩娜：《受众本位 VS 传播者本位》，《中国广播电视学刊》2003 年第 4 期，第 52 – 53 页。

播媒体在宣传中更多地强调对受众的塑造、引导，必然介入主观性的内容。这样，面对一些新闻事件，传播者在新闻内容的取舍方面往往以自身的好恶为标准，在具体的传播过程中也常常会以自己的主观意志取代受众的意志，总是居高临下地用灌输和训导的方式强迫受众接受自己的思想情感与主观意愿。因此，广播传播多处在“我播你听”的状态，这在信息匮乏的年代能够拥有一定的生存空间。但改革开放以后，伴随着大众传播业的迅猛发展，受众可选择的信息渠道越来越多。在残酷激烈的竞争中，受众成为影响大众传媒生存发展的决定性因素，广播传播观念由传者本位向受众本位转变就成了历史必然。

得改革开放风气之先的广东电台早在党的十一届三中全会召开后不久就提出“面向群众，面向生活，面向基层”[①] 的方针，要求记者从群众的需要出发，按照党的政策开展新闻报道。不仅如此，广东电台在传播实践中就广播与受众的关系进一步制定“为其服务，适其需要，对其口味，使其理解，引其交流，对其引导，受其监督”的指导方针，[②] 在确保舆论引导社会功能的同时，一切都从受众本位角度出发对广播传播活动提出规范性的要求。换句话说，在广东电台的决策者看来，“听众是广播的主人”理念应该深深刻印在每一个广播工作者的心灵深处。也正是在这一传播观念的作用与支配下，广东电台在全国广播界率先对节目进行一系列改革，并在此基础上推出了引领中国广播全面改革的“珠江模式”。

通过对“珠江模式”基本内涵的分析，不难发现，“主持人，大版块、直播化”一方面体现了广播的媒介特性和传播优势，另一方面表明节目的设置、制作与播出始终贯彻落实“听众是广播的主人”的理念。其不仅把听众放在主人的位置上，一切为了满足听众的需要，体现人民广播为人民服务的宗旨，而且为听众打造参与节目，在与主持人沟通交流中倾诉心声、表达意见的平台。“珠江模式”的成功，极大地鼓舞了广东电台创新发展的信心。广东电台的其他专业频率也加大力度对节目形态和播出方式进行改革，因而相当长一段时期内在良性的发展轨道上大步前进。

---

① 江英、高作则：《十年磨剑——“珠江模式”的孕育》，参见曾广星主编：《横空出世——广播“珠江模式”的理论与实践》，北京：中国广播电视出版社，1999 年。

② 曾广星：《十年广播改革回顾与思考》，参见曾广星主编：《横空出世——广播“珠江模式”的理论与实践》，北京：中国广播电视出版社，1999 年。

（二）在“扬独家之优势”方针的指导下，努力践行“按广播的规律办广播”的原则，“珠江模式”丰富与发展了广播的节目形态

广播节目形态的变革是广播创新发展的重要成果，也是广播创新发展的主要标志。然而，人民广播在革命战争年代是没有形态意识的，广播节目都是报纸、通讯社或者文艺节目的广播化转化，属于一种原生态的呈现方式。中华人民共和国成立不久，胡乔木提出了“广播要学会自己走路”，但仅强调自力更生办广播，节目形态意识依然模糊，所以中华人民共和国成立以后17年时间里，广播节目形态在某些方面虽有些许变化，但整体上依然处于战争年代留下的原生态呈现格局。改革开放以后，随着“自己走路”的重提尤其是“扬独家之优势，汇天下之精华”指导方针的确立，音响元素在广播新闻传播方面得到应有的重视，解说也成了广播文艺节目的有机组成部分。所以“解说+音响”或“解说+作品”逐渐定型为广播节目主流的形态模式。这种形态模式虽在一定程度上体现广播的媒介特性与传播优势，但仍然厚重有余，灵动不足。

在“扬独家之优势”方针的指导下，广东电台努力践行“按广播规律办广播”的原则，所推出的“珠江模式”进一步将广播的传播优势发挥到极致。在这里，直播化的播出方式，不仅赋予广播新闻快捷性的传播优势，而且使得广播消息得以通过连线报道的方式呈现，广播消息“解说+音响”的形态模式因而发生了新的变化；大版块的结构模式则形成了大栏目套小栏目的集合体，小栏目往往定格在某个固定的节目类型上，不同栏目所形成的功能价值相互作用又进一步体现整体节目的功能价值；而主持人的出现又进一步解构了“解说+音响”或“解说+作品”的形态模式，因为以“解说+音响”或“解说+作品”形态呈现的专题节目和评论节目都可以在主持人的作用下转换成谈话节目的形态模式。由此可见，在“珠江模式”的作用下，广播节目形态得以极大地丰富与发展。

（三）“珠江模式”推动了广播的系列化、专业化建设，拉开了中国广播全面改革的序幕

如果说“主持人、大版块、直播化”只是反映“珠江模式”的狭义内涵，那么珠江经济台的一切做法与经验则体现“珠江模式”的广义内涵。珠江经济台的开播希望通过发布新闻、传播信息、介绍知识、提供娱乐，为发展商品经济、丰富人民生活、建设社会主义物质文明和精神文明服务。他们有一个追求：“在珠江三角洲一带的上空，树立起一个崭新的、充满活力而又亲切动听的广播

形象，让经济界叫好，让广大群众喜欢听，让港澳同胞也有兴趣。”① 因此，珠江经济台的开播是广东电台整体改革的起点，也是广东电台系列台建设的第一步。说到系列台，早在20世纪80年代初期，广东电台就开办了立体声文艺广播和教育广播两个频率，但是由于当时的决策者对系列台的认识比较模糊，没有拿出一整套系列台建设方案，所以频率建设难有起色。经过多方调研考察与探讨思考，广东台的决策者对广播的社会功能、产业属性、运作机制和内在规律才有了较为清晰的认知和把握。在他们看来，不同年龄、不同经历、不同职业、不同性格、不同爱好的听众对广播的兴趣和要求也不尽相同，广播电台应该根据不同听众的不同兴趣和要求，进行适当的专业分工而建立系列台。不同的系列台根据自身的定位在传播内容方面有所侧重，听众就能够根据自己的兴趣和要求选择喜爱的频率。基于这样的认识，随着珠江经济台开播的成功，在10多年的深入探索和大胆实践中，广东电台经过办大众型广播的第一系列和办服务型广播的第二系列建设及其不断的调整与壮大，相继开办了新闻台、音乐台、交通台、股市台、城市之声等9个系列台。由此，广播的社会功能得到多渠道、全方位发挥。

“珠江模式”不仅推动广东电台的系列化、专业化建设，而且对全国广播的改革发展也产生了良好的示范效应。珠江经济台开播后，前来该台参观考察的兄弟电台络绎不绝。“一两年后，各地经济广播相继出现，三五年后，新闻、文艺、教育、信息、儿童等专业广播频率如雨后春笋般出现，这些新开播的专业广播频率在节目形式上都部分地借鉴了‘珠江模式’。”② 不仅如此，在笔者看来，国内广播一些影响较大、成效显著的专业化改革，如上海广播的“东广模式”、北京电台的频率专业化探索以及中央台的“管理频率化，频率专业化”战略，从某种意义上说都源于“珠江模式”，都得到了“珠江模式”的精神滋养。

三、“珠江模式”的当代价值

新媒体时代的今天，曾经风靡一时的“珠江模式”似乎成了广播发展史上的一个美好记忆，因为“珠江模式”的价值指向是传统广播，“主持人、大版块和直播化”目前已广泛运用于当代广播的传播实践中，广大听众以及广播业者对其已习以为常。新形势下广播媒体的融合发展需要树立新的理念，注入新的元素，拥有新的智慧，确立新的追求。但是，“珠江模式”敢为人先的创新精神及其树立与践行的“听众是广播的主人”的传播理念和“按广播的规律办广播”

---

① 余统浩：《珠江经济广播电台的诞生和一年来的实践》，参见曾广星主编：《横空出世——广播“珠江模式”的理论与实践》，北京：中国广播电视出版社，1999年。

② 吴星辰：《珠江模式——中国广播突围的一个样板》，《中国广播》2019年第7期，第68－72页。

的原则，对新形势下广播媒体融合发展依然会产生十分重要的影响。

（一）“珠江模式”敢为人先的创新精神对新形势下广播媒体的融合发展具有一定的积极影响

“珠江模式”的成功在很大程度上得益于广东电台敢为人先的创新精神。得改革开放风气之先的广东电台似乎拥有一种非同寻常的创新意识、创新智慧、创新胆量和创新决心，这种非同寻常的创新意识、创新智慧、创新胆量和创新决心造就了广东电台敢为人先的创新精神。也正是在创新精神的鼓舞与作用下，广东电台在革新传播观念的同时，突破广播传统的传输方式，创造性地将广播传输技术与现代通信技术进行合理对接，广播媒体才迎来了全程直播的新时代；若没有广东电台敢为人先的创新精神，主持人与听众传受互动的平台就不会建立，广播的传播活动就依然在“我播你听”的训导与灌输状态中辗转徘徊。

新媒体的强势崛起给包括广播在内的所有传统媒体都带来严峻的挑战和巨大的冲击。为了应对挑战和冲击，广播媒体的第一要务便是与时俱进、革故鼎新，在维护广播媒介特性和自身品牌形象的基础上，紧紧抓住媒介融合的发展机遇，主动拥抱新媒体，将移动互联技术、大数据和智能语音技术融入广播媒体的传播实践中，以拓展广播的传播功能。与此同时，广播媒体在融合发展的过程中应利用新媒体的平台优势制作新颖时尚、互动性强的广播节目，除了在传统广播中播出以外，还可以根据新媒体的传播需要对节目进行碎片化处理，借助商业化的新媒体平台或通过打造自主的新媒体平台进行矩阵式传播，让新媒体用户对传统广播有一个新的认识，从而拓展新的受众市场。目前，广播媒体的融合发展确实体现了改革的意志、创新的精神。所有这些努力与追求似乎和35年前“珠江模式”的探索与实践具有某种同构性，这在某种意义上表明“珠江模式”敢为人先的创新精神依然对广播媒体的融合发展产生积极的影响。诚如业界同人所言，“‘珠江模式’，当年的辉煌或许并未久远，或以精神，或以实质，延续、渗透到这一时代”[①]。

（二）“珠江模式”树立的“听众是广播的主人”的理念是新形势下广播媒体融合发展所要强化的互联网思维的核心内容

正如上文所述，在“受众本位”观念的作用和支配下，珠江经济台积极贯彻落实广东电台就广播传受关系制定的“为其服务，适其需要，对其口味，使其

① 陈淑仪：《广播电台“珠江模式”不老，革新求变不变》，《南方都市报》，2010年5月11日。

理解，引其交流，对其引导，受其监督”的指导方针，节目的设置、制作和播出均从听众的角度出发，力求最大限度地满足听众的欣赏口味和收听需要。因此，“听众是广播的主人”的理念追求在“珠江模式”中表现相对充分。值得关注的是，新媒体时代，广播媒体融合发展所要强化的互联网思维与“珠江模式”的“听众是广播的主人”的理念追求一脉相承，而且“听众是广播的主人”的理念追求恰恰是互联网思维的核心内容。

何谓互联网思维？在笔者看来，“互联网思维包括用户思维、极致思维、迭代思维、平台思维、跨界思维等诸多内涵。其中，用户思维指的是在产品价值链的各个环节中都要‘以用户为中心’去考虑问题；极致思维，就是把产品、服务和用户体验做到极致，超越用户预期；迭代思维是指在持续更新中不断完善产品；平台思维是开放、共享、共赢的思维，其精髓在于打造一个多主体互利共赢的生态圈；跨界思维则是将产业经营的触角延伸至其他领域。在这里，用户思维处于绝对中心地位，因为产品的极致化及其持续更新都是建立在让用户满意的基础上的一种价值追求，没有用户思维，平台思维、跨界思维也就失去了实际意义”①。2014 年 8 月，中央全面深化改革领导小组第四次会议审议通过了《关于推动传统媒体和新兴媒体融合发展的指导意见》，提出“要强化互联网思维，坚持传统媒体和新兴媒体优势互补、一体发展”，就特别强调了如何利用互联网思维推动传统媒体融合发展的问题。显然，即使是在新媒体时代的今天，“珠江模式”树立的“听众是广播的主人”的理念对广播媒体的融合发展依然有着某种积极意义。

（三）“珠江模式”践行的“按广播的规律办广播”的原则对新形势下广播媒体的融合发展具有某种启示意义和借鉴价值

不同媒体有不同媒体的媒介特性、运行规律和传播要求。广播媒体声音信号的单一性决定其“只闻其声，不见其人”的先天性缺陷，但赋予其快捷性、广泛性、互动性等媒介特性，同时造就了移动性、伴随性的传播优势。应该看到，“珠江模式”的“主持人、大版块、直播化”之所以深得广大听众的欢迎和喜爱，并迅速在全国广播界产生轰动效应，就是因为它践行了“按广播的规律办广播”的原则，在大众传播与人际传播之间找到了理想的契合点，并在广播与听众之间建立一种既符合听众收听要求，又能满足听众接受需要的新型的传受关系，张扬了广播的媒介特征，符合广播的传播要求。

① 申启武：《移动音频的崛起与传统广播的选择》，《中国广播》2019 年第 9 期，第 10 – 15 页。

新媒体时代的今天，广播媒体在融合发展中积极拥抱新媒体，试图通过与新媒体的深度融合寻求新的生存与发展空间。显然，融合发展中的广播媒体虽然本质上依然保留传统广播所具有的个性特征，但是新媒体元素的融入使得广播媒体以一种新的姿态出现在受众面前。换句话说，媒体融合赋予了传统广播新的传播形态，拓展了传统广播的本质内涵。从这个意义上说，“珠江模式”所践行的“按广播的规律办广播”的原则似乎已无法适应广播媒体融合发展的需要。但是，如若将广播的概念从传统的认知范畴上升到融合发展的高度，以发展的眼光去理解和把握新形势下广播的内涵与外延，并借此重新审视“珠江模式”所践行的“按广播的规律办广播”的原则，那么“按广播的规律办广播”在新媒体时代的今天依然闪耀其真理性的光辉。目前，广播媒体融合发展过程中普遍采用的“线上＋线下＋粉丝联动”的整合营销、定制营销和电商营销以及“两微一端”等应该看作新媒体时代“按广播的规律办广播”的历史延续。央广传媒发展总公司董事长王跃进针对广播的未来发展指出的转型路径就是在告诉人们新形势下如何“按广播的规律办广播”：“①广播要实现内部重构，全面拥抱互联网、移动互联网，打造适应新传播需求的声音产品分发平台；②广播要重构业务体系，向移动新媒体业务转型，为声音产品的二次营销塑造平台，降低单一广播带来的风险；③广播要站在媒体融合的角度，对生产流程进行全面的重构，从节目生产流程向全媒体产品生产流程转型，从节目生产向全媒体声音产品营销转型；④广播要遵循市场规律，打造适应市场需要的生产组织主体；⑤广播应建立市场化的评估考核体系，将内容生产与媒体营销纳入统一的考核体系，内容生产和营销业务要做到共进共退，共荣共生。”[①]

（作者分别系广州广播电视台新闻广播副总监，暨南大学新闻与传播学院教授、博士生导师）

① 引自王跃进在2018年9月26日召开的由中国广告协会主办、中国广告协会广播分会承办的“未来已来——新营销时代广播电视发展高峰论坛”上的主题演讲《困境与破局：媒体新生态下的广播营销》。

新媒体　新广播

移动音频的发展现状及趋势

霍青青

摘要：随着数字传播的不断推进，移动音频的发展优势日益凸显，体现出节目资源丰富、产品定制个性、传播伴随碎片，收听体验便捷、互动反馈及时、传受界限模糊等特点。本文以数字传播理论为基础，以移动音频作为研究对象，以喜马拉雅 FM 作为研究样本，结合实践经验与数据资料，利用数字传播的相关理论与范式，运用文献综述法、案例分析法、参与观察研究法，归纳喜马拉雅 FM 的传播特点、存在问题与应对策略，以此进一步分析我国移动音频的发展现状与趋势。

关键词：移动音频；发展现状；喜马拉雅 FM

一、数字传播与移动音频的发展

（一）数字传播及其特点

数字传播是数字信息技术发展下的一种新的传播方式，是当前社会主要的传播生态。国内学者季铁在其著作《数字传播——交互与影像设计数字传播》中给出了定义："一般而言，数字传播是以电脑为主体、以多媒体为辅助，从事包括捕捉、操作、编辑、贮存、交换、放映、打印等传播活动。"[①] 对数字传播的特点，学者罗杰·菲德勒就数字传播的特点发表过言论：数字传播从传统媒介和把关者手中，夺取信息和娱乐控制的权利。[②] 而吉摩尔提出：集权主义媒体中传统媒体的受众不得不面对"暴政"和腐败，被迫接受大量的强塞信息。[③] 综合学者们的研究，数字传播具有以下几个特点，一是传播数字化，数字传播的基础是

① 季铁、[意] Francesco Galli 主编，明安香译：《数字传播——交互与影像设计数字传播》，北京：高等教育出版社，2010 年，第 25 页。

② [美] 菲德勒著，明安香译：《媒介形态变化：认识新媒介》，北京：华夏出版社，2000 年，第 267 页。

③ [美] 丹·吉摩尔著，陈建勋译：《草根媒体》，南京：南京大学出版社，2010 年，第 78 页。

高速数据传递系统，各类信息通过数字编码 0 和 1 传播。二是传播互动性，公众通过贴吧、QQ、微信等社交方式，实现即时的信息交流和情感沟通。三是传播及时性，数字传播发布的信息可以瞬时传递，省略了传统媒体的印刷、制作、运输、发布等中间环节。四是信息大容量，公众连接网络，即可实现资源共享。五是检索便利性，利用搜索引擎或新闻站点，即可迅速获取所需信息。六是媒体综合性，数字传播集文字、图片、声音、视频于一体。向公众提供全面信息。七是信息再生性，数字传播可以打印、复印，成为个人信息。八是传播开放性，数字传播中，传播对象平等，传播范围广泛。九是传播选择性，数字传播公众选择范围宽广，方式灵活。

数字传播以其独有的传播特点，改变着社会信息传播生态和媒体的发展。信息的数字化使得数字传播不仅成为社会的一个重要领域，而且成为社会本身的特征，推动着政治、经济、文化的数字化、信息化发展，使得社会数字化与媒介化日益成为现实。媒体的数字化、信息化发展，使得社会数字化与媒介化日益成为现实。媒介的数字化发展，推动着媒介融合，并促使媒介跨界发展。媒体介入不同行业，不同行业也介入媒体发展，传统的根据传播符号进行分类的媒体不复存在，纷纷向全媒体和融媒体转型，人人都是传播者，也解构着传统媒体信息生产、流通和消费的规制。新的传播理念和制度还处于不断建构之中，从根本上影响着包括广播媒体在内的传统媒体转型与发展，移动音频就是广播转型与发展的新兴视听传播形式。

（二）数字传播推动移动音频发展

学者罗杰·菲德勒在《媒介形态变化：认识新媒介》一书中提道："形态变化原则的一个重要推论就是：媒介变迁过程中，新媒介的出现，要求传统媒介必须做出改变，否则面临死亡。"① 相较于传统电台用户使用收音机接收播放内容的方式，移动音频的出现使得用户从智能手机上下载 App 即可随时随地收听和录制节目。

从移动音频市场的用户规模、产业营收等多个维度的表现来看，我国移动音频处于高速发展期。我国移动音频市场已经经历探索期、市场启动期、高速发展期，目前是应用成熟期，音频市场拓展迅猛，声音价值不断凸显（如图 1）。

① ［美］菲德勒著，明安香译：《媒介形态变化：认识新媒介》，北京：华夏出版社，2000 年，第 267 页。

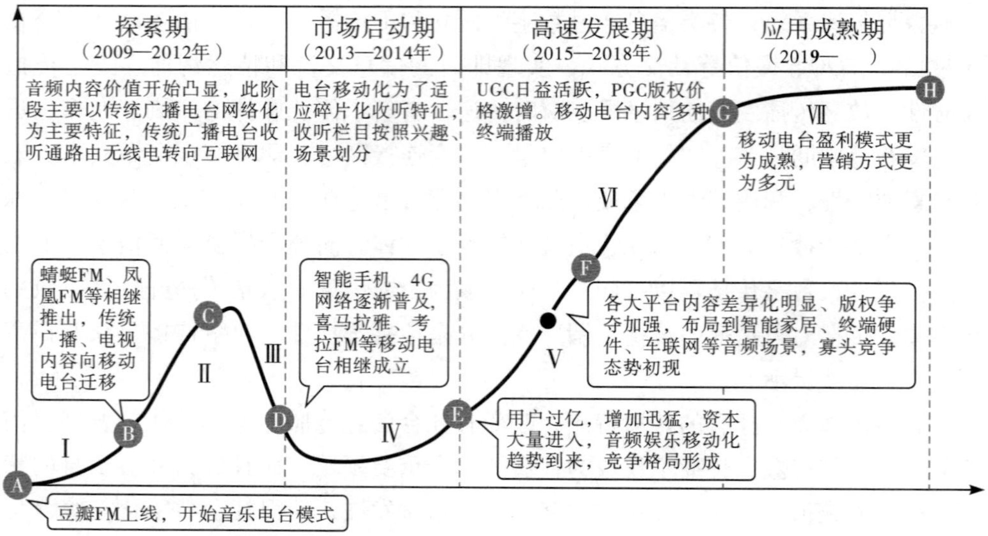

图1　中国移动音频发展趋势图

1. 探索期（2009—2012 年）

媒体格局的变化源于互联网的快速发展，从传统报业到门户网站，从电视台到视频网站，互联网已经重塑了传媒形态。移动互联网的快速发展带来了对传统广播的变革，满足人们不同需求的音频类娱乐应用应运而生。移动音频应用的伴随性特征以满足用户的碎片化收听音频内容需求为核心，赢得众多音频爱好者的追捧。2009 年 11 月豆瓣 FM 正式上线公测，根据用户习惯推荐音乐，开启了移动音频模式的探索尝试，之后蜻蜓 FM、凤凰 FM、多听 FM 等相继上线，内容以 PGC 为主，来源于电台广播、电视节目音频等。其中，2011 年蜻蜓 FM 上线，以收录各个地区广播电台内容为主。探索期表现为传统电台、电视内容的移动互联网化，音频内容的价值开始凸显，收听渠道开始向移动音频迁移，商业模式仍处在探索阶段。

2. 市场启动期（2013—2014 年）

伴随经济社会的高速发展，人们的生活节奏愈加紧促，获取信息和消遣娱乐的时间逐步碎片化。在晨起睡前、等车开车、健身跑步、放空休憩等场景中，音频的伴随性使其成为人们获取信息的最佳选择。为了迎合用户碎片化场景收听和电台内容多样性等需求，以喜马拉雅 FM 为代表的电台厂商，开始将收听栏目按兴趣、场景等因素划分，并以“PGC + UGC + 版权”为核心进行内容布局，增强内容丰富性，移动音频市场表现出巨大潜力。移动音频基于传统广播电台内容的承载与电台主播用户的 UGC（用户生产内容）积累了巨大的用户流量，基于用户流量的移动音频品牌塑造与商业变现成为必然。

3. 高速发展期（2015—2018 年）

2015 年，资本市场相继进入移动音频市场，融资金额已不断刷新，移动音频 App 数量呈现爆发式增长。2016 年，经历过“跑马圈地”、版权争夺、恶意刷榜的主流移动音频在功能和人群定位逐渐有了差异。基于功能定位的差异，移动音频呈现出分享型电台、聚合型电台、车载型电台、治愈系电台以及音乐电台等丰富多样的类型化差异。移动音频市场发展回归理性，各厂商纷纷尝试更多元的变现渠道，内容付费是力度最大的尝试，且取得不错效果。喜马拉雅 FM 的“付费精品”专区目前已经拥有 16 个付费精品分类，累计 850 位专业知识“大咖”定制课程，通过音频付费率先实现商业化。蜻蜓 FM 则始终保持其对高质量内容的匠心精神，致力于为用户提供高质量内容，在 2016 年开始了音频 + 商业生态的模式创新。考拉 FM 依托母公司车语传媒在车载市场的独特优势，发力车载音频娱乐服务。

4. 应用成熟期（2019— ）

成熟期的移动音频领域进入存量市场，业务形态及商业模式成熟，品牌价值成为企业的核心竞争力。新业务模式给整个行业带来冲击，众厂商开始寻求战略转型。

总之，移动音频的市场潜力巨大，离市场成熟期并不遥远。笔者认为，移动音频在这一阶段应具备核心竞争力和成熟的运营模式，即业务形态成熟、商业模式成熟、品牌价值成熟等。

（三）移动音频的类型

互联网音频行业中，移动音频种类丰富，笔者将其划分为功能和内容两个类型。功能类型包括直播类、点播类和定制类；内容类型包括综合型和垂直型。接下来，笔者就移动音频的具体类型，进行详细阐释。

1. 移动音频的功能分类

按照移动音频的功能划分，集中包括三种类型：直播类、点播类和定制类。

直播类音频电台又细分为两种类型：一是与传统电台签订协议，购买节目播放版权。比如蜻蜓 FM、凤凰 FM 和酷狗 FM 广泛撒网，集中 2 000 多家传统电台资源。二是与用户签订协议，进行资源置换。比如荔枝 FM 2016 年推出直播节目，让用户能够随时随地收听播主节目，并与喜爱的播主友好互动。

点播类音频电台指的是播主定时上传录制节目，当内容审核通过后，可以第一时间发布。这样一来，不同于传统电台的定点收听，用户可以随时随地点播并收听节目。以喜马拉雅 FM 为代表的点播类音频电台，播主可以提前录制并上传录制节目，用户可以随时点播，不受离线影响。

定制类音频电台指的是借助计算机、大数据，根据用户使用偏好和习惯进行“用户画像”，定时或不定时推送关注节目。豆瓣 FM 就是典型的定制类电台，其本质是私人音乐，预先为用户播放音乐并同步记录用户的收听偏好和习惯。

值得注意的是，移动音频已经历探索期和市场启动期，逐渐呈现出融合的趋势，但发展的重心有所侧重。比如蜻蜓 FM 和荔枝 FM，都开发有点播和直播功能，但前者更重 UGC（用户生产内容），后者更重 PGC（专业生产内容）。

2. 移动音频的内容分类

按照移动音频的内容划分，集中包括两种类型：综合类和垂直类。

综合类电台涵盖海量信息，满足不同性别、年龄、消费水平、区域等用户的需求，用户可以根据自己的偏好和习惯，自主收听和录制节目。比如蜻蜓 FM、荔枝 FM 和喜马拉雅 FM，更像是一个大聚合音频平台。

垂直类电台，是指定位于某一专业领域内容的移动音频。比如“懒人听书”，该电台主要提供有声读物，满足用户听书需求，与传统纸质书不同，移动音频独有的个性特点，能够调动用户听觉，赋予文字声音魅力，带给用户需求知识。

（四）移动音频的特点

1. 节目生产多元化

传统电台作为专业生产机构，扮演提供信息与服务的角色，实现单向度传播。移动音频生产多元化，既有媒体生产，也有职业的机构生产，还包括用户生产内容，不仅实现了内容多元化，还大大降低了制作成本，实现互动传播。

2. 节目内容去中心化

第一款支持 UGC 的移动音频面世，意味着传统电台中心化的时代结束。集中、垄断的中心化传播方式逐步向扁平、自由的传播方式过渡。草根用户参与节目内容生产，传受双方界限模糊，人人都是传播者，移动音频更加扁平自由，内容生产更加丰富多元，体现出典型的去中心化和碎片化特征。

3. 节目接受互动多元化

区别于传统电台受众通过单一收音机设备收听节目，移动音频可通过移动终端设备，比如智能手机，平板电脑和车载网络进行节目收听。同时，与传统电台所有收听、评论、分享、上传都集中在一个封闭的系统中不同，移动音频用户可以点击“分享”按钮，把正在收听的节目快速分享到社交软件上，比如微信朋友圈、微信好友、新浪微博、QQ、钉钉、听友圈，实现即时交互和分享。

4. 节目传播方式定制化

收听传统广播电台的音频节目，有一个很大的特点就是“顺时性”，即同一个频率只能按照时间顺序去收听，一旦错过，就没有办法倒回去重新收听。而移动音频的一大特点就是弥补了顺时性的缺陷，实现了音频节目的任意点播。此外，大部分的移动音频不仅提供了点播服务，更进一步化被动为主动，通过强大的数据分析及云计算技术，根据听众自身的喜好与收听习惯，向用户推送符合用户喜好的音频节目。

5. 节目反馈方式网状

传统广播电台，其传播多半只能通过即时的收音机收听，传播渠道比较单一，对时间要求较高，而反馈多半是书信或者电话模式，时间与经济成本比较高，并且效果也不一定理想。随着新的传播沟通形式的发展，移动音频本身已经成为十分方便的传播反馈渠道，用户可以通过移动音频的沟通功能去联系客服或者工作人员，也可以通过评论、私信等途径直接与主播进行沟通、交流。此外，节目主播也可以利用社交平台集聚听众，形成一种比传统“主播—听众”更为牢固的“偶像—粉丝”关系，甚至是朋友关系，拉近主播与听众的距离，提高听众的忠实度。同时利用社交平台，用户能够更方便地实现反馈，主播也能够在第一时间对反馈进行了解并回复，从而大大提高音频节目的质量。

二、喜马拉雅 FM 的传播特点分析

（一）传播主体多元化

与传统广播的单一播音主持人担任传播者角色不同，移动音频不仅可以由人物甚至可以由媒介团体、媒介品牌担任传播者这一角色。如在喜马拉雅 FM 中不难发现，传播者的概念从单一的担任播音角色的人物扩展到了多种不同的领域，被冠以“播主”的概念，这里的播主并非传统意义的播音主持人，而取播客的主人之意成为传播者。比如，新闻类别下的“今日头条”就可以独立作为传播者，用户可以通过关注“今日头条”获得更多的新闻资讯。在这种传播模式中，真正播送新闻的人并不是真正意义上的传播者。

笔者以 2021 年 11 月 9 日喜马拉雅 FM“精品榜”中排名前 100 的付费节目为样本，并对其进行传播者类别分析，经统计，得出以下数据（如图 2）：

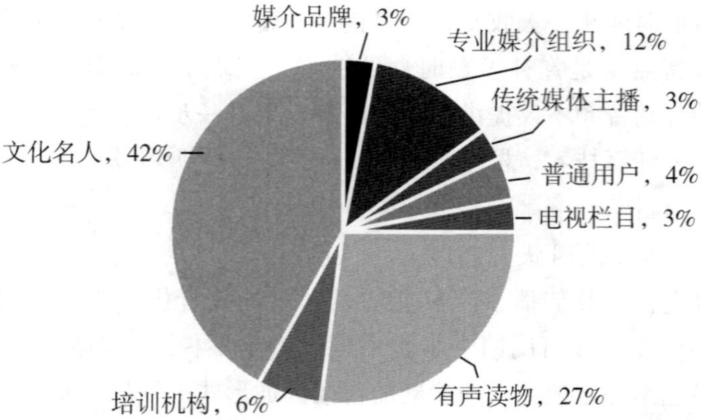

图2　喜马拉雅 FM“精品榜”排名前100的付费节目传播者类型分布图

根据图2可知，文化名人用户占42%，占比第一，这体现出喜马拉雅 FM 是以 PUGC（专业用户生产内容）为主的移动网络电台。其次是有声读物，占27%。有声读物已成为移动网络台一大重点内容资源，被广大听书爱好者接受。与传统纸质阅读相比，越来越多的用户热衷于选择听书的方式获取信息。此外，传统媒体主播、专业媒介组织和电视栏目为代表的 PGC（专业生产内容）各占3%、12%、3%，而普通用户为代表的 UGC（用户生产内容）占4%。UGC（用户生产内容）拓展深度，PGC 挖掘深度，共同提高用户参与度。[①] 最后，培训机构和媒介品牌也成为喜马拉雅 FM 的播主，市场潜力不可小觑。

（二）传播方式用户导向

当用户点开喜马拉雅 FM 时，首先出现的是纯白色启动界面。在简洁明了的界面中间用橘红色字体标注了“喜马拉雅”这个 App 的品牌名称，在品牌名称的上方是 App 的 logo“听”，页面简洁，体现出喜马拉雅 FM 以用户为中心的个性页面设计理念。

当用户进入喜马拉雅 FM 以后，便可以在首页最上方看到选择条目，包括“VIP、小说、直播、广播，精品、相声”等。在选择条目的下方包括三个按钮，首先是搜索条，用户点击进入后，可以查看热门搜索推荐和搜索历史。其次是播放历史，最后是下载专区，包括专辑、声音下载等。

在喜马拉雅 FM 首页的下方，点击“我的”按钮，进入“我的”页面，该页面上方又有“追更、订阅、历史、下载”四个菜单按钮。位于首页下方正中间的是“播放”按钮，该设计很大程度上方便用户停留在播放页面上，便于点播

① 李霞飞：《广播移动音频 APP 的发展趋势》，《新闻世界》2017年第3期，第21－24页。

节目收听。

进入播放页面，比如“《红楼梦》全本有声剧”这档节目，我们可以清晰看到主播张国立、欧丽娟、刘风的头像和“张国立：我陪你听红楼，为你解惑”的发刊词。用户下拉菜单，就可以看到该节目声音简介、相关推荐、主播信息和听众点评。紧接着是“分享”按钮，用户可以把正在收听的节目快速分享到社交软件上，比如微信朋友圈、微信好友、新浪微博等，实现即时交互。在播放页面最下方是“评论”按钮、“评论区”按钮和“点赞”按钮。用户不仅可以对节目内容提出自己的观点，还可以和主播、听友互动交流。

除此之外，点击首页下方“发现”按钮，用户可以在发现页面中快速搜索到自己感兴趣的节目，页面上方是五个子栏目，包括“全民朗读、K 歌房、喜马土拨鼠、娱乐派对、活动”。页面中间是四个可以滑动的选择条目，包括“关注、推荐、趣配音、圈子”。

综上所述，通过对喜马拉雅 FM 传播方式研究，可以发现喜马拉雅 FM 为了实现多角度全方位的用户体验，选择了多级菜单和版块的复杂设计。与传统电台所有的收听、评论、分享、上传都集中在一个封闭的操作系统中不同，移动音频在交互设计上细致且开放。另外，喜马拉雅 FM 在对用户使用习惯培养上，虽然无其他同类型产品小众精细，但在软件功能和节目资源上也略胜一筹。

（三）传播内容资源细分化

在对节目内容的初级分类中，喜马拉雅 FM 提供了小说、直播、儿童、广播、精品、相声等 18 个频道，以广播频道为例，又细分为“新闻台、音乐台、交通台、经济台”等 14 个子类目，如此细分的节目资源是为了让用户在短时间内可以迅速找到自己喜爱的节目内容。接下来笔者仍然以 2021 年 11 月 9 日喜马拉雅 FM“精品榜”中排名前 100 的付费节目为样本，从节目时长、节目类型、节目价格三个方面对节目内容进行分析统计。

1. 节目时长分析

在对喜马拉雅最为热播的前 100 个付费节目样本的节目时长进行分类统计时，笔者将其分为 0 ~ 20 分钟、21 ~ 40 分钟、40 分钟以上三种时长范围，经过统计得出节目时长分布图（如图 3）：

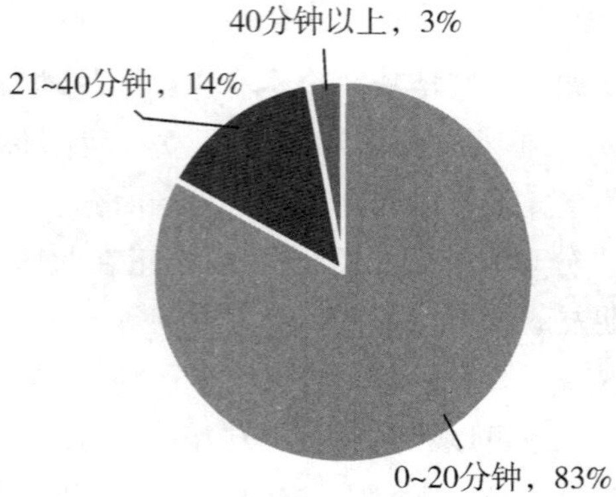

图3　喜马拉雅 FM“精品榜”排名前 100 的付费节目时长分布图

根据图 3 可知，喜马拉雅 FM 最为热播的前 100 个付费节目中，0 ~ 20 分钟的占 83%，21 ~ 40 分钟的占 14%，40 分钟以上的占 3%。喜马拉雅 FM 最受受众喜爱的付费节目时长，较传统电台有明显差异。传统电台中节目时长大多按照小时来计算，而喜马拉雅 FM 运营人员在节目加工剪辑的过程中，充分考虑到了用户的节目收听习惯，即利用碎片化时间收听节目，大大缩短了节目时长。这也表明，在快节奏的社会生活中，移动音频的用户习惯已经发生改变。

2. 节目类型分析

喜马拉雅 FM 主界面有 18 个频道，在除去“VIP、本地”这两项类别以后，节目的类型分为 16 种，即小说、直播、儿童、广播、精品、相声、人文、历史、段子、音乐、教育培训、情感生活、英语、商业财经、好书精讲、畅销书。其中人文成为受欢迎的节目类型，可以看出用户对自我提升和精神素养的重视。此外喜马拉雅 FM 好书精讲等有声读物也弥补了传统电台中这类节目的缺失。更值得关注的是儿童节目，我们发现，传统电台这类节目近几年在不断削减，而年轻家长对儿童教育日益重视，该群体的用户也从传统广播逐渐流向移动广播电台。这也恰恰表明，在节目类型上，喜马拉雅 FM 与传统电台差别很大，这有利于避免节目类型同质化。

3. 节目价格分析

笔者以 2021 年 11 月 9 日喜马拉雅 FM“精品榜”中排名前 100 的付费节目为样本，将其划分为 0 ~ 100 元、101 ~ 200 元、201 ~ 300 元和 300 元以上，经过统计得出以下节目价格分布图（如图 4）：

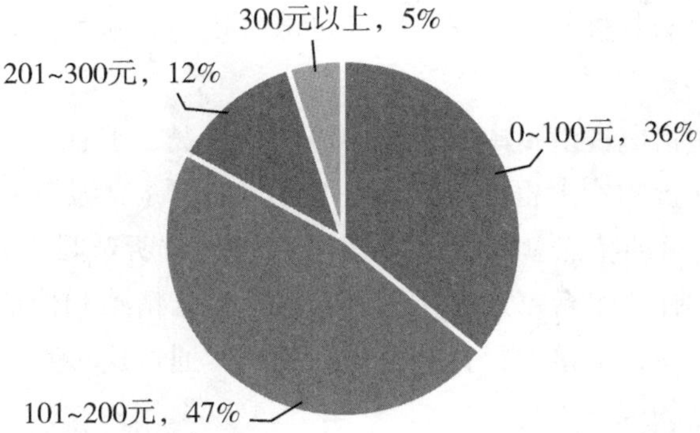

图4　喜马拉雅 FM“精品榜”排名前100的付费节目价格分布图

根据上图可知，喜马拉雅 FM“精品榜”中排名前100的付费节目中，0～100元占36%、101～200元占47%、201～300元占12%、300元以上占5%。可以看出，喜马拉雅 FM 付费节目价格集中于101～200元，紧随其后的是100元以内的付费节目。而200元以上的付费节目比较少，这也反映了广大用户的消费能力。

（四）受众的多元互动化

移动互联网时代的到来使得传播过程的中心发生改变，无论是传播者还是受众都呈现出了多元互动的趋势。移动音频作为一种信息传播聚合平台，虽然与传统媒体一样都是为了满足受众的一些基础需求，比如信息需求、娱乐需求、社会关系需求等，但每种需求的意义内涵和实现方式都较传统媒体发生了改变。1969年麦奎尔等人在对电视受众的媒介使用动机研究后总结出四种基本“使用满足”类型，即心绪转换效用、人际关系效用、自我确认效用、环境监测效用。这四种受众接触媒介动机在喜马拉雅 FM 上以新的方式被重新诠释。

1．心绪转换效用

心绪转换效用指为人们提供消遣和娱乐，帮助人们释放和缓解生活中的压力和负面情绪，进而实现心绪的转换。在喜马拉雅 FM 上，受众不仅可以通过收听节目的方式被动地获得娱乐和消遣，随着传播者和受传者身份的转换，用户也可以主动参与制作节目或者参与由喜马拉雅 FM 组织的丰富的线上线下活动以获得娱乐消遣。

2．人际关系效用

人际关系效用指受众既可以与节目中的主持人、出场人物产生拟态人际关系，又可以与家人朋友谈论节目促进现实人际关系。同样在喜马拉雅 FM 上受众实现拟态人际关系的过程中，不仅可以自主选择自己所爱的播主，与其建立长期推送关系，更可以与其进行留言互动，还可以将现实人际关系渗入拟态关系中。

3. 自我确认效用

自我确认效用指电视节目中的人物、事件、状况、矛盾冲突的解决办法可以为观众提供自我评价的参考框架。作为一家以 UGC 资源为主的移动音频，喜马拉雅 FM 中最为显著的特点就是受众不仅可以通过收听节目实现自我确认效用，更可以建立自己的播主平台，通过主动发布表达自己情感和价值观的节目获得他人对自己评价的方式，直接获得自我身份的确认，通过这种直接互动的方式也可以更好地协调自己的观念和行为。

4. 环境监测效用

环境监测效用指通过观看电视节目，可以获得与自己生活直接或间接相关的各种信息，以便及时把握环境的变化。在节目资源丰富的喜马拉雅 FM 平台上，受众不仅可以收听传统媒体提供的新闻节目，更可以主动选择收听培训讲座、健康养生等具有很强指导性和服务性的节目，更加直接有效地把握所处环境。不仅如此，喜马拉雅 FM 上最受受众喜爱的有声读物频道更是整合了印刷媒介资源，更加立体化地为受众提供丰富的信息，更好地满足环境监测的媒介接触动机。

三、喜马拉雅 FM 存在的问题与应对策略

在移动互联网引导媒介改革的大趋势下，从早期的传统广播到现在的移动音频，每一次媒介产品的创新都伴随着技术的革新。而这种新型的媒介创新产物移动音频在赢得发展机遇的同时，也因为存在一定的发展局限而面临严峻考验。

（一）喜马拉雅 FM 存在的问题

1. 付费用户数量过少

喜马拉雅节目包括免费节目和付费节目两大类型。笔者以 2021 年 11 月 9 日喜马拉雅总榜排名前 100 的免费节目和付费节目为样本，将其播放量划分为 0 ~ 10 万、10 万以上至 100 万、100 万以上至 1 000 万、1 000 万以上至 1 亿、1 亿以上至 10 亿、10 亿以上 6 种播放量数据范围，经过统计得出以下节目播放量分布图（如图 5、图 6）：

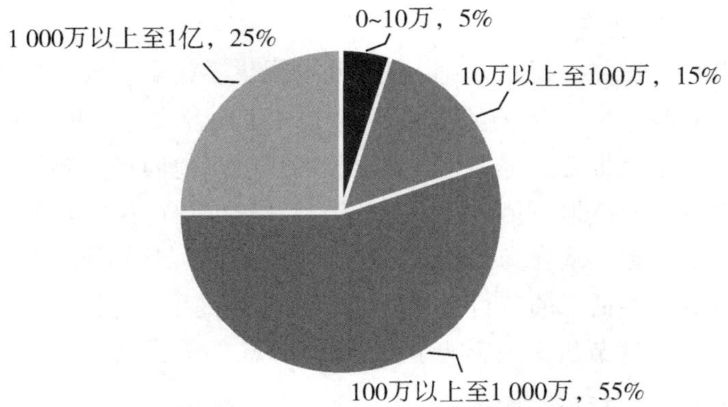

图 5　喜马拉雅总榜排名前 100 付费节目播放量

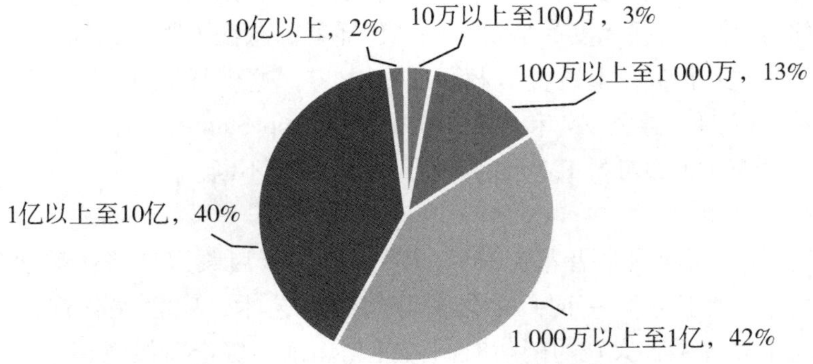

图 6　喜马拉雅总榜排名前 100 免费节目播放量

根据图 5、图 6 可知，免费榜播放量高于 1 亿的占 42%，而付费榜播放量没有高于 1 亿的。1 000 万以上至 1 亿播放量的，免费榜占 42%，比付费榜高 17%。同时，在 10 万以上至 100 万播放量和 100 万以上至 1 000 万播放量中，免费榜比付费榜依次低 12% 和 42%，而免费榜播放量没有 10 万以下的，付费榜占 5%。综上所述，免费榜播放量远远高于付费榜播放量。

由此可见，“知识付费”的习惯在国内喜马拉雅 FM 用户中尚未培育完成，偏好选择收听免费内容的用户居多。虽然免费内容是喜马拉雅 FM 的主流模式，但随着在线支付的普及和便利，以及用户消费升级，精神消费需求加强，付费意识逐步养成，越来越多的用户开始尝试收听付费节目。在此背景下，喜马拉雅 FM 决定有效撬动不愿意付费的用户，转变消费观念，使其乐意购买付费节目。2016 年 12 月，喜马拉雅 FM 举办“123 知识狂欢节”，活动总共三天，累计销售额高达 5 088 万元，打开了知识付费的巨大空间。事实上，从其自身平台数据上来看，用户付费意愿正在逐步加强，这恰恰带给喜马拉雅 FM 足够的信心，促使其不断丰富商业变现方式，改变用户消费习惯。

2. “把关人”角色的缺失

网络的开放性正如一把双刃剑，在为我们提供零门槛、低成本的准入条件的同时也将我们置身于一个复杂的网络环境中。移动音频在发展中也以它的零门槛、低成本吸引了大批希望得到充分话语权的用户。他们不需要具备专业技术能力，几乎可以随心所欲地上传自己录制的节目，这使得广播 App 平台上的节目会出现良莠不齐的现象。从喜马拉雅 FM 的“付费精品”区域和“直播”平台中，我们也可以看到一些低俗的节目，比如《校花贴身高手》《摸金天师》《回到明朝当王爷》等，这些节目大大影响了喜马拉雅 FM 的节目质量。

3. 内容同质与版权纷争

移动音频在为用户提供海量节目资源的同时，也会带来一些关于节目版权的纷争。许多有版权争议的节目资源在上架初期一经举报便遭遇被下架的尴尬。随着互联网时代信息传播速度的加快，许多传播者都忽视了版权的问题，纷纷抢在第一时间肆意发布那些本该受版权保护的内容，这就导致了侵权现象的发生。2015 年 4 月 17 日，荔枝 FM 和多听 FM 被苹果 App Store 下架，不仅如此，喜马拉雅 FM、蜻蜓 FM 和考拉 FM 也因为版权问题纠纷不断。

4. 信息碎片化

法兰克福学派代表学者霍克海默与阿多诺在《启蒙辩证法：哲学断片》一书中提出“文化工业”一词：文化工业伪装成艺术，兜售文化商品，获取利润。[①] 在这个过程中，大众的闲暇时间被控制剥削，资产阶级意识形态凸显。喜马拉雅将付费节目变成文化商品，进行加工和售卖，从而获取商业利润。此外，著名学者雷吉斯·德布雷在其著作《媒介学引论》中表明：信息是零碎的、孤立的、分散的。知识是经过一定阶段和方法建立、增强而获取的。相比之下，信息讲究方法的思想有些奇怪和陌生。[②] 这也恰恰验证了对喜马拉雅 FM“知识付费”的质疑，因为喜马拉雅 FM“知识付费”学习到的是零碎的、孤立的、分散的信息，而不是系统的、联系的、集中的知识。

5. 娱乐化和低俗化

移动音频因为其完全市场化的运作模式，在激烈的市场竞争压力下，选择最大限度地迎合受众的需求。以喜马拉雅 FM 为例，其按照用户收听量和点赞数由高到低地对节目进行排名，位居前列的节目比如《摸金天师》《王的女人谁敢动》《阴间神探》等大多涉嫌娱乐化、低俗化。[③] 数字传播技术的出现，有利于

---

① ［德］霍克海默、［德］阿道尔诺著，渠敬东、曹卫东译：《启蒙辩证法——哲学断片》，上海：上海人民出版社，2006 年，第 180 页。

② ［法］德布雷著，刘文玲译：《媒介学引论》，北京：中国传媒大学出版社，2013 年，第 222 - 223 页。

③ 冉华：《中国传媒公共话语领域的建构》，《武汉大学学报（人文科学版）》2007 年第 5 期，第 710 - 715 页。

打破权力垄断和信息限制，并加速消解信息过滤和把关功能。数字传播视角下，移动音频置身于新闻专业主义与媒介市场之间。相较于传统电台，移动音频拥有更多的自由。为了控制运营成本，应对激烈竞争，获取高额利润，喜马拉雅 FM 娱乐化、低俗化现象层出不穷，受众注意力不断遭遇碎片化。其后果是受众对优质节目并不满意，无法获得有效指导，并因此对社会和公众产生负面影响。

（二）喜马拉雅 FM 发展的策略

1. 节目付费与多产业链经营

移动互联网时代，人口红利消失，音频市场趋于饱和，因此，提升商业变现能力成为各大移动音频的共识。其中，节目付费和多产业链经营成为主攻方向，包括多产业链、多种经营付费，利用计算机、大数据进行“用户画像”，精准推送付费精品，纵向扩展，实现商业变现。喜马拉雅为此不断努力，比如举办“123 知识狂欢节”、招募城市合伙人、售卖小雅 AI 音箱。2016 年 12 月，喜马拉雅 FM 首届“123 知识狂欢节”最终销售额达 5 088 万元，收获颇丰。此外，喜马拉雅 FM 2016 年首次公开招募城市合伙人，仅限 100 席，每座城市 1 个分站。喜马拉雅 FM 把知识分发到每座城市，分享知识财富，并把积累的所有资源、模式、系统同时嫁接给城市合伙人。喜马拉雅 FM 多场景布局智能车载网络和智能硬件等终端，实现多产业链经营，传播效果良好。2015 年 7 月，喜马拉雅 FM 发布一款“点火主播”的自主推出车载硬件产品“随车听”，其原理是将手机连接汽车，让车主收听海量音频节目。2017 年 6 月 20 日，喜马拉雅 FM 推出小雅 AI 音箱。与此同时，舒克故事机、3D 降噪耳机等产品相继问世，其目的是打造更多的场景，让人们能够听到喜马拉雅 FM 的内容。从网站、手机、汽车到未来的智能硬件，正是喜马拉雅 FM 实施“新声活”战略的体现。

2. 坚持内容为王

数字革命的到来，媒介日益商业化、市场化，偏好使用商业炒作获取高额利润，这极大消解了新闻专业主义，造成负面的社会影响。[①] 对此，移动音频要始终坚持“内容为王”，在不违背社会道德的前提下拓展商业业务。[②] 喜马拉雅 FM 要想满足 4.8 亿庞大听众的需求，就必须提高音频内容的数量与质量。所以，对于喜马拉雅 FM 而言，要坚持多元化的内容生产模式，完善 PUGC 内容生产模式，将“UGC + PGC + 独家版权”的内容生产模式进行到底，拓展新鲜多样的音

---

① 冉华、刘艳娥：《数字传播背景下报纸传播风格的嬗变与重塑》，《中国地质大学学报（社会科学版》2012 年第 12 卷第 1 期，第 104 – 108 页。

② 周银：《移动音频 App 的崛起之路——以喜马拉雅为例》，《新媒体研究》2016 年第 2 卷第 9 期，第 64 – 68 页。

频节目形式，在丰富广播音频数量的基础上把握音频内容的质量。

3. 设置节目审核机制

在普遍缺失“把关人”角色的移动网络平台 App 中，为了保证向用户提供高质量的节目，就有必要设置合理的节目审核机制。当用户向移动网络平台上传自己制作的节目资源时，可以通过机器设备和人工结合审核的方法对其进行审核，筛除内容低俗化和制作水平低下的节目。借助机器设备可以对一些涉及低俗化传播的高频词语通过语音识别的方式过滤出来，同时人工审核可以对内容进行初步的整体把握。考虑到人工审核工作量的繁重，移动音频也可以借鉴社交网络平台管理的模式，在每一个节目版块设置专门管理节目内容的版主，赋予版主评价节目质量的权利，从而通过这种良性竞争的方式，提升节目内容的质量。

4. 规范版权使用

随着网络版权时代的到来，多样化的网络环境和传播技术向版权制度再次发起挑战。只有通过合理合法的版权制度才能实现版权利益所有者、传播者和网络用户之间的利益最大化，进而使基于网络传播的文化创意产品实现良性循环。此外，亦应该培养网络版权的相关利益者们的版权意识：版权所有者与版权购买者之间对于版权产品的买卖转让应合理合法；网络用户对于版权产品的转发应充分尊重版权所有者。对于广播类 App 而言，在节目发布者发布节目时，平台应该给予必要的版权声明提示，在认同版权归属并且愿意承担授权法律责任的前提下才能完成节目的发布。

5. 加强政府监管

移动互联时代，大量用户的涌入使网络监管的难度急剧增加，诸如诽谤、谣言之类的信息，比比皆是。为了推动新媒体和网络电台进一步融合，我国逐渐规范市场监督和管理，并陆续颁布了《移动互联网应用程序信息服务管理规定》《中华人民共和国网络安全法》等法律法规。[①] 除此之外，国家要更新完善相关法律法规，因为我国旧有的政策与法规已难以适应新的社会形势。同时政府要不断加强对移动音频的监督和管理，双管齐下，促进移动音频规范有序发展。

结　语

当新媒体和传统媒体日益呈现融合趋势，多层次、全方位、立体化的数字传播时代已经来临。[②] 移动互联网的高速发展不仅重塑了科技产业，也重置了传媒

① 岳紫园：《浅析网络广播与新媒体的融合创新》，《中国传媒科技》2017 年第 8 期，第 61 – 62 页。

② 王雪艳：《数字传播时代的新媒体与传统媒体传播方式比较研究》，《新闻窗》2016 年第 2 期，第 46 – 47 页。

业。软件和移动互联网开始走向被内化阶段，成为各行业不可缺少的部分。这种环境下带给传统广播的变化就是催生了移动音频这种新的媒介产品。

移动音频具有与传统广播不同的基本特征，如节目制作的便捷性，节目发布的高效性，节目选择个性化，节目传播的碎片化，受众反馈机制与分享节目的多渠道化。这些媒介特征都使得移动音频一经推广就获得了广大用户的青睐。移动音频以其节目制作的便捷性降低了广播节目内容生产者的准入门槛；节目发布的高效性提升了信息传播的速度和效率；节目选择的个性化实现了窄众化的传播趋势；节目传播的碎片化适应了受众利用碎片时间收听节目的要求；受众反馈与分享多渠道化满足了用户交互性体验。

移动音频的发展也使得如今广播业的传播格局发生了巨大的变革。节目生产机构由专业化到职业化，节目传播分工由中心化到去中心化，节目内容由给定型到定制型，节目传播渠道由物理型到人际关系型，节目反馈方式由伞型到网型等。这些传统广播传播格局的改变，在促使移动音频不断勇于探索的同时也迫使传统广播进行与之相适应的革新。

通过对最受欢迎的移动音频喜马拉雅 FM 的传播模式进行分析之后，发现移动音频的传播模式有以下特点。首先，根据喜马拉雅 FM 的平台架构可以发现移动音频的节目平台设计旨在实现多角度全方位地为受众提供收听内容和互动体验。其次，与传统广播中由单一播音员主持人作为传播者角色不同，移动音频不仅可以由人物甚至可以由媒介团体、媒介品牌担任传播者这一角色。既而，移动音频在节目内容上，不仅转载传统广播节目，也有高质量的 PUGC 节目资源；在类型上更为细分，与传统广播形成互补，更好地实现差异化发展道路。接着，由于喜马拉雅 FM 形成了去中心化的传播过程，致使传者身份可以与受者身份随时发生转变，因此受众接触喜马拉雅 FM 的动机更加多元化，从而更好地满足不同受众不同的媒介使用需求。最后，在传播效果上，移动音频凭借便捷的反馈渠道、高效的分享模式、细分的节目资源等主要优势从广度和深度上提升了自身的传播效果。

虽然移动音频也有自身发展的局限，但随着科技人文水平的不断提高和相应法律法规监管体系的不断完善，我们有理由相信，在移动互联网技术和移动终端蓬勃发展的今天，这一改变传统广播传播格局的创新媒介产物，今天所取得的辉煌只是开始，它仍然具有很大的发展空间。

（作者系河北大学新闻传播学院硕士研究生）

移动音频基于特定场景使用的发展现状、困难及趋势研究

——以“喜马拉雅 FM 车载业务”发展为例

王亦可

摘要：随着移动互联网的发展，移动音频平台也积极寻求自身发展的突破口。喜马拉雅 FM 着力探索移动音频在特定场景中的使用推广，其车载业务以陪伴式为特征，主推个性化推荐，并致力于通过完善自身业务和车机互联技术优化用户体验。在内容生产方面，喜马拉雅 FM 形成了“PGC + PUGC + UGC”的内容生产模式，培养用户知识付费的习惯。但由于车载业务处于初步发展阶段，仍然存在着反馈机制尚未完善、大数据算法滥用、个性化推荐发展受阻、车载业务盈利模式单一等问题。移动音频车载业务发展，未来还需要打通进入汽车收听场景的堵点，实现顺畅的语音交互，优化平台内容结构，不断创新盈利模式，让移动音频车载版真正能够听懂用户语音指令，在驾驶过程中实现“听我想听”。

关键词：喜马拉雅 FM；移动音频；车载业务；发展策略

时至今日，移动音频进入汽车收听的阻隔依然未能真正打通。但随着 5G 通信技术投入商用的不断完善，以及其他各种新技术的突破与应用，移动音频车载业务的突破已经看到了希望的曙光。2013 年 3 月，喜马拉雅 FM 上线，并率先完善内容矩阵，逐渐成为移动音频业务领域中的领跑者。在平台主业务逐渐发展成熟的同时，喜马拉雅 FM 捕捉市场热点需求变化，在 2015 年推出车载接收端产品“随车听”，在 2017 年正式推出喜马拉雅车载版，从接收端和内容产品端两路进军汽车收听市场，移动音频内容逐步介入车载智能硬件等全应用场景。本文旨在通过梳理喜马拉雅 FM 车载业务的发展过程与现状，分析发展过程中的问题与困境，并就移动音频未来向车载收听发展的策略试作探讨。

一、喜马拉雅 FM 车载业务的发展与现状

随着移动互联网的发展，广播不再局限于单一的线性传播形态，即通过无线

频率或有线传输以时序性编排播出，平台化的移动音频业务发展迅速。[①] 喜马拉雅 FM 于 2012 年 8 月在上海成立，并在较短的时间内迅速发展，以独特的经营策略迅速占领移动音频收听市场。在 2015 年至 2017 年，喜马拉雅 FM 完成行业内智能化布局，并在 2016 年上线首个付费节目《好好说话》，移动音频的知识付费现象也由此开始。

为了推动场景化音频传播生态链的构建，早在 2015 年，喜马拉雅 FM 就推出了“In-side”战略，开始自主研发喜马拉雅 FM 智能芯片，并推荐给不同厂商，以此达成合作，开发移动音频的更多使用场景。[②] 其先后开发出汽车、音响以及多种智能家居运用产品。这样一来，无论接收端硬件形态如何变化，喜马拉雅 FM 都能保证对其核心技术和产业链主动权的掌握，帮助公司全生态链业务的发展。

2017 年，喜马拉雅 FM 在不断提升用户体验的同时，推出更加专业的 PGC 内容，在之后的几年中，尝试拓宽变现路子，这也是其拓展附属业务的尝试。2018 年 2 月，喜马拉雅 FM 接入苹果 Carplay，并推出 Carplay 车载版本，推出喜马拉雅车载业务；[③] 当年 10 月，推出晓雅车载版智能语音助手，将自身海量正版节目内容接入其中，并开发了语音点播、蓝牙电话、4G 网络等功能，在产品做到最精简的同时也将核心功能做强。为了满足不同用户、不同场景的产品需求，喜马拉雅 FM 结合平台有声内容，拓宽市场，发展用户，实现了音频产业生态链的延伸。

考察喜马拉雅 FM 车载业务发展现状，其主要特点可以概括为：

（一）陪伴式特征明显，满足用户收听需求

作为以声音传播为主的广播，在当今以视觉占据主导地位的传播环境下优势并不明显。但随着人们生活方式的改变，以及一些特定场景下媒介接触需求无法通过视觉得到满足，移动音频的陪伴式优势才开始得到凸显。资料显示，大约 85% 的听众在收听广播的同时还会做其他事情。当下移动音频最主要的使用场景在于早间、出行和睡前，可以帮助用户充分利用碎片化的时间。赛立信媒介研究调查数据显示，近年来听众非居家收听比例明显上升。从用户行为习惯来看，由于车主注意力集中在驾驶上，故无法进行其他活动，加之导航、解乏等需求需要

---

① 吴生华、方永彬：《音频产品的融入、延伸和再线性化——新时代广播的变化和延展》，《中国广播》2021 年第 4 期，第 28 – 30 页。

② 刘峰：《音频传播生态圈的构建：移动互联时代的机遇与挑战——以喜马拉雅 FM 为例》，《中国广播》2016 年第 3 期，第 57 – 60 页。

③ 叶亚南：《喜马拉雅 FM 有声读物商业模式探析》，上海师范大学硕士学位论文，2020 年。

得到满足，长久以来，车主收听交通广播等调频电台的习惯已基本养成。从使用场景来看，出行已经成为除睡前之外移动音频的第二大使用场景。以个性化陪伴为主打，喜马拉雅 FM 车载业务正是瞄准了用户驾驶出行时的信息接收与伴驾需求。

（二）主推个性化推荐服务，车机互联优化体验

从喜马拉雅 FM 车载业务官网数据来看，该业务最具优势的是其个性化推荐服务。喜马拉雅车载版能够根据车主收听习惯分析其个人喜好，利用云端大数据及人工智能算法为车主定制私人化的收听体验，同时还能根据当前出行场景和同行乘客的特点推荐最符合当下环境的音频内容，其打出的标语为“千人千面，听我想听”。喜马拉雅 FM 官方微博数据显示，2019 年车载内容服务调用超 100 亿次，喜马拉雅 FM 在培养用户使用习惯的同时致力于优化用户体验。如 2015 年开发的车载智能硬件终端喜马拉雅“随车听”，顶部是一个大大的播放按钮，底部是兼容标准点烟器的插头，在汽车点烟器位置插入“随车听”，用蓝牙连接移动设备即可收听喜马拉雅 FM 平台节目；又如，2020 年 4 月，BMW 喜马拉雅车载版正式上线，宝马车客户在车内可以登录喜马拉雅账户，同步用户账户信息，使用自己的歌单和私人定制，保存收听历史，实现车内断点续听，车机互联进一步得到完善。同时从各类应用市场和更新日志上能看到，喜马拉雅车载版不断更新迭代，在为用户提供更好的体验的同时不断完善自身业务。

（三）内容生产专业化，付费用户规模扩大

在内容生产方面，喜马拉雅 FM 形成了“PGC + PUGC + UGC”的内容生产模式。其中，PGC 内容一般以版权方的长期独家授权为主。截至 2020 年 12 月 31 日，先后有吴晓波、余秋雨等作家入驻喜马拉雅 FM，2021 年一季度，喜马拉雅 FM 收听量 Top100 的专辑约有 71% 为独家版权。另外，喜马拉雅 FM 大力推动 UGC 创作者的发展。[①]“UGC 可以让每个上喜马拉雅的人，用自己的文字和声音去感染别人。”针对具有成功潜力的内容创作者，公司对他们进行定期培训和宣传推广。同时，通过大数据算法分析和 AI 技术对 PUGC 创作者进行推荐，产出高质量的音频内容。

2016 年以来，知识付费风起云涌，喜马拉雅 FM 抓住风口，率先推出付费产品——马东奇葩说团队的《好好说话》，每天 6 ~ 8 分钟的音频开启了移动音频知识付费的开端。与此同时，车载业务本身作为一款付费产品，其用户规模也在不

① 刘晶：《移动音频 APP“喜马拉雅 FM”研究》，《传媒论坛》2019 年第 2 卷第 1 期，第 37、39 页。

断扩大。喜马拉雅 FM 车载版仅上市两年，版本已更新到了 4. 8. 0。喜马拉雅 FM 作为内容制作方，凭借 IP 版权，定位精品内容，建立全覆盖立体式的内容分发车载渠道，与汽车厂商的合作直接促使付费用户规模扩大，增强了汽车用户的收听意愿。

二、喜马拉雅 FM 车载业务发展困境分析

到目前为止，车载收听场景依然是电台广播的主场。新闻广播的权威资讯、交通广播的实时路况和话题交互、音乐广播的音乐伴随等，电台广播的调频“森林”构筑起了抵御移动音频进入汽车车厢的强大屏障。移动音频车载业务的发展还需要突破一系列的现实困境。

（一）车载业务交互性不强，反馈机制发展受阻

经过对使用者的访问，并收集官网、文献等渠道的用户反馈后发现，喜马拉雅 FM 车载业务目前安装率高，但长期使用率较低。由于车机性能参差不齐，若推出车载版必定压缩体积和资源占用，提高响应速度，而车载业务属于喜马拉雅 FM 的支线业务，依赖其主要功能和手机端的数据分析，这些因素导致了新手使用时使用感差、不易熟悉等现象。除此之外，车载业务与手机端 App 相比交互性较差，用户无法对节目质量进行判断和选择，这也源于平台对节目质量判断以播放量为主，车载业务中评分制度、用户反馈制度尚未完善，加之驾车场景的特殊性，用户无法对播放内容进行及时的评价和选择，车载业务交互性发展尚未完善。

（二）算法推荐使用过度，用户走入“信息茧房”

信息茧房（Information Cocoons）最先由凯斯·桑斯坦在《网络共和国》中提出，其基本意思为用户习惯获取自己有兴趣的信息，最终导致用户选择逐渐变为有限的自我选择，[①] 当下的“信息茧房”多用于批判算法的滥用，车载业务移动音频也是如此。车载音频看似对用户释放了可选择的信号，因为大数据推荐给用户的内容由用户以往的行为决定，但实际上，大数据和算法的过度应用会导致用户的真实选择受到阻碍，用户接收到的内容看似越来越精准，但实际上选择面却越来越狭窄。例如喜欢听武侠小说的用户很大程度上收不到来自相声版块的推荐，这样的信息发放模式会导致用户走入“信息茧房”，用户对内容的选择逐渐

---

① 牛雪瑶：《试析移动音频发展的三重困境》，《出版广角》2019 年第 4 期，第 74 – 76 页。

成为单一的爱好呈现，过分的个性化反倒使用户接收的内容更加封闭化，从而使个性化推荐机制发展受阻。[①]

（三）车载业务盈利模式单一，变现路径窄化

稳定的盈利模式对移动音频生存与发展的重要意义不言而喻，处于起步发展阶段的车载业务如何实现盈利，以及怎样实现盈利最大化也是很大的问题。广告投放目前是喜马拉雅 FM 最基本的盈利手段，汽车用户有两个途径使用喜马拉雅 FM 车载业务，一是选择预安装了车载业务的汽车品牌和厂家，二是选择在官网购买车载业务的 VIP 版本。车载业务舍弃了大量冗杂的广告信息，但与此同时也窄化了广告盈利的路径。商家试图通过软性、植入等方式进行广告投放，努力将其与节目内容、定位、受众喜好相结合，但车载版用户收听内容以个性化为主，很难做到精准的广告投放。单一的操作界面也会影响车载业务稳定盈利模式的形成。喜马拉雅 FM 手机版 App 使用者能够与他人互动，逐渐形成以社交机制为基础的社群经济，但车载业务使用时，车主在驾车过程中无法互动、评论或私信聊天，只能单向地接收内容，功能使用频率低，车载业务亟须寻找新的盈利与变现方式。

三、移动音频向车载业务发展的策略讨论

5G 通信技术应用的推广，让移动音频车载业务的发展再一次看到了希望。突破汽车收听场景进入的堵点，针对驾驶状态下用户媒介接触的痛点，并精准把握他们的内容需求，是移动音频车载业务发展的大势所趋。

（一）加强技术研发突破，搭建语音交互入口

根据艾瑞咨询《2021 年 5G 个人应用研究报告》，到 2020 年底，全国开通 5G 基站已超 70 万座，实现了对全国地级以上城市以及重点县市的覆盖。而按工信部要求，到 2021 年底，5G 网络要基本实现对县级以上区域、部分重点乡镇覆盖。目前，5G 网络已完全能够保障消费者、个人用户或终端用户良好的应用体验。由此，5G 通信技术运用也逐渐进入移动音频行业，其应用场景由移动互联网向移动物联网拓展。5G 自身特有的高速度、低时延、低功耗等特点，为移动

---

① 肖乐怡、严宇翔：《知识付费平台的现状和未来——以“知乎”和“喜马拉雅”App 为例》，《中国市场》2021 年第 16 期。

音频发展提供了可靠的技术支撑。[①] 基于驾驶场景的特殊性，车主无法通过眼睛注视和手势动作进行交互沟通，因此，最适合车载场景的交互手段便是语音对话。5G 背景下人工智能逐渐成为流量入口，语音交互必将成为极具竞争力的交互方式。目前，在语音交互领域已出现 Apple 的 Siri、微软的 Cortana 等产品，但仍然局限于技术研发的进展速度，语音交互依然缺乏人性化的感知，处于起步的阶段。移动音频车载业务可针对这一堵点，加强技术研发，突破语音交互入口的搭建。例如，研发能够低时延、高效率“听懂”车主指令的 AI 主播、机器主持人等，让车驾用户能够与移动音频交互顺畅、沟通便捷，真正做到“人机互动”，在驾驶过程中实现“听我想听”。

（二）建设优质内容平台，构建完整音频生态圈

作为以内容为核心的网络媒介，移动音频应当把优质内容的创新作为重中之重，坚持“内容为王”[②]。专业主播和用户不仅能够制作出优质内容，更是粉丝经济变现的核心资源。移动音频平台应继续提高 IP 能力，在版权方面加大签约力度和保护力度，吸引更多适应车载业务用户收听兴趣的优质主播入驻，致力于内容的优化和平台建设，提升用户收听的活跃度。车驾一族曾被认为是“年轻化、高学历、高消费”的用户群体，这一群体普遍时间管理精确，愿意为知识消费付费，并勇于尝试新鲜事物。移动音频要想获取这一群体用户的青睐，必须加强对这一群体收听喜好的研究。开发多维度的车载收听用户数据，恰当利用算法建立车主兴趣图谱，并将其用于车载业务投放内容的质量提升、针对车主的个性化推荐机制的优化和广告投放等。除此之外，移动音频还需要继续研发硬件设备，加大与各大汽车厂商的合作力度。如 2021 年，喜马拉雅 FM 宣布联合华为鸿蒙开发车载版应用，是喜马拉雅车载业务与 5G 时代融合发展的一次大胆尝试，定制开发可与 Harmony OS 智能座舱相结合的车载应用，为车载业务的发展创造更多可能。只有平台优质内容生产和收听终端研发同步发力，才能构建起完整的音频生态圈。

（三）创新盈利模式，打造车载业务产业链

随着音频车载业务发展的窗口渐现，移动音频的业务重点也将有所调整，盈利模式的转变和创新也迫在眉睫。车载业务的用户已经不单单是被传播的受众，

---

① 轩海风：《特斯拉取消 FM 5G 对车载广播有何影响?》，《记者观察》2021 年第 18 期，第 148 - 149 页。

② 王泽群：《移动音频广播 App 发展瓶颈及未来趋势——以喜马拉雅 App 为例》，《传播力研究》2020 年第 4 卷第 11 期。

目前喜马拉雅 FM 的主要盈利方式依然是以广告投放、粉丝经济为主，但这样的盈利模式并不完全适用于车载业务。音频车载业务在既有的盈利模式上，可以线上与线下结合，将被孤立的车载移动音频与现实生活结合起来，让受众在现实生活中也能够与音频消费产生联系。由于车载业务的特定使用场景，可将其与旅游相结合，与各地旅游企业开展有声旅游、自驾音频导游、特色风情游等服务。例如，自驾车主在旅行途中利用 GPS 定位导航系统进行车载音频的同步更新，车载音频可将当地的景色、人文、历史等方面用讲述故事的方式播放，加强音频车载业务的人文情怀，改变用户互动方式，增强音频车载业务的交互性，在交互过程中探索“语音定制”“语音购物”等新消费方式，最终形成以车载业务为依托的全新产业链。

结　语

移动互联网的发展，让广播行业摆脱了传统媒体固有的束缚。有别于电台广播线性化的传播模式，移动音频以平台化、场景化、交互化等特征，打造了全新广播业态。喜马拉雅 FM 致力于汽车收听等特定场景的开发，努力扩大移动音频的用户市场，为用户提供更好的使用体验，取得了一定的成效。但到目前为止，移动音频想要大规模地进入汽车收听场景，依然面临着较大的困难。搭建顺畅的语音交互入口，构建完整的音频生态圈，打造车载业务产业链，是急需破解的三大问题。作为行业头部公司，喜马拉雅 FM 更需要率先破题，带领移动音频平台进军大众生活中多种特定场景，寻求移动音频更明媚的发展未来。

（作者系浙江传媒学院新闻与传播学院硕士研究生）

人工智能媒体内容生产与传播逻辑的重构

——以湖南广电5G智慧电台为例

陈　绚　戴　松

摘要：以人工智能、5G技术为代表的高新技术的发展，促进了人工智能媒体的发展，也加速了传媒新业态的形成，由此带来了媒体内容生产与传播逻辑的重构。本文以湖南广电5G智慧电台为例，分析其从传统采编到智能合成、从声波现实到音源虚拟、从个体零散到资源整合、从身体在线到意识在场、从单一模式到独家定制、从人工单行到人机双轨为特点的全新内容生产流程，以及从具身在线到人格仿真、从泛众传播到直达输出、从延时传输到即时发布、从信息单向到交互体验的内容传播逻辑重构方式。同时，探讨发展原创IP内容、多渠道内容“广播化”、添加政务及生活服务信息版块建立新媒体传播矩阵、开发个性化传播频道、多产业联动发展等未来发展方向。

关键词：人工智能媒体；内容生产与传播；逻辑重构；5G智慧电台

随着人工智能、5G、大数据等技术在新闻传播领域的广泛应用，作为媒体核心功能的内容生产与传播的内涵已经发生了重大变革，其底层逻辑也因技术可供性增强而发生转向与重构，一些传统媒体正在随着技术赋能而向智慧化转型。本文以湖南广播电视台自主研发的5G智慧电台为例，试图探析人工智能媒体内容生产与传播逻辑的重构，为广电智慧媒体的发展提供理论探索和实践思考。

5G智慧电台是湖南广播电视台智慧广电建设的最新成果，是具有完全自主知识产权的人工智能广播节目编排系统。电台利用5G传输技术和AI智能技术，通过智能抓取、智能播报、智能编排，可一键式自动化生成新闻、资讯、天气、路况、音乐串接等播出内容，是一套无须主持人即可完成播音，无人值守即可实现自动完成24小时节目编排，达到省级电台播出水准的人工智能广播体系。同时，5G智慧电台采用“中央厨房”式内容生产流程，针对受众需求提供“技术＋内容＋系统”的整体服务，在建设新型主流媒体平台和政务服务平台，强化品牌影响力和传播力，构建全新的声音产业链，重塑广播价值，推进传统广播向平台型媒体跨越方面做出了积极尝试，并在实践中取得了显著成效。5G智慧电台是如何实现5分钟生产一个频率的？它与传统电台相比有哪些优势，还有哪些功能无法取代？智慧广播未来将走向何方？本文通过分析5G智慧电台内容生产与传播的模式及其逻辑，探讨人工智能主导下的新内容革命对传统媒体内容生产与传播的影响。

一、5G智慧电台内容生产逻辑的重构

5G智慧电台是人工智能、5G、大数据等技术进一步具身化的产物，推动了传统媒体向科技方向的创新与转型。与传统的电台生态相比，5G智慧电台在内容生产方面已出现了颠覆性的改变，率先完善了无人化内容制播的内涵，再造了广播电台生产内容时的流程逻辑，并且重新分配了技术与人工之间的劳动关系，打开了媒体转型研究的前沿想象，给予了从业人员与媒体行业更大的可能性。在技术赋权下，生态的转向变化已成为趋势，媒体赖以生存的内容生产模式的前提与外延也不断增多、扩大，带来了多重路径的革新。

（一）蜕变性：从传统采编到智能合成

传统的广播新闻节目生产流程较为复杂，往往需要记者、编辑提前查询或者撰写好相关文稿，传送至导播间由主持人配音播出，需要付出一定的时间和人力成本，无法快速精准实现新闻资讯的播报。而现有的5G智慧电台可以完全覆盖这一部分的人力劳动任务，通过人工智能、5G、大数据技术的运用，在电台的技术后台输入所在的城市或县域，即可智能抓取新华社、学习强国、《人民日报》等主流媒体的实时新闻资源，合成地域性的新闻内容，还可以据新闻节目定位，设定资讯检索范围（新闻源）、编辑原则（时政/民生/区域等），限定媒体平台或关键领导等，自动汇总，由声音版块的主持人音源和虚拟主播完成配音。不仅如此，在配音部分，可自由选择7位虚拟主播之一，亦可根据实际听感灵活调整语速、音量、垫乐。目前，5G智慧电台已训练8名AI新闻主播投入使用，未来每年将新增2名虚拟主播以供选择。

除了新闻节目，电台的主要传输内容还有路况、天气及音乐节目。传统电台在播报路况、天气时也与上述新闻节目一样，需要事先查询好相关的信息，然后拿到导播间去播报，无法完成自动化播出。相比之下，5G智慧电台的启用，给内容节目的播报带来全新的方式与效率。智慧电台与中国气象网、墨迹天气、百度地图均形成了全方位、全资源的合作，可事先在这两个平台提供的内部资源库里进行智能化的信息收集和抓取，精准输出当地的实时天气和路况，还可以对恶劣天气及拥堵、事故路况进行预警提示，做到全流程的无人操作和生产逻辑的概念重构。在播报天气时，人工智能技术系统会预设天气播出时间点位，提前10

分钟自动抓取墨迹天气数据库、中国气象网中当地的天气信息，自动将天气信息转化为 AI 主播语音播报内容，添加片头片尾垫乐后，自动生成完整的天气节目，即时服务群众生活。

不仅如此，2021 年 3 月 22 日是世界气象日，作为广播 AI 气象播报的启新者，5G 智慧电台积极探索互联网内容纳入传统广电生态，联合墨迹天气推出世界气象日特别节目。5G 智慧电台 AI 主播独家专访墨迹天气首席气象专家，发起气象科普、环保宣传，在全国百城百台联动播出，用技术服务内容，用内容服务受众，并且打破了传统广电的内容生产边界，以头部资源和头部品牌赋能电台内容运营。

在音乐节目生产上，5G 智慧电台系统也存在独特的优势。传统电台生产音乐节目时，需要一首一首地下载歌曲，还经常面临着版权问题。但在智慧电台的音乐播库里，目前有 10 000 首流行音乐，并且每一首都购有版权，还能够做到持续化地补充新歌曲。由此，应用了 5G 智慧电台系统的频道不需要再经历传统电台“搜寻—下载—播出”歌曲的传播流程，而可以直接由 AI 主播联结库内音乐资源并进行自然化的串词衔接，形成《在晴朗的一天出发》《劲歌金曲》《老友万岁》《闪亮的日子》《星星堆满天》等代表性栏目，完全替代或者分担人力的劳动。

（二）迁移性：从声波现实到音源虚拟

原有的广播内容生产流程内，主持人需要提前录制或者是现场直播广播节目，通过其他手段去输入个人化的音频，在时间安排和节目安排上都缺乏灵活性。另外，我国的县级电台极缺主持人，比如湖南省株洲市攸县，只有一名导播，严重缺乏优质的主持人和声源。人工智能和 5G 技术的入场，带给 5G 智慧电台的是可以根据节目内容进行智能编排的知名主播音频，更是全程无人工参与的 AI 虚拟主播的播报。在音乐节目版块，5G 智慧电台会上传杨阳、刘曼、败败、王佳等主持人提前录制好的歌曲串词，再由 imango 技术根据节目属性和前后内容进行智能剪辑合成。

比如，需要播放的歌曲是张惠妹的《如果你也听说》，人工智能技术会依照歌手张惠妹及歌曲名字这两个关键词进行音频搜索，最后根据不同维度的参数将歌手介绍、歌曲风格、歌词氛围等不同段音频进行智能剪辑与合成，形成前后串词，继而自然流畅地形成音乐节目。在新闻节目版块，也会有专门的主持人音频和虚拟主播来进行自动化播报，可以做到快生成、准播报、零误差。同时，在天气和路况版块，全程由 AI 主持人小晴和万叔等利用虚拟音源进行播报。从现实场景下的录制、在线播出到技术背景下音源的集合与创造，声音生产方式的内涵被完全改变，传播逻辑也随之产生了丰富的新型前提。

（三）传递性：从个体零散到资源整合

在原有的传统电台生态内，每个频道的节目类型和质量参差不齐，各级电台的制播水平差距也较为明显，特别是在县域电台，最大的问题是缺乏内容生产者，导致有媒体无内容。同时，在各自为政的电台时代，不同平台之间不能够进行资源共享，也面临着缺乏整合系统和实际操作困难等问题。随着5G智慧电台的运用与发展，各个频道也一键同步了来自芒果、荔枝FM、蜻蜓、阅文集团、财新传媒等多家头部平台的内容资源，不仅能汇聚各个平台上节目库里的高质量节目音频内容，还可以按照电台情况和受众需求调整节目的播放逻辑。《乘风破浪的姐姐》《声临其境》《歌手》等海量芒果独家综艺使得5G智慧电台具备内容原动力，更好地推动了智慧广播的升级再造。除了在库的综艺节目、有声书、人文等现象级IP音频版权池，5G智慧电台“中央厨房”内容中心还持续研发广播自制节目库，现有三大节目体系，共计45档自制节目，全年更新。2021年，智慧电台的自制节目将达到150档，各应用频道选择空间更大，可以使受众常听常新，比如正在策划的《建党一百周年》专题内容等。总体上来看，5G智慧电台现有节目资源121档，主要为语言、人文、综艺等，未来会朝500~600档发展。

（四）数字性：从身体在线到意识在场

传统的电台内容生产通常由在线直播或者提前录制两种方式构成，一般来说，路况、天气、音乐、新闻类节目为现场直播，综合类节目如人文、有声书、综艺节目为提前录制，大部分节目是实时在线播出的。但人工智能技术和5G技术入场后，带来了5G时代最显著的特征，蓝江将其归纳为数字在场（Digital Present）。他认为，5G技术将为实时在另一个空间中的行为提供可能性，通过将当下的物理空间进行数字编码和高速度、大容量的传递，一个固定空间中的“我”的存在可以实现在多重空间中的数字在场，带来人的主体延伸。[①] 5G智慧电台除了实现上文提到的内容生产环节的创新，还可以自主在后台资源库系统中上传个性化节目内容，上传之后由各地频的实际情况决定如何进行智能编排。如此，放弃了传统的内容生产方式后，智慧化的生产由人的身体、心理的在线操作完成了向身心双重“数字化”在场的转变，人的主体性已通过技术得到了最大限度的延伸，在地理空间上实现了最大程度的在场可能，并且在心理空间上也扩

① 蓝江：《5G、数字在场与万物互联——通信技术变革的哲学效应》，《探索与争鸣》2019年第9期，第37－40页。

展了结合需求生产个性化节目的可能。

（五）异质性：从单一模式到独家定制

德国哲学家瓦尔特·本雅明在《机械复制时代的艺术作品》中基于技术发展的背景，对机械复制产生的现代艺术表现出的效果表示震惊。从唯物主义的角度出发，他对工业技术给艺术与社会带来的重大改变是认可的，因为科学技术的快速发展使技术成为艺术生产中难以逾越的话题，而且它还在艺术处理方式中为自己获得了一席之地。同理，5G 智慧电台生产出的内容作为人工智能时代的艺术作品，也应当被给予相当的技术关怀及人文关注，并且应当被视作添加了技术性和物质性的“光晕”的产物。以往，各地频的电台节目单有自己的固定播出模式，时间段与节目性质固定匹配，虽然降低了播出成本，但灵活度较低。特别是在我国的县级电台，节目播出单内容单一，并且由于资源的缺乏而不断循环已有的播出内容，无法做到针对受众需求实时更新全面的动态。5G 智慧电台的应用，极大地发挥了技术动能，能够在技术后台设置地域关键词，从而 5 分钟内自动生产出全套节目，既符合本土化的传播规律，又根据电台和受众的不同需求生产出了个性化的节目。

（六）共存性：从人工单行到人机双轨

传统电台的节目生产几乎都由人力劳动来完成，并没有技术机会和选择空间，而 5G 智慧电台的系统可以提供多种不同的自动化生产框架，可以自由设置由人工智能、5G 技术完成的节目类型、数量以及占比。比如，各地频道假设期望由人工和智能双重属性的劳动来完成内容生产，即可设置半自动化框架，合理分配人力和技术生产在流程中的地位和功能。不仅如此，在人工智能生产的节目中，在线主持人可以随时上线加入，完成与听众的认知互动、情感互通交流，人工智能也可以在休息时间、突发紧急状况的情况下完全代替人工劳力，生产所需节目。

二、5G 智慧电台内容传播逻辑的重构

除内容生产模式外，人工智能媒体的内容传播方式也与传统相较发生了显著变化。多重技术的加入使得人工智能媒体的内容传播逻辑也被赋予了技术特性，打破并重组了传统的内容传播环节。5G 智慧电台的内容传播模式主要体现了虚拟音频人格仿真、频段直达输出、内容即时发布、场景交互体验四种新兴特征。

（一）再生化：从具身在线到人格仿真

传统广播电台的播报都由真人主播在线或者录制完成，对于传播声音的定义也只有具身化的认知内涵，听觉呈现方式也比较单一，并无特别之处。5G 智慧单台的出现，带来了最具代表性的声音传播的革新。其一，5G 智慧电台加入了多位 AI 虚拟主播，旨在用人工智能的技术方式进行内容的播报。在各地频道的节目单内，天气、路况这两大类基础性资讯节目的传播全部都由可供随机选择的技术主播完成，虚拟主播们的声音特点拟人化较好，仿真度高，具有对关键重要信息的自动处理传播模式。这种音频、音源的纯虚拟化改变了受众对广播收听呈现方式内涵的理解，同时也扩展了受众身处的广播传播生态。其二，5G 智慧电台的新闻、音乐、综艺、有声书等类别的强内容节目由真人主播提前上传音频，再由人工智能技术和云计算技术进行智能抓取、剪辑，形成传播内容，改变了真人主持播报时的传播逻辑，并且将所有声音文本与声音符号都转化成声音信息，做到去表征和指代化处理，进行二次加工传播，具有声音维度的传播可再生性。

（二）定向化：从泛众传播到直达输出

5G 智慧电台的内容传播不是泛化传播，而是有定向路径的直达性输出。直达性输出体现在两个方面：第一，针对每个分发平台不同的地缘特性和需求情况，智慧电台“中央厨房”会精准分发不同的差异化节目内容至算法推算得出的不同频道和不同时段来进行播出，定向传播本土化的节目内容。第二，在疫情防控、全国两会等重要事件发生时期，5G 智慧电台会通过各地频道，连接至村响大喇叭，进行资讯的门户传达，确保重要信息的传播效果。由此，点对点路径的传达使得智能技术带有了人文主义的视角，其不只是信息化的传播运作，更是社会责任与公共义务的双重担负，将受众的接受与反馈纳入了内容传播中。

（三）瞬时化：从延时传输到即时发布

传统电台的内容传播方式虽然也处在麦克风、无线电、声音处理技术的技术帮助背景下，但依旧主要依赖人力进行操作，并且需要一定时间进行播出操作，对时间、空间、人力等方面的特定需求比较大。比如，传统电台的工作人员需要生产好相关节目的内容，提前给导播进行播出前的准备，再由主持人和设备配合进行播报。但智慧媒体时代，在人工智能、5G、云计算等技术的加持下，随着 5G 智慧电台的发展，广播内容生产与传播环节之间一体化的趋势愈发明显。在技术的把关下，内容生产与内容传播之间、传播端与受众端之间的衔接成本与时间被“挪用”，并且被真实地储存起来，为下一次的智慧化生产创造更大的空间。德国传播学者基特勒也认为，随着数字媒介的兴起，人类超越了象征辖域，智能技术媒介让人可以精确地选择、存储、生产及传播。在技术时代，媒介技术可以存储真实时间，同时将其转化成一个技术时间。他提出，“让数据处理成为一个过程，在这个过程中，时间顺序在一个特定的空间经验下可以被挪动甚至逆转”。[①]

5G 智慧电台的传播方式具有瞬时化和高时效性的特点。与传统电台的传播逻辑有着显著不同，智慧电台可以实现内容生产与内容传播的无缝对接，不需要任何的附加成本与时间，直接由人工智能和 5G 通信技术进行传播，在频道的平台上输出一整天的全套节目，可以有机地进行传播模式的设定与选择。

（四）场景化：从信息单向到交互体验

一般而言，场景化的传播除了传播信息之外，还需要传播氛围或者增强氛围感，注重与受众交流互动的体验感挖掘，着眼传播者与用户之间的传受关系。与传统电台相比，5G 智慧电台正在场景化传播的路径上进行探索。作为主流媒体的一员，智慧电台在进行场景化传播时目前主要集中在音乐节目、生活及公共服务资讯这两大内容版块的传播上。在音乐节目的场景化传播方面，5G 智慧电台除了会根据受众所在地域和路况等个性化特定，推送符合场域氛围的歌曲及音乐节目，还会根据节目内容的特点匹配不同的主播进行自动报送。在生活及公共资讯服务方面，场景化传播的关注点集中在村民的身上，利用大喇叭进行田间地头配套资讯的传播服务。目前，智慧电台正开发猜谜等简单类型的人工智能主播互动节目，旨在与受众进行具有交互感的双向传递。

结　语

智慧广电虽然与传统媒体不同，但其本质依然为内容生产与传播者，所以，在内容生产方面，未来的 5G 智慧电台必须一直秉承“内容为王”的理念进行内容资源库的扩展与原创内容的创造，并且添加政务及生活服务信息版块。不仅如此，智慧广播的相关从业人员要形成广播化思维，形成“多元为一”的观念，将报纸、电视、新媒体的优质内容转化为“广播化”资源，将渠道的特性纳入生产内容的考量因素之一。同时，5G 智慧电台未来也需要结合车载的大屏发展趋势，关注图片、视频的插入运用。在内容传播方面，以 5G 智慧电台为代表的

① 张昱辰：《走向后人文主义的媒介技术论——弗里德里希·基特勒媒介思想解读》，《现代传播（中国传媒大学学报）》2014 年第 36 卷第 9 期，第 22－25 页。

人工智能媒体需要关注新媒体矩阵的建立，发展关联 App 及网站，并且开发个性化传播频道，促进一车一频、一人一频态势的形成。同时，随着传播场景的发展，5G 智慧电台需要联动汽车、智能家居、智慧城市等不同产业进行融合发展，打造人工智能传播的新模式。

卢迪等认为，家庭、交通车载、个人媒体是 5G 时代三个最重要的应用场景，也是 5G 时代信息传播的入口。[①] 5G 智慧电台的应用与发展，全方位诠释了技术化媒体的应用场景特点，从家庭广播、车载频道入手，打造出了新业态下的智慧媒体的代表，其不仅是技术加持下的产物，而且是一场系统性的技术革命，完成了从接收端到传输端再到生产端的智能化重构。智慧电台及其他智慧媒体表面上改变了传统媒体内容生产、管理分发等环节的底层逻辑，实然却也正在重新定义媒体从业人员的内涵，甚至重构人与物、人与社会的关系。未来的 5G 时代是万物有声的时代。智慧广播、5G 智慧电台将通过不断丰富新闻节目类型，优化语音合成效果，打造融合广泛用户场景的、合作共赢的生态圈，多领域联动提升正能量传播声量，激发广播新活力。

（作者分别系湖南大学新闻与传播学院硕士研究生，湖南大学新闻与传播学院副教授）

① 卢迪、邱子欣：《5G 新媒体三大应用场景的入口构建与特征》，《现代传播（中国传媒大学学报）》2019 年第 41 卷第 7 期，第 7－12 页。

广播直播带货现状与可行路径探究

——基于广播主播与音频用户调查数据的分析

邱 鑫 吕颖莉

摘要： 媒介融合推动广播媒体内生机制体制、营运方式及传播模式的多维度改革。国内外 MCN 机构发展迅猛，为广播媒体机制、内容与业务的转型发展提供新思路，注入新动力。在内生变革与外围推力的双重驱动下，广播媒体入局试水 MCN 成为广播转型融合发展的新路径。本文通过对音频用户对直播带货需求的调查数据的分析，结合广播主播直播带货相关数据，以及广播 MCN 的发展现状，认为广播 MCN 应打造专家型主播，拓展垂类，以满足用户多样化需求，适时抓住短视频红利，促进广播带货变现，反哺广播媒体经营发展。

关键词： 广播 MCN；直播带货；广播主播；音频用户

2020 年是直播带货元年，直播业态推动直播电商行业迅猛发展。在政策与技术的驱动下，传统媒体纷纷入局直播带货，上演了一场空前的电商盛况。移动互联场景下的直播带货更加突出媒体（平台）、主播与商家的互动关系，这种互动关系的产生离不开 MCN 机构的链接。从当下实践来看，广播媒体依靠自身信誉背书、专业主持人转化以及广阔的受众优势携手 MCN 取得了初步成果，并以多频率、多垂类的形态参与直播带货。广播媒体紧紧抓住直播带货这一新风口，信誉度高和专业性强的媒体主播成为带货主播，精准把握用户的实际需求，满足用户对直播产品的高品质要求，实现了广播媒体、MCN 机构和用户之间的有效连接，是广播朝平台化发展、寻求经营模式创新的有益探索。

一、广播直播带货现状及特点

当下，交通广播依托原生广播频率优势在直播带货大潮中表现强势，主持人到主播的角色转化灵活，垂类拓展广泛，展现出了较强的媒体优势。

（一）各类广播强势入场，交通广播效果凸显

广播媒体入局直播带货有利于冲破平台单一性、地域性等局限，进一步提升广播收视空间。CCData 广播主播 2020 下半年抖音平台直播带货数据显示，全国共

56 家广播媒体试水直播带货，且获得了良好收益，涉及多个广播类别（见图 1）。

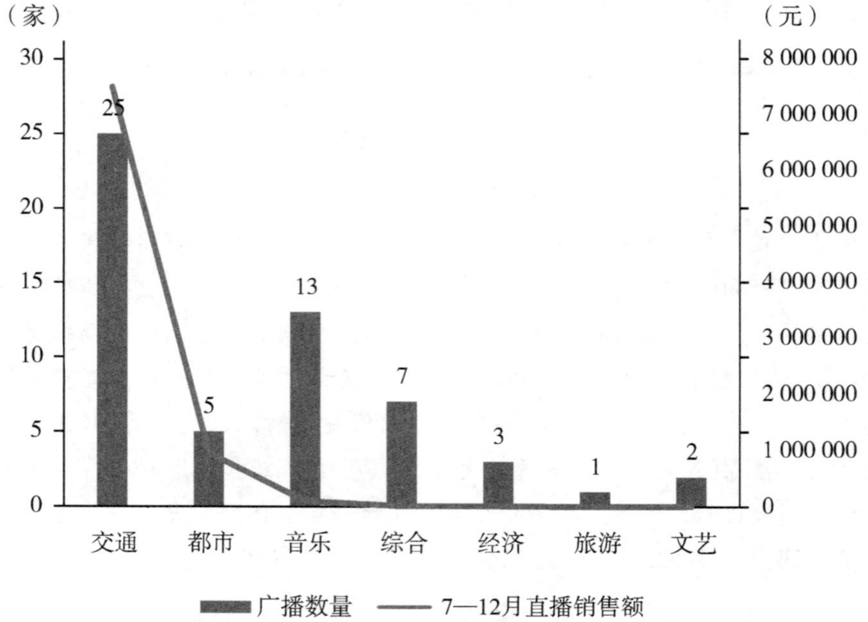

图 1　2020 年下半年抖音平台广播媒体直播带货数量及直播销售总额

数据来源：CCData 广播主播 2020 年下半年抖音数据；飞瓜数据。

由上图可知，交通类、都市类、音乐类、综合类、经济类、旅游类和文艺类等 7 个类别共 56 家广播媒体参与了直播带货，其中交通广播以 7 499 879 元的带货总额及 25 家的媒体数量独占鳌头。

在广播媒体参与直播带货的实践中，广播媒体主播变身为直播带货主播，CCData 2020 下半年抖音平台广播主播直播带货数据显示，有 10 个广播媒体主播通过与 MCN 机构合作进行直播带货（见表 1），是广播媒体进行直播带货的典范。MCN 机构不断加大短视频平台布局，重点运营的平台包括抖音、快手、小红书和 B 站等，并根据平台特点选择运营投资侧重点，其中抖音平台是 MCN 机构的首选运营平台。[①]

① 克劳锐：《2020 中国 MCN 行业发展研究白皮书》，2020 年。

表 1　广播 MCN 直播带货数据

类型	主播	所属媒体	MCN	7—12 月直播销售额（元）
交通广播	虎哥说车	杭州交通经济广播	嘉创传媒	7 004 000
	程鸣	江苏交通广播	梦马视频	310 298
	安吉丽娜柱子	郑州交通广播	万拿比	23 000
	cucn 萧燃	江苏交通广播	梦马视频	9 171
	老刘游记	江苏交通广播	梦马视频	3 795
	大鹏谈车	江苏交通广播	梦马视频	1 729
	@ 主持人姿伶	济南交通广播	鹊华视频	266
财经广播	張想想 Arisa – aa	山西经济广播	缇苏 TISU	2 127
	财经杨淇	江苏财经广播	荔星传媒	63
音乐广播	戴晓琛	湖南人民广播电台音乐之声	无忧传媒	2 544

数据来源：CCData 广播主播 2020 年下半年抖音数据；飞瓜数据。

由上表可知，交通广播积极与 MCN 机构合作，2020 年下半年创下了约 736 万元的销售额。杭州交通经济广播主播“虎哥说车”，背靠 MCN 机构嘉创传媒，在汽车垂类中创下 7 004 000 元的销售额，其带货产品涵盖了食品饮料、生活用品、钟表配饰、服饰内衣、个护家清、鞋靴箱包、3C 数码家电等 7 个类别。

（二）广播直播带货特点

进入移动互联时代，市场倒逼广播媒体开辟新的经营模式，MCN 机构的迅猛发展为广播媒体直播带货提供契机。广播媒体与 MCN 机构合作开展直播带货实践，具有带货产品垂类丰富、市场开阔的特点。此外，其还积极发挥主播专业性强和信誉度高等优势，广播主播转化为带货主播，不断吸纳粉丝，汇聚私域流量，促进产品转化。

1. 垂类、带货产品丰富，市场开阔

以交通广播开展直播带货的主播为例，交通广播 MCN 在用户消费逻辑下将产业触角伸向多个垂类，保证广播主播多赛道的内容生产，这恰恰契合 MCN 机构的发展规律。克劳锐《2020 中国 MCN 行业发展研究白皮书》数据显示（见图 2），MCN 机构倾向于与消费相关性强的内生垂类，内容覆盖泛生活、泛娱乐、时尚、美妆、美食、母婴、汽车、游戏、旅游、二次元、萌宠、科技。江苏交通广播与 MCN 机构梦马视频合作推出“程鸣”“cucn 萧燃”“老刘游记”“大鹏谈车”4 个广播主播，分类在体育、时尚、旅游、汽车等赛道中运营，在 2020 年 7—12 月的直播带货销售中取得约 32 万元的销售额。

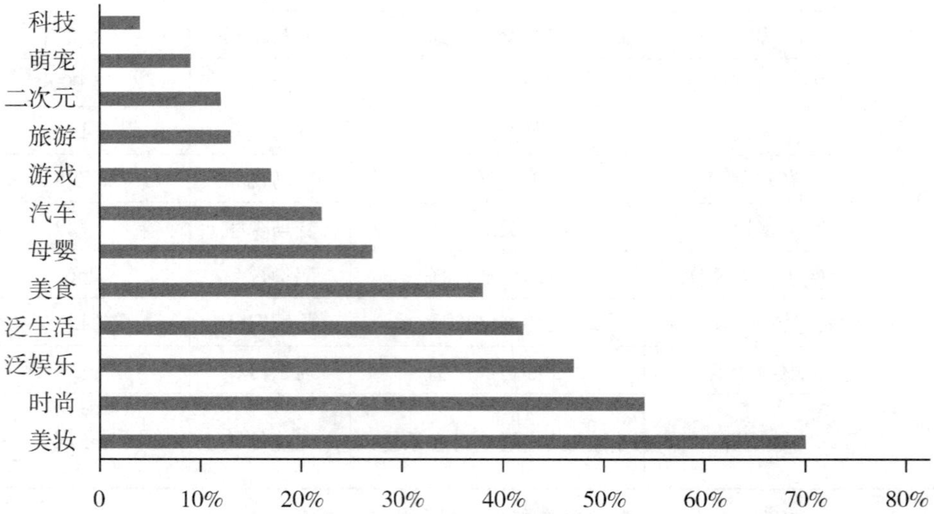

图 2　2020 年 MCN 机构重点运营垂类分布情况

此外，签约 MCN 机构的主播带货产品丰富且带货转化率高。有学者认为，直播电商是将商家资源和平台资源整合，帮助用户在海量庞杂的购物信息中做出网购决策。[①] 而在这个过程中，完成“一站式”服务的并非主播个人，而是作为主播、平台（媒体）与商家三方之媒介的 MCN。可见，从 MCN 的本质来看，具有中介性、平台性性质的 MCN 连接了三方，完成了从产品供应商对接，红人签约、孵化，平台运维，账号管理，内容生产运营到流量变现的全链条过程。高效的流程利于 MCN 在专注内容生产的同时，更利于打造产品矩阵，拓宽主播的产品面向，对接用户购物需求。例如，签约 MCN 机构梦马视频的“程鸣”在体育垂类中深耕，同时将带货产品延伸到食品饮料、生活用品、个护家清等生活应用场景的方方面面。

---

① 田智辉、解益坤：《从电视购物到直播电商：逻辑演进与未来发展》，《传媒》2020 年第 17 期，第 15－18 页。

2. 食品、生活用品类热销，图书音像类产品受青睐

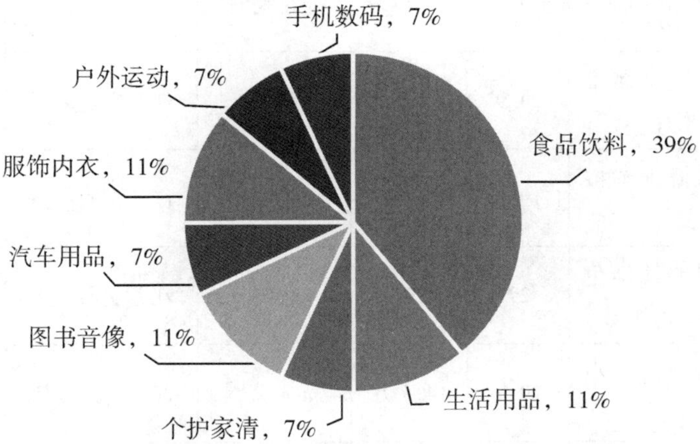

图 3　广播主播带货产品主要类型占比

数据来源：CCData 广播主播 2020 年下半年抖音数据；飞瓜数据。

CCData 广播主播 2020 年下半年抖音直播带货数据显示，广播直播带货产品涉及食品饮料、生活用品、个护家清、图书音像、汽车用品、服饰内衣、户外运动、手机数码等类别（见图 3）。其中，食品饮料类占比 39%，已涵盖了汽车、体育、时尚、情感、生活、日常、搞笑等垂类，成为广电主播直播带货的热门类别产品。服饰内衣、生活用品及图书音像均占比 11%，受到旅游类、生活类、时尚类主播的大力推荐。例如，江苏交通广播主播“cucn 萧燃”直播带货一款食品“东夷码头小黄鱼”，销量达到 14.5 万件。济南交通广播主播“@ 主持人姿伶”，带货《人际交往语言表达能力口才训练》一书，销量达 4.7 万本（见表 2）。

表2　广播主播带货热门产品

产品类型	产品名称	单价（元）	销量（件）	主播	所属媒体	MCN
食品	诺特兰德多维维生素片	24.9	867.3万	程鸣	江苏交通广播	梦马视频
	低卡博士鲜椒牛肉酱	19.8	47.3万	程鸣	江苏交通广播	梦马视频
	诺特兰德维生素D+钙片	29	25.7万	程鸣	江苏交通广播	梦马视频
	东夷码头小黄鱼	19.9	14.5万	cucn萧燃	江苏交通广播	梦马视频
	东夷码头墨鱼片	13.9	284万	cucn萧燃	江苏交通广播	梦马视频
饮料	诺特兰德高能左旋套餐	99	5.0万	程鸣	江苏交通广播	梦马视频
	外星人0糖0卡电解质水	87.5	3.8万	程鸣	江苏交通广播	梦马视频
汽车用品	龟牌冰蜡玻璃水	14.9	3.4万	虎哥说车	杭州交通经济广播	嘉创传媒
户外运动	菲艾特运动乳膏运动护理	89	3.0万	程鸣	江苏交通广播	梦马视频
	家用磁控太空漫步机	4 000	109	cucn萧燃	江苏交通广播	梦马视频
生活用品	洁乐雅一次性洗脸巾	9.9	5.3万	@主持人姿伶	济南交通广播	鹊华视频
	新西兰绽家内衣洗衣液	49	20.2万	張想想Arisa-aa	山西经济广播	缇苏TISU
图书音像	《人际交往语言表达能力口才训练》	9.8	4.7万	@主持人姿伶	济南交通广播	鹊华视频

（续上表）

产品类型	产品名称	单价（元）	销量（件）	主播	所属媒体	MCN
美妆	脸部美容仪	3 399	10.5 万	張想想 Arisa - aa	山西经济广播	缇苏 TISU
	日本 AG 小金罐面膜	208	9.4 万	張想想 Arisa - aa	山西经济广播	缇苏 TISU
	ULUKA 集中焕颜水乳	259	5.7 万	張想想 Arisa - aa	山西经济广播	缇苏 TISU

数据来源：飞瓜数据。

3. 直播带货品控严格，关键看品质

广播直播带货通过“两只手”保障产品质量。从 MCN 机构方面来看，激烈的市场竞争与用户需求倒逼 MCN 把控产品质量，以保障自身经营与发展。克劳锐 2020 年 MCN 行业发展数据显示，MCN 行业正疯狂提升竞争力，提升的重点在于“内容生产与质量把控”方面。另外，广播直播还背靠政府与当地机构合作保障选品质量。例如，甘肃交通广播携手政府相关部门，共同保障带货产品的资质与品质，并建立协同直播带货机制，高效保质地分阶段推进直播带货。[①]

4. “主持人”到“主播”，带货突出专业性

“主播”，译自“anchor”一词，最早见于美国广播电视界，后由港台媒体进行使用。哥伦比亚广播公司记者克朗凯特是首位被冠以“anchor man”的新闻主播，他将主持人的角色由单纯念稿件的播音员（announcer）转变为对新闻内容具有影响力的新闻主播（anchor man）。[②] 可见，“主播”一词最早为官方媒体的主持人，随着移动互联网及网络直播的发展，“主播”角色逐渐泛化，形成了原生网络主播以及“网红主播”。而在直播带货场景下，“主播”角色泛化加大了用户对虚假或真实信息的判别难度，延长了用户决定购买的时间，增加了销售的时间成本。一直以来，传统媒体有真实、可靠、权威的标签，广播媒体主持人天然是新闻主播，同时，广播主持往往拥有一技之长，是某个领域的行家，基于自身的专业知识打造相应的垂类，可成为该领域的专家，具备坚实的信誉背书以及专业技能，能有效地消除用户的购买疑虑。

---

① 马军、杨晶宇：《广播媒体“网红＋扶贫直播带货”模式探析》，《中国广播》2020 年第 10 期。

② 陈欣钢、王卓婕：《“主播”的消解与重构——网络直播主体及其社会功能探析》，《青年记者》2020 年第 22 期，第 9－11 页。

二、音频用户：需求丰富，品质要求高走，主播影响显著

从受众到用户，广播收听者称谓的变化反映出广播媒体与收听者之间关系的本质改变。用户自主性要求广播 MCN 需下沉贴近用户广泛的兴趣与多样化的需求。2020 年度 CCData 全国音频用户专项调查显示，音频用户青睐在抖音等短视频平台进行直播带货，并重点关注产品质量、主播等因素。

（一）用户产品选择广泛，以生活用品为主

2020 年度 CCData 全国音频用户专项调查数据显示，与网购相类似，直播带货的产品呈现出以生活日用品为主的特征。生活日用占 54.64%，食品饮料占 45.62%，鞋包饰品占 21.66%，个人护理占 20.87%，家居/家纺占 20.34%（见图 4）。据 Mob 研究院研究发现，主流带货产品集中在低专业性需求与高收益特征的商品品类中，如零食、洗护用品、家居品等快消品，还包括服装、美妆等产品。①

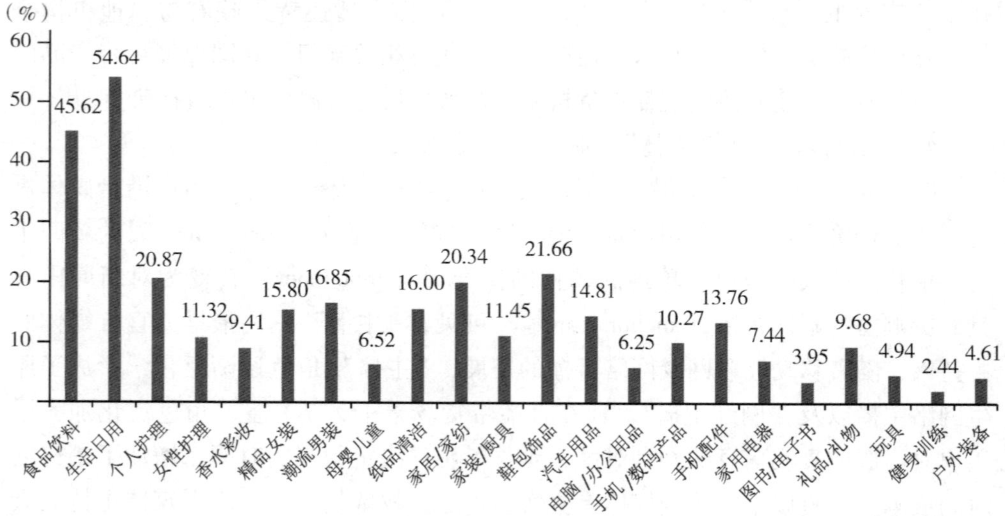

图 4　全国音频用户直播带货的产品

数据来源：2020 年度 CCData 全国音频用户专项调查，样本量：7 190 个。

① MOB 研究院：《2020 中国直播行业风云洞察》，2020 年。

（二）用户消费购物最关注产品品质

全国音频用户在消费购物时最关注的是产品品质，占比 64. 21%，产品的价格占 63. 82%，品牌占 38. 77%，外观设计占 38. 07%（见图 5）。同时，用户也关注到产品的售后服务与便利性方面，分别占 23. 38%、27. 87%。从经济学角度出发，一个健康发展的企业、集团绝不是以价格战取胜，提质保量的产品与价格等量服务是用户所能接受的，提供优质的产品是吸引用户的关键。此外，产品品牌是品质的外在化表现，用户追求拥有上百年历史的奢侈品牌，青睐的是产品符号背后的品质保证与服务。同时，带货过程中适当放利能快速抓住用户，在同类型的产品和平台中赢得主动权。

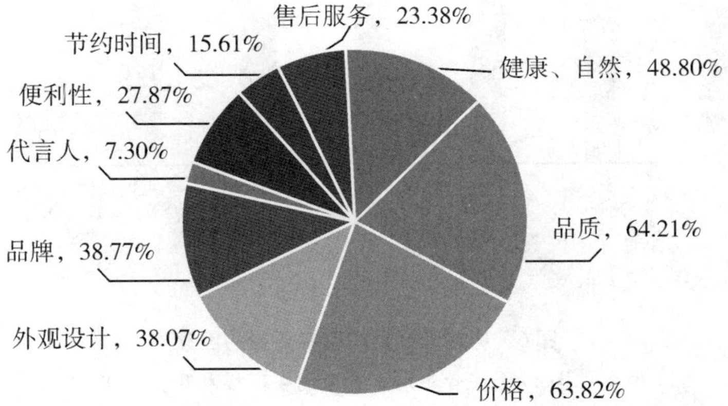

图 5　全国音频用户消费/购物时最看重的方面

数据来源：2020 年度 CCData 全国音频用户专项调查，样本量：7 190 个。

（三）主播因素会影响用户的购买行为

根据 CCData 全国音频用户专项调查，用户在媒体直播间下单会首先考虑商品因素，其次是主播因素。主播不专业、主播夸夸其谈、不信任主播分别占 18. 93%、20. 10%、21. 41%（见图 6），因此，主播因素会在一定程度上影响用户的购买行为。作为媒体的“门面担当”，广播主播的形象展示、专业程度直接影响了带货销量。江苏交通广播表示，在媒体内部系统中，像程鸣一样专业程度高、表达能力强，且同时具备身材与颜值的主播，足以支撑一个小型 MCN 公司。[①] 在直播领域中的“大 V”李佳琦等，同样注重个人直播技能以及提高专业

① 《短视频，广播怎么融？江苏交通广播的尝试!》，搜狐网，https://business. sohu. com/a/503279357_121123774，2021 年 11 月 25 日。

性。凭借迅速涂口红出圈的李佳琦，在短时间内带货售出大量口红，反映出主播的能力与销量的对等关系。由于主播个人魅力而选择直接下单购买无用产品的情况数不胜数，据数据显示（见图7），有16.28%的用户会因为支持喜欢的主播而购买产品。

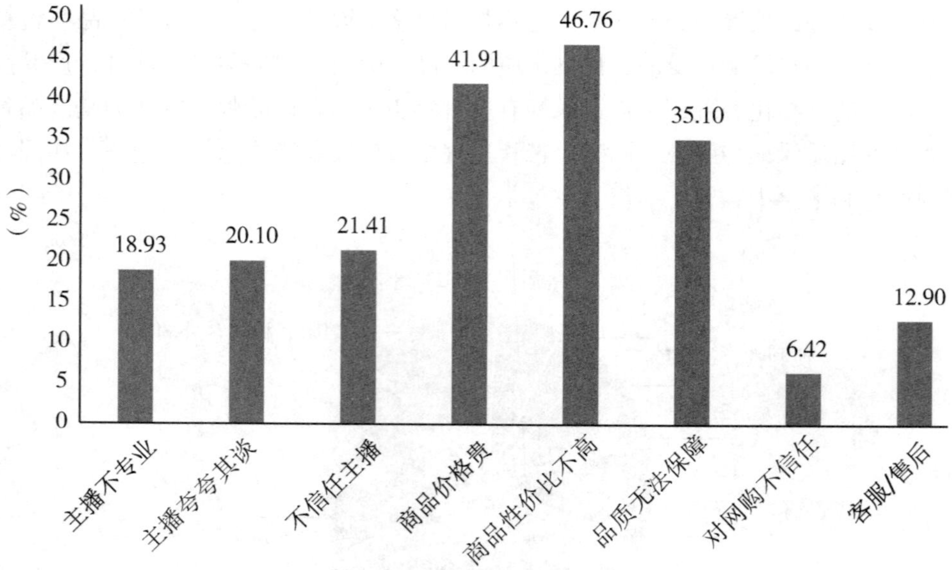

图6　影响音频用户直播买货的因素

数据来源：2020年度CCData全国音频用户专项调查，样本量：7 190个。

三、强化专业、拓展垂类、巧借平台拓展带货新空间

广播媒体直播带货凭借专业性强、信誉度高的广播主持人，以垂类拓展、丰富的产品优势，在食品类、生活类等产品市场中打开销售空间，并拓展带货场域，通过MCN机构连接上游产品端和下游售后服务端，成功对标了用户对产品类型品类、产品品质质量与主播专业度的较高需求，在广播直播带货领域取得了较高销售额，在一定程度上拓展了广播媒体的盈利模式。纵观已有的广播媒体与MCN机构合作开展的直播带货具体实践，56家广播媒体通过入局直播带货改善了经营现状，其共同探索出的实践经验值得其他广播媒体借鉴。

（一）打造专业型主播，消除用户带货焦虑

CCData 全国音频用户专项调查数据显示，在影响用户下单购买的原因中（见图 7），有五个关于主播的影响因素，占比总和高达 67.83%，其中由于“主播很专业”而下单购买的用户占比 16.80%，可见，广播 MCN 机构应着力打造专业型广播主播。主播专业性源自广播媒体公信力以及主持人在原生节目的经营。广播 MCN 根据广播主持人的原生节目特性打造带货主播，在全方位发挥主持人优势的基础上，保证名副其实的专业性。例如，杭州交通经济广播主播于虎，其节目《我的汽车有话说》每天在 11:00—12:30 进行广播，广播内容围绕汽车以及交通故事展开。于虎不仅对交通方面的知识把握清晰，同时也是汽车方面的专家。基于此，杭州交通经济广播与 MCN（嘉创传媒）在抖音平台上合作打造账号“虎哥说车”，开始深耕汽车垂类，并获得 3 033.6 万粉丝的喜爱，在巨大的粉丝量基础上开展直播带货将为杭州交通经济广播带来巨大收益。飞瓜数据显示，2021 年 2 月 27 日至 5 月 27 日“虎哥说车”的直播带货商品均与汽车相关，汽车雨刷器的销售额更是达到 98.1 万元。广电主播 2020 年下半年抖音数据显示，“虎哥说车”在 7—12 月的直播带货中销售额达 700 万元。

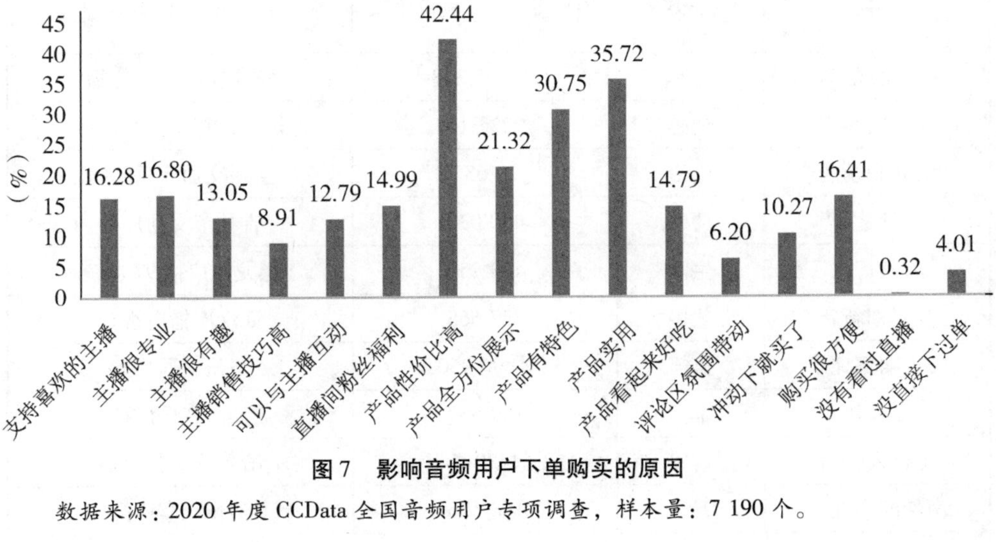

图 7 影响音频用户下单购买的原因

数据来源：2020 年度 CCData 全国音频用户专项调查，样本量：7 190 个。

（二）拓展垂类，满足用户多样化需求

当下，受众兴趣喜好细分鲜明，且呈现多元化与多样化态势。主播应牢牢把握受众多元需求这一特征，在原有垂类基础上，衍生多样化的产品，以满足受众需求。广电主播2020年下半年抖音数据显示，在广播MCN打造的主播垂类中（见表3），涉及领域广阔，覆盖生活方方面面，在同一家广播媒体，MCN机构中亦是通过多垂类打造来丰富直播带货类型（见表4）。例如，黑龙江都市女性广播主持人叶文，其节目《主持人有话要说》以女性情感为垂类打造的抖音博主“主持人叶文”拥有72.23万的粉丝量。湖南人民广播电台音乐之声的主持人戴晓琛专注搞笑垂类，打造搞笑办公室的娱乐化场景，营造活泼、轻松的办公室氛围，现已拥有280.85万粉丝量。广电主播2020年下半年抖音数据显示，关联主播所属垂类，衍生产品，丰富的产品售卖类型能带来较大的收益（见表4），基于汽车垂类的“虎哥说车”带货汽车用品的同时，打开食品饮料、生活用品、钟表配饰等产品市场，在2020年7—12月带货中创造超过700万元收益。

表3　广播MCN打造的主播垂类

主播	垂类	2020年12月底粉丝数	所属媒体
虎哥说车	汽车	28 825 318	杭州交通经济广播
主持人叶文	情感	722 315	黑龙江都市女性广播
仙女儿和尕滴个	生活	20 637	兰州交通音乐广播
译萱	情感	450 030	吉林市交通广播
犀利卢汉	生活	429 759	黑龙江广播97频道
我叫刘新新	综艺搞笑	327 665	武汉广播电视台
安吉丽娜柱子	搞笑	2 496 950	郑州交通广播
夏嘉伟	生活	199 557	云南音乐广播
主持人张婧	情感	143017	哈尔滨文艺广播
南希的小九九	音乐	118 186	荆州汽车广播
DJ王师傅	网红帅哥	432 746	甘肃都市调频广播
徐巍	情感	1 058 995	江苏经典流行音乐广播
戴晓琛	搞笑	2 808 539	湖南人民广播电台音乐之声

数据来源：CCData广播主播2020年下半年抖音数据；飞瓜数据。

表4 2020年下半年广播主播垂类与带货产品

主播	所属媒体	所属垂类	带货产品	7—12月直播销售额（元）
虎哥说车	杭州交通经济广播	汽车	食品饮料、生活用品、汽车用品、服饰内衣、个护家清、鞋靴箱包、3C数码产品	7 004 000
老茂说	辽宁都市广播	汽车	食品饮料、汽车用品、生活用品、图书音像、手机数码、户外运动	708 000
程鸣	江苏交通广播	体育	食品饮料、生活用品、个护家清、户外运动	310 298
張想想 Arisa - aa	山西经济广播	美妆	美妆、个护家清、服饰内衣	2 127

数据来源：CCData广播主播2020年下半年抖音数据；飞瓜数据。

（三）抓住短视频红利，促进广播带货变现

短视频时代下，广播节目要通过短视频平台等实现专业、垂直、地域化内容的精准传播。[①] 在直播带货中，广播利用短视频打开带货新空间。与众多MCN机构相类似，广播MCN同样将短视频作为广播主播的流量突破口。以短视频作为切入口，同时也是一个引流窗口和流量汇聚池，为主持人的直播带货不断吸引和留存粉丝量。由于抖音平台推送机制的存在，火爆的短视频会被不断推送至不同的用户界面之上，如果主播在此时正在直播带货，那么用户将更有可能被引流进入直播间中（短视频博主头像将显示为“直播中”）。直播带货过程中产品走量多来自粉丝用户的购买行为，以优质的短视频作为吸引用户进入的窗口，利用直播带货进行流量变现，主播承担着不可或缺的作用。短视频作为主播带货与走量的另一渠道，同直播带货一样在流量转化中发挥作用，同时也为主播直播带货不断地吸引、汇聚和留存粉丝。

如上文分析，交通广播主播程鸣在抖音上进行直播带货的销售额高居第一，梳理2021年4月27日至5月26日（见表5）他在抖音上进行直播的带货信息后

① 赖黎捷、张红霞：《广播布局MCN态势分析——传统媒体跨界合作的破局之举》，《新闻研究导刊》2021年第12卷第4期，第4-5页。

发现，制作了关联视频的带货产品销量和销售额更高。

表 5　程鸣抖音短视频 2021 年 4 月 27 日至 5 月 26 日带货信息

商品	单价（元）	带货销售额（元）	带货销量（件）	关联视频
必乐乳清蛋白威化	109	7.2 万	658	1
运动筋膜枪 T1	94.90	2.0 万	200	2
无感佩戴运动蓝牙耳机	149	2.0 万	131	1
诺特兰德左旋 60000	149	1.9 万	124	1
低卡博士小铁饼	23.80	1.5 万	559	2
外星人 0 糖 0 卡电解质水	82.50	4 381	48	1
荷兰原装 fit 小绿管	89	3 686	40	1
户外休闲跑步骑行太阳镜	289	3 676	11	1
BIOLUXE 夏日防晒乳	55	532	7	1

数据来源：飞瓜数据。

广播媒体入局 MCN 开展直播带货业务是新媒体时代广播媒体改善经营方式、进行媒体融合的重要行径之一，但诸多广播媒体对此仍然处于观望状态。广播媒体应充分利用自身平台和主播优势，与 MCN 机构开展直播带货，连接带货场域对标用户多样化需求，转化成功的广播主持人成为带货头部流量，在短视频与直播带货中均能带货走量，反哺广播经营，成功走出一条广播媒体创新路径。

（作者系重庆师范大学新闻与传媒学院硕士研究生）

媒体深度融合背景下省级电台移动音频客户端的创新路径

——以浙江广电集团“喜欢听”App为例

胡孛崙

摘要： 随着媒体融合纵深推进，省级电台建设自有独立的移动音频客户端，已经成为广播融媒发展的重要路径。一方面，电台移动音频头部极化明显；另一方面，诸多的省级电台移动音频App也在由“媒资化”向“媒智化”发展，制播工作日渐智慧化。浙江广电集团以深度融合理念搭建自有音频平台“喜欢听”App，构建起以“直播互动—精品内容—定制问答”相互支撑的三维立体式阶梯服务模型。在电台移动音频App面临资源局限、技术欠缺、体制约束、功能窄化等诸多困境情况下，通过深耕本地资源，打造内容共同体；秉持价值理性，技术注入新动能；创新生产模式，平台运营社区化等实践，“喜欢听”App探索出了一条独树一帜的创新路径。

关键词： 媒体深度融合；省级电台；移动音频；创新路径

随着媒体融合纵深推进，“互联网+广播”同样展现出了丰富、多元、多维的融合传播图景。“喜欢听”App是浙江广电集团在融媒实践探索中重磅推出的广播融媒体客户端，以深度融合理念搭建自有音频平台，以互联网思维优化资源配置，在竞争激烈的移动音频市场中独树一帜，创新构建起了以“直播互动—精品内容—定制问答”相互支撑的三维立体式阶梯服务模型。本文通过对“喜欢听”App的实例考察，就媒体深度融合背景下省级电台移动音频客户端的创新路径试作探讨。

一、电台移动音频App现状特点

数据显示，我国在线音频行业市场规模持续增长，覆盖用户规模不断扩大，预计2022年用户规模将达到6.9亿人。但综合性音频平台头部极化明显，头部移动音频平台实力雄厚，引领作用凸显。如中央广播电视总台打造的“云听”音频客户端依托央广的传播力和优质资源，强势上线并在一年内快速收获3 000万的用户增长，日活用户保持百万以上。上海阿基米德App利用传统媒体的垂直资源，在节目来源方面，已经超越了上海广播电台的范围，成为全国各地广播电台节目的集成平台，推出第一年用户量即突破400万。

同时，内容生产由“媒资化”向“媒智化”发展，制播工作日渐智慧化。省级电台移动音频平台创建的初始阶段，呈现出“媒资化”的倾向，平台内容以聚合省内广播频率资源为主，与广播频率互为支撑，对频率节目资源依存度高，同时也成为电台与受众交互的工具。但随着媒体融合的纵深推进，各平台在探索实践中，逐渐朝着“媒智化”方向发展。在媒体资源的加工方面更为细致，逐渐从长节目的照搬转向短音频的创作，也开始专门为平台制作节目内容，持续迭代打造新品。

二、电台移动音频 App 面临的发展困境

（一）媒资局限，活跃流量不足

近年来，各省级电台虽着力打造移动音频 App，但仍未能形成对高品质内容的持续生产机制。有些客户端只是将广播频率节目内容简单复制、加工，产品网感不足，用户体验感不佳。部分省级电台各频率内容生产、组织架构仍处于条块分割状态，缺乏内容生产的统一标准，移动音频平台媒资汇集、融合生产难度大，产品质量参差不齐；主播 IP 开发不力，对 UGC 的吸引力也不强，无法构建起系统的 UGC + PGC 生产机制。

（二）技术欠缺，应用创新受阻

媒体融合是一个技术赋能、数据赋能的过程，技术是深度融合发展的驱动力。但目前大多数电台移动音频 App 平台技术开发和大数据运用能力弱，在内容端缺少智能编辑等工具类的技术产品；在平台端缺乏对 UGC 的智能审核、分发等功能性技术支持；在运营端缺乏行之有效的数据整合、营销体系与用户流量监测系统。相较于同级移动视频 App，部分省级电台打造的移动音频 App 技术投入不足，音频产品智慧生产探索不力。

（三）体制制约，营销模式滞后

移动音频平台运营需要资金支持，但目前电台移动音频营收模式较普遍地趋于单一化和同质化，基本依靠广告植入和 VIP 订阅两种形式，加之用户付费习惯尚需培养，实际付费率不高，很难拓展资产规模和品牌价值。

（四）功能窄化，服务属性偏弱

在融媒体背景下，媒体本身已不单单是信息的传输工具，媒体产品正朝着“媒介即服务”转向。而电台移动音频平台较普遍存在着功能单一化的局限，仅仅将其当作音频内容的移动端入口，娱乐化倾向明显，新闻资源开发不足，科普类、文化类、体育类等垂直内容较少。部分电台移动音频平台覆盖范围小、互动反馈慢、服务效果差，音频产品难以做到差异化、分众化满足不同用户的实际需求。

三、浙江广电集团“喜欢听”App 的创新与突破

（一）深耕本地资源，打造内容共同体

艾媒咨询《2020—2021 年中国在线音频行业研究报告》显示，超九成用户表示目前在线音频平台提供的内容质量有提高的必要。开发高质量的内容精品是行业发展趋势。“喜欢听”App 由新蓝网开发，依托浙江广电集团多年来积攒的口碑以及旗下各广播频率资源，拥有方楠、马悦、晓北等优质主播栏目版权。“喜欢听”App 充分发挥移动新媒体的优势，以互联网思维进行内容的协作创新和叠加融合，在自有阵地上打造横纵联合、内容丰富的省内广播深度融合共同体。

“喜欢听”App 深耕浙江本地，吸纳聚合了大量的本地内容，除浙江之声、浙江交通之声、城市之声、音乐调频等省台广播，还汇集了浙江地区省市县台电台以及部分高校广播。截至 2021 年 3 月，“喜欢听”App 已入驻 32 家市县电台，成为这些电台的一键式入口。

用户在平台上不完全是被动的接受者，“喜欢听”App 还提供了用户音频创作的通道，用户可以录制音频上传，还可以向各类主题活动投稿视频内容。UGC + PGC 共同创作优质内容，也提升了用户的参与感和在平台社区的活跃度。

“喜欢听”App 还以浙江文化为切入点，打造“文化浙江”版块，其中由新蓝网、浙江之声和全省融媒体中心共同推出的《点赞浙江 · 见证美好》《云游浙江》专题，协同采制省内各具文化特色的精彩音频进行展播，传播浙江地域文化。同时，《一起跨越》专题紧密结合国家决胜脱贫攻坚宏大背景，用生动的音频向听众展示浙江山区 26 县的跨越式高质量发展成果。在深耕本地资源的基础上，“喜欢听”App 还开展跨区域、跨平台的合作，收录了大量省外地区的全媒体产品，内容多维创新，以精品占领市场。

（二）秉持价值理性，技术注入新动能

算法推荐为推送千人千面的精准信息和个性化服务用户提供了技术支持，但也会引发一味迎合受众，导致价值导向偏离、低俗娱乐盛行等问题。“喜欢听”App 作为浙江广电集团旗下的主流音频平台，在技术上创新研发“新蓝算法”智能推荐技术，以价值理性驾驭工具理性，对平台产品在来源、主题、内容等多方面构造了一套完善的评分体系，从而实现优质内容推荐，把握正确价值导向。基于后台数据分析，栏目编辑和主播可以清晰看到收听峰谷值等各项直播数值的变化趋势，帮助各频率、栏目直观把握听众画像，实现广播与新媒体无缝结合，反哺栏目制作。

（三）创新生产模式，平台运营社区化

“喜欢听”App 在聚合分发优质音视频内容之外，重视平台内部 IP 形象构建。IP 形象类别主要包括主播、活动和平台本身。主播 IP 方面，创新生产模式，培育新型主播。设置最强栏目排行榜，榜单定期更新，用户可以通过点赞、分享和投币方式支持自己喜欢的节目，提供全方位的数据量化呈现。浙江电台城市之声主持人晓北以其电台节目《城市私家车》为依托，形成了个人化 IP，以粉丝经济、私域流量运营为依托实现主持人新媒体化转型。广播媒体探索 MCN 业务也成为新的业务增长点。活动 IP 方面，“喜欢听”App 设《王牌活动》版块，内有基于浙江之声《大医生来了》节目的融媒策划《医聊家·健康说》，紧密贴合当下疫情防控环境，为听众提供及时、权威的医疗科普，通过全媒体手段跨平台传播。平台 IP 方面，品牌形象的搭建是维系平台用户的重要手段，“喜欢听”App 打造了个性化的平台 IP 形象“喜胖”，在启动页、加载页面和使用界面随处可见，品牌化的营销手段通过心理暗示提高用户对品牌的归属感和忠诚度。

“喜欢听”App 还推动了平台内的社群化营销，每档栏目都可以成为一个独立社区，实行社群化运营，强化 IP 效应。人们通过信息消费结成不同的粉丝圈并推动粉丝群体互动，建立相互之间的身份认同。在此基础上深挖用户社交要素，强化 App 内的社交功能，用户之间通过点赞、评论、打赏加强互动。用户还可以在社群内发起抽奖，丰富的互动形态大大增强了社交属性和用户黏性。

（四）拓展平台功能，传播互动多元化

相较于部分省级电台打造的移动音频 App 仅服务于广播内容，只成为调频广播的移动端入口，“喜欢听”App 融合了全媒体的内容模式，其多渠道融媒化的传播有效提升了传播的覆盖面和影响力。“喜欢听”App 将直播互动作为传统广

播与新媒体融合的突破点，集纳了微信、视频直播等多项互动功能，成为全新的广播节目互动平台，为各广播频率的栏目和主播提供更专业有效的新媒体互动服务。其不仅能满足评论、关注、订阅、分享等基本用户需求，还增加了一键切换音频视频直播、打赏点赞、现金红包、抢福利、粉丝圈等互动功能。在《云游浙江》版块中，浙江“蓝媒联盟”协同华数 TV，利用 5G 技术，创建了千岛湖、杭州奥体中心、云和梯田等景点的慢直播频道，发挥了融媒体产品可视化的优势，延伸了移动音频 App 的使用场景，激发了内容在不同端口的共振效应，积极探索音频内容去汽车化收听解决方案，吸引平时不使用音频 App 的新用户。另外，“喜欢听”还上线“喜欢听 FM”小程序，用户无须下载安装 App，即可一键进入，构建了多场景的入口。

（五）把握需求导向，构建服务新模式

用户思维是互联网媒体平台运营的关键点。一方面，“喜欢听”App 从用户视角出发，既推送用户喜欢的，又推送用户需要的。如不同时段在主页推荐相应的内容，早晨倾向于早间新闻栏目，并提供可视化选择，用户不仅能够听到新闻，也能实时看到主播以及正在播出新闻的相关片段视频，而傍晚会推出《私家车下班在路上》等交通节目，周末则偏向更多的娱乐节目，智能化满足用户在不同场景下的需求。“喜欢听”App 还推出了“超音速”短音频模块，利用短音频易传播、能互动的特点，刷新用户听觉体验，填充用户碎片化时间，同时尝试立体声制作，让用户获得更丰富的听觉体验。另一方面，“喜欢听”App 构建了以本地服务为中心的模式，开设本地专栏帮助用户及时获取当地资讯，通过需求拆解提供差异化的服务，实现价值链垂直融合。设置“用户问答”社区，立足本地，内容涵盖汽车服务、健康、房产、法律、心理咨询等，由浙江本地相关栏目的主持人或专家为用户答疑解惑，实现传统广播贴地服务能力在新媒体平台上的延伸与转化。

（六）打破路径依赖，盈利结构多样化

创收是保障 App 长期有效运营、维持平台内部良性循环的关键。

1. 创新盈利模式

“喜欢听”App 突破了主要依靠广告和 VIP 订阅的传统盈利模式，尝试通过制作精品节目、打造明星主播吸引用户打赏，通过榜单排名和用户等级制度激发用户付费行为，并利用粉丝勋章和“主播守护”提升用户的参与度和获得感，充分积累流量对接内容电商，最终实现用户导向的盈利模式创新。

2. 拓展盈利渠道

在平台 IP 化运营的基础上，“喜欢听”App 开通了“喜胖家商城”，用户可

以购买相关周边产品，使IP形象更加深入人心。同时，用户可以通过充值“喜钻”，为喜欢的音频专辑、栏目、频道付费，拓宽消费渠道。

3. 扩大增值服务

“喜欢听”App还扩增了多样化的增值服务。邀请权威律师、医生、知名主持人入驻付费问答版块，用户可以为自己的问题支付报酬。由广电名主播定制的精品版块，既让用户自主为知识消费和高质量内容买单，也探索了内容知识变现的新路径。

（七）突破体制机制，运营体系高效化

“喜欢听”App还尝试将广播频率与新媒体机构合署共建，移动音频平台与各广播频率跨部门、跨机构合署运营，资源共享，联合办公，探索了一种新的融合机制。同时，以工作室实现自由组合，提升内容生产效率。

四、省级电台移动音频客户端未来发展展望

（一）跨界运营，拓展新形态

深度融合背景下的移动互联网平台发展，需要更具长远眼光和跨界融合的思维。一是跨形式，延伸线上服务，增强用户黏性，巩固私域流量；突破线上平台，落地线下活动，实现线上线下深度融合，推动音频与用户之间互动互融。二是跨平台，接入或入驻抖音、快手、微信等其他平台终端，打通平台间壁垒，实现联动引流和矩阵式传播。三是跨业态，适应深度融合加速趋势，开展跨业态融合创新，拓展多样化的“音频+”模式。如与车联网融合，提供独家咨询服务，优化驾车收听体验等。

（二）智媒转型，构筑新生态

省级电台移动音频平台需要以更先进的理念和更前沿的技术来推动智能化转型。一方面，强化技术赋能，不断升级基于网络采编、生产、经营需求的技术系统，为音频平台融合发展提供技术解决方案。促进人工智能供应端的深度应用；进阶发展音频可视化；实时适配、融入用户的传播场景，实现音频多媒体生态系统的内容生产。另一方面，推动智媒转型，真正实现内容、产品、渠道、技术互嵌融合。智能化识别、满足用户需求，拓展移动场景新维度，从数字化到智慧化打造跨屏乃至无屏的智慧视听生态系统。

新技术仍在不断地重塑媒体行业，持续推动“融为一体、合而为一”的全

媒体传播体系建设是当下各级主流媒体融媒发展的重要任务。浙江广电“喜欢听”App在制度设计、内容制作、运营模式等方面展示了省级广播平台创新发展的探索路径，正朝着深入推进智慧化转型的方向努力迈进。

（作者系浙江传媒学院新闻与传播学院硕士研究生）

新媒体场景下广播主持人功效的嬗变与突破

赵宏博

摘要：5G + 4K + AI 的技术发展方向使新媒体的对话场景不断被丰富，与电视主持人相比，广播主持人的生存环境似乎更为艰难。本文以广播主持人未来该如何有效发展为议题，从广播主持人的职能特点出发，结合实际案例，探讨在新媒体的场景下广播主持人功效的嬗变与突破，为广播主持人的职业发展提供新的思路。

关键词：广播主持人；职能；嬗变；突破

随着数字媒体技术的蜕变和疫情时代的演进，媒介生态的突变促逼传统媒体自身进行更深层次的改革与突破。众所周知，新兴媒体的强势发展使得传统媒体自身的影响力开始弥散，媒介融合已成为传统媒体发展的趋势。近年来，纸质媒体转战新闻移动客户端阵营，电视媒体则主耕节目内容创新与文化沉浸试验田，喜马拉雅与荔枝等有声内容类 App 发展势头强盛，这些因素都迫使广播亟须谋求自身的破冰与重构。在时空压缩的媒介传播环境里，广播主持人群体面临巨大挑战。新媒体环境下主持人的功效跨越了节目，直接与听众衔接，这其间所产生的剧变，使得部分主持人群体难以适应这种身份转换。而广播节目主持人与电视节目主持人相比，似乎也更难在“手指滑动定乾坤”的全媒体视域内获得一席之地。因此，广播节目主持人如何“破圈”成为主持人群体一项最艰难的任务。

一、职能的转变：广播主持人需要 IP 化塑造

主持人这一概念最早起源于美国，指具有采、编、播、控多种业务能力，在一个相对固定的节目中，作为主持者和播出者，集编辑、记者、播音员于一身的一种职业身份。1952 年美国记者克朗凯特成为世界上第一位持棒人，第一次将主持人的概念营造了出来。1981 年中央人民广播电台对台湾广播《空中之友》栏目正式开播，由徐曼担任节目主持人，《空中之友》也成为第一个正式以主持人身份出现的广播栏目。而 1986 年珠江经济广播电台推出了“珠江模式”，为我

国广播媒体带来了前所未有的创新与变革。众多举措中，“珠江模式”推出集采、编、播、控于一身的主持人节目方式，给予了台面传播终端人物最大的放权。“珠江模式”后，主持人的职能被进一步扩充和延展，主持人节目开始大量产出，形成规模化发展。

从概念上来看，主持人就像是多种职业的结合体，是身兼数职的媒体人。那么主持人群体的职能与功效是否也是其身份职能的简单相加呢？童兵老师编写《新闻传播学大辞典》时，将主持人职能概括后分为五类，分别为衔接职能、叙事职能、沟通职能、议论职能和掌控职能。其观点认为，主持人应该负担起节目版块内容的串联与衔接，应肩负对新闻消息的转述和传播，并且还需对社会议题进行客观意义上的评价与分析，需与受众和嘉宾建立良好的沟通交流情景，同时还要能够深度掌控节目的进程。从这一分析来看，主持人的职能绝不是编辑、记者、播音员三种职业职能的相加，而是要有主持人自身角度的判断和思考。然而，在新媒体时代，这种职能的阐述又把主持人推上了尴尬的位置，似乎主持人既重要也不重要。重要之处在于其的确是扮演着新闻“传声筒”和一档节目不可或缺的“掌舵者”这两种场景角色，而不重要则呈现在主持人职能所体现的角色边缘化地位，尤其是在全媒体时代更是难以维系。AI 主播概念的诞生，更是消解了主持人绝大部分的功效，因此也使得主持人的地位更显尴尬。播音创作要基于稿件基础，节目呈现要重内容轻形式，这使得广播节目主持人的“囚笼”越缩越小，直至成为每日重复节目流程化制作的一名流水线工人，成为温水里看上去最努力的一只青蛙。

如今，MCN 的概念成为行业热议的观点，MCN 模式也开始被各省市广播频道广泛采纳和应用，成为广播行业实现复兴的重要手段。在新媒体带来的话语场景的变更下，主持人角色定位终于迎来了新的转机。抖音、微博、微信、小红书等媒体资源使得主持人明星化、IP（Intellectual Property 意为知识产权）化，享受与明星同等的功效和红利成为可能。个人 IP 是指个人对某种成果的占有权，在互联网时代，它可以指一个符号、一种价值观、一个具有共同特征的群体、一部自带流量的内容。以电视平台为例，央视平台成功塑造出了“央视 boys”组合，“段子手”朱广权、“最美记者”王冰冰均获得了较高的社会热度。央视通过逐步下放主持人权力，给予了主持人一定程度的自我发挥空间。例如主持人尼格买提担任制片人，制作《你好，生活》节目等。而对于广播环境来说，无论是疫情因素带来的应急广播的应用和车载广播收听率下降，还是疫情时代下社会生产生活方式的变革，都促使广播自身必须创造出新的社会服务价值与经济效益体系。由此，广播主持人也开始试水直播与网红领域，走个人 IP 化之路。

通过借助融媒体平台，可以打造出网红级广播主持人。新媒体视域下，主持人不再掩其锋芒，其本身就可成为大放异彩的对象。一期广播节目，主持人亦可成为节目收听率的决定性因素。因此，网红化成为各大省市电台主持人转型的必由之路。例如，以怒怼4s店销售经理走红的浙江广播电台城市之声主持人张晓北，以话风犀利出名的黑龙江都市女性广播主持人叶文，均以个人风格取胜，博得了节目关注度与收听率的同时，主持人个人也获得了听众的拥护与肯定。粉丝效应的形成，使得主持人的个人魅力被充分发挥，再反哺广播节目，形成三方共赢的局面。除此之外，以主持人IP为依托，跨平台系统化打造IP品牌栏目也是广播媒介的常用手段。广电合并以来，各省市已逐渐打破各自为政的局面。优秀的广播节目可以转为电视节目，也可通过本地媒体的官方微博、微信公众平台、抖音账号进行推广和宣发。例如，河北经济广播脱口秀节目《小强来了》，一直以来颇受好评，近年由广播走向了电视屏幕。同省的服务类广播节目《有缘天空》，也签约河北影视剧频道，深耕电视受众群。广电联合背景下，广播主持人需要锤炼和熟悉上镜流程及新兴媒体平台的发展特点，做好迎接全媒体时代的准备。

二、多重身份的突破：广播主持人需做斜杠青年

“斜杠”（“/”）最早是由美国专栏作家麦瑞克·阿尔伯在《一个人/多重职业》一书中提出的概念，用以指代拥有多重职业和身份的人。换句话说，斜杠就意味着一个人需要呈现出多重身份的特点。与电视节目主持人不同，传统媒体时代，对于广播电台主持人而言，其所承担的身份角色往往较为单一。比如一档广播节目的主持人，需要负责节目口播稿的写作、节目主持、节目策划、电话编辑和非线编软件剪辑和操控等工作。在播音学科的教学领域内，也一直是以培养采编播一体的专业人才为基本的教育培养方向。然而，新媒体时代下，主持人除去传统意义上的媒体工作，还需塑造自身的角色形象，扮演多种社会身份，成为社交融媒体当中的斜杠青年。情感节目主持人，同时可以是心理咨询师；综艺节目主持人，也可以是美妆博主；新闻节目主持人，还可以是读书分享博主。

在短视频和有声内容类App中，斜杠青年几乎随处可见。泛娱乐化的媒介文化下，塑造斜杠青年的身份，可以帮助主持人吸纳更多的用户。目前短视频行业用户规模趋近行业天花板，主持人这一单一身份很难吸引足够规模的用户群。基于新媒体视域，广播主持人也需要营造斜杠青年的身份。新媒体与自媒体发展以来，其最大的功效，就是助推了经济的发展。例如疫情时代下，主持人直播带货已经成为传统媒体主持人的业务之一。影响力经济所带来的经济效益正是广播媒介目前的短板领域。而影响力的形成，正是依靠新媒体平台用户的积累，他们和

节目的听众有所关联，但并不紧密。节目影响力更局限于地域，而主持人的影响力则可以通过社交媒体平台通向更广的受众群体。另外，受节目影响，大多数主持人均有自身擅长领域的知识积淀，这也给主持人成为斜杠青年提供了最基本的前提。在知识付费的时代下，内容价值更高的垂类内容创作更能吸引用户的眼球，有内容、有知识、有服务，可以使主持人在自媒体平台获得更快的发展。除此之外，广播主持人通过社交媒体建立多重身份，也符合新媒体时代下的传播特征。广播主持人由于长期在主播台前工作，只以声音出场，缺乏与受众的正面沟通机会。广播主持人通过社交媒体可以更充分地展示形象、分享生活，能够更好地满足受众对于主持人的想象，建构个人的风格。

新媒体环境迫使受众只能选择自己关注的讯息，成为斜杠青年，或者运营自己斜杠青年的社交角色，可以帮助主持人更好地开展交流活动。主持人要做听众的朋友，但朋友关系并不能仅仅只在节目中保持，节目后这份友谊依旧需要运营与维系。因此，主持人成为斜杠青年，更有利于维系和吸纳更多的听众，并进一步塑造个人独特的角色形象。

三、专业技能的沉淀：广播主持人仍需锤炼

广播主持人的专业技能，应并不仅仅局限于标准的普通话与优美动听的嗓音。广播受线性传播的影响，对播报内容的准确度和清晰度的要求往往更高，节目把控的难度也较大，因而更容易发生播出事故。广播主持人在谋求自身发展的同时，也需做好自身专业技能的学习与沉淀，不论在任何时代的媒介环境下，这些内容都是广播主持人安身立命的根本。

其一，广播主持人要树立建构正确的意识形态观念，先有“德”再谈“艺”。新媒体时代下，主持人已经成为群体中的意见领袖，其言论与观点势必会在一定范围内产生舆论的风波。例如，近期发生的天津交通广播主持人在节目直播中现场吵架事件，造成了不良的社会影响，反映了主持人素养的缺失。因此作为主持人，需要在思想精度与深度方面占领高地，言论既要提供符合社会主义核心价值观，又要提供带有思辨方向的深度思考。

其二，广播主持人要增强对自身声音的把控力和塑造能力。广播主持人以声为业，以声谋生，声音是其最有力的武器。尤其是近年来，由于移动音频 UGC 平台嫁接输出了一大批声音爱好者转换为声音职业者，优先抢占了音频市场，也进一步挤压了广播的生存空间。因此，广播主持人专业能力的锻炼也不能落后，尤其是传统广播中的广播剧类节目、情感类节目等，均需要主持人具有不逊于配音演员和电视主持人的声音演播技巧。为此，增强专业训练，提高声音的把控力

与塑造力，也是广播主持人必须完成的一门重要课程。

其三，广播主持人要提升自身语言的亲和力与共情能力。广播与电视相比，声音比画面更能给人以更多的想象空间。因此，声音往往更容易深入人心，触动灵魂。近年来，广播主持人的明星化趋势主要表现在主持人才艺的多方位展示，然而，与电视主持人不同的是，广播主持人的独立思考能力以及对事件独到见解的充分表达仍然是他们获得受众认可的制胜法宝。作为广播主持人，如何让听众听到真情颇具难度，尤其是新媒体时代下，面对复杂又庞大的听众群，广播主持人需要不断调整步伐，关注新群体的共性特点，有指向性地改变语言风格，增加共情共感，加强语言亲和力的塑造。

结　语

新媒体的革新带来了机遇与挑战，于主持人群体而言，我们不再是赛场上的发球者，而是摇身一变成为踢球者。职能的转变带来的是全新的挑战，尝试个人IP孵化，突破建立多重角色身份，以及进一步沉淀专业技能，都是谋求实现广播主持人未来发展的重要一步。未来的媒介场景瞬息万变，在传统媒体没能宣告彻底终结之前，广播主持人依旧有能力完成自身价值的实现与蜕变。

参考文献

[1] 葛向阳、岳翔、郭应巍：《广播主持人MCN转型模式探讨——从主持人工作室到网红主持人》，《中国广播》2020年第9期，第23－25页。

[2] 龚芮：《新场景下广播节目主持人角色转型研究》，江西财经大学硕士学位论文，2018年。

[3] 乐艳艳：《全媒体时代广播主持人的形象构成与身份认同》，《中国广播》2012年第5期，第17－19页。

（作者系河北美术学院青年教师）

新理念　新探索

以节目视频化为抓手构建广播新生态

张阿林

摘要： 在新媒体时代，传统广播如何于危机中抢先机、于变局中开新局，探索自身的变革与发展之路，是广播融合发展的新课题。安徽广播通过广播频率的抖音号、视频号等视频平台，直播发布视频化广播节目，把能听又能“看”的广播节目提供给听众，从而实现了广播节目内容的可视化、场景的多元化、交互的即时化，大大拓展了广播传播的渠道和载体形态，音视频的融合在广播节目中得以实现。

关键词： 广播；视频化；视频化广播；新生态

当前，传统广播电视面临竞争与发展、改革与转型的关键抉择，如何于危机中抢先机、于变局中开新局，探索广播大变革、大发展的新契机，寻找广播融合发展的新路径，是广播融合发展的新课题。从 2020 年 9 月开始，安徽广播开始节目视频化的探索，通过广播频率的抖音号、视频号等视频平台，直播发布视频化广播节目，把能听又能“看”的广播节目提供给听众，从而实现了广播节目内容的可视化、场景的多元化、交互的即时化，大大拓展了广播传播的渠道和载体形态，音视频的融合在广播节目中得以实现。这实实在在地催生了具有互联网基因的“新广播”，为构建广播新生态提供可能。下面，笔者就安徽广播节目视频化探索推进工作一年多来的实践收获谈几点思考。

一、我们的机遇

对于融合发展，今天我们都在同一道起跑线上！经过一年多的实践和探索，我们认为融合发展的时机和条件已经具备，关键是我们要明确什么样的方向和途径。

（一）政策机遇

2013 年 8 月 19 日，习近平总书记在全国宣传思想工作会议上，首次提出加快传统媒体和新兴媒体融合发展。此后，总书记又亲自谋划、指导、推动媒体融合发展。尤其是2020年6月30日，习近平总书记主持召开中央全面深化改革委员会第十四次会议时强调，推动媒体融合向纵深发展，要深化体制机制改革，加大全媒体人才培养力度，打造一批具有强大影响力和竞争力的新型主流媒体，加快构建线上线下一体、内宣外宣联动的主流舆论格局，建立以内容建设为根本、先进技术为支撑、创新管理为保障的全媒体传播体系，牢牢占据舆论引导、思想引领、文化传承、服务人民的传播制高点。2020年9月，中共中央办公厅、国务院办公厅印发《关于加快推进媒体深度融合发展的意见》（以下简称《意见》），媒体融合成为国家战略，提出媒体融合发展的时间表、线路图。《意见》指出，要推动主力军全面挺进主战场，以互联网思维优化资源配置，把更多优质内容、先进技术、专业人才、项目资金向互联网主阵地汇集、向移动端倾斜，让分散在网下的力量尽快进军网上、深入网上，做大做强网络平台，占领新兴传播阵地。安徽广播出台的《安徽省加快推进广播电视媒体深度融合发展三年行动计划(2021—2023年)》等政策措施，给予了我们媒体融合实践强有力的支持。

（二）技术机遇

我们处在移动互联网时代，移动互联网已经成为信息传播的主渠道、新闻竞争的主战场与舆论宣传的主阵地。互联网发展经历了三个阶段：即由传统互联网（通过固定网络，服务终端为PC机，解决的是数据传输）到移动互联网（利用3G、4G技术，通过智能手机，解决的是生活服务问题）再到目前的智能互联网发展（由移动互联、大数据、智能学习组成的一个智能服务体系，是网络、感应、数据、人工智能的综合体）。技术赋能为视频化提供强大支撑和可能，机会就在眼前！

（三）行业变革机遇

广电变革技术引领，行业变革必须因时而变、因势而变，错过了4G机会的广播电视不能再一次错失良机，必须抓住5G机会，充分利用移动和智能互联网带来的巨大机遇，才能在创新、改革和竞争中生存和发展。《2021中国音频用户全景调研白皮书》显示，2016年至2021年上半年，全国音频传媒市场用户规模与渗透率持续稳步扩增。渗透率在2020年首次超过50%，用户规模超过7亿。音频内容影响力持续增强，为音频传媒市场的发展奠定了坚实的用户基础。行业变革迫在眉睫！

（四）社会需求机遇

截至2020年12月，我国网民规模达9.89亿，其中短视频用户规模为8.73

亿，社会需求空间和发展潜力巨大；《中国互联网发展报告（2021）》显示，2020 年，中国网络视频市场规模达到 2 412 亿元，同比增长 44%。短视频作为 5G 时代的典型传播互动媒介，行业用户规模和用户时长仍有提升空间。

面对巨大的机遇与挑战，广播平台需要因时而变，顺势而为。2020 年 7 月，安徽广播成立安徽广播序列视频化工作小组，经过几个月的调研分析，结合广播特点，我们提出了广播节目视频化工作的思路和构想，广播融媒改革进入实质性阶段。

二、我们的探索

专业调查发现，当前用户对广播频率的收听兼具集中化与多元化特点，音乐、新闻、交通类频率是用户收听的三大主流类型频率，生活频率收听偏好在城市用户中排名前四。同时，广播收听设备具有明显的网络化特点，除车载收音机外，位居前列的均以网络收听为主，其中智能手机是最主流的收听工具，占比超过 80%。在短视频急速发展的今天，单一音频的传统广播如何与时俱进？广播节目视频化成为必备选项，广播要做到“能听能看”才能在激烈的媒体转型竞争中占有自己的一席之地。

有人说，音频是制造人与人之间的连接，视频的关键在于观众的融入。笔者认为，广播节目视频化指的是广播打破传统媒介壁垒，利用移动互联网端的各种视频手段对广播节目的传播、服务性、交互性进行颠覆性改变的一种媒介传播方式。用通俗的话来说，视频化可以使广播节目离听众（用户）更近一点，让听众感到更亲切一点。从操作上来说，广播节目视频化就是要做到：

（1）用互联网思维运营广播，坚持移动优先、用户思维，以生产适应移动人群需要的内容为目标；

（2）以适应融媒发展为先导，进行生产流程的再造；

（3）打破原有的广播生产形态，坚持音视频内容的多屏互动、矩阵传播。

通过打造以新闻、音乐、交通等频率为代表的具有强大影响力和竞争力的垂类新型广播媒体，拓展移动端平台建设，开辟一条适合安徽广播融媒发展之路。

2020 年 9 月起，安徽广播各频率按照“统一规划、分步实施、特色推进”的思路，有计划分批次启动视频化工作。安徽交通广播率先试点，安徽音乐（戏曲）广播、安徽新闻综合广播、安徽生活广播随后跟进。这四个频率依据自身特色，分别以“新闻”“陪伴”“民生”“时尚”为宗旨，打造各自的个性化平台。其中，新闻综合广播立足权威视频化新闻报道，进一步发挥“问政江淮”的品牌效应；音乐（戏曲）广播深耕垂类，凸显音乐戏曲独特优势；交通广播主打各类突发应急的第一时间视频发布，强化应急广播的品牌；生活广播专注城市上班一族、时尚人群生活消费需求。多档垂类节目直播，听众互动积极，视频化直播反响良好。

今年以来，安徽经济广播、农村广播等其他频率分别和视频化先行者结对，学习借鉴他们的经验。至3月，安徽广播完成所有频率整体推进视频化工作。

目前，我们正在进行视频化深化、细化工作，形成可供延展和复制的工作模式和市场运营模式。同时，深化音频移动传播的研究应用，实现音、视频双轮驱动，向着视频化广播的最终目标迈进。

节目视频化进一步增强了广播受众的黏性，有利于广播形成传播闭环，促进收听率的提升，提高经营合作吸引力。

视频化与可视化比较，有以下不同：

（1）可视化外延更广，是个技术词汇，视频化相对较窄，是个传播词汇；

（2）视频化的核心是内容，可视化的核心是技术；

（3）视频化更多的指小屏，可视化更多的指大屏；

（4）相较于可视化，视频化更适合移动用户快闪式的阅读习惯，拆解霸屏现象，做足小而精是视频化的主要功能和使命；

（5）视频化能最大限度地解放受众个体自娱自乐自播的新鲜感和分享心理，因此相较可视化，视频化在自媒体和社交媒体上更受欢迎，使用活跃度更高。

两者之间的联系用一句话概括就是：视频化是运用可视化手段呈现内容的新形态。

三、转变：催生广播新生态

生态一词源于古希腊，意思是我们的家或我们的环境。简单地说，是指生物在一定的自然环境下生存和发展的状态，以及它们之间和它与环境之间环环相扣的关系。媒介生态是传播过程和互动的各种关系。广播新生态就是植入互联网基因的广播焕发出的生机和活力。

经过一年多的实践，节目视频化基因和互联网基因的植入给安徽广播融合发展带来崭新的气象，广播人焕发出前所未有的动能和活力，面对全媒体时代的竞争和挑战信心更足、动力更强。从实践成果来看，构建广播新生态带来的转变主要体现在以下几个方面：

（一）改变广播传播理念

广播节目视频化打破了广播工作的传统理念、思维方式、生产方式，打破了传统广播工作的创意局限，音视频的双渠道平台涵盖了人类视听的大部分范围，思路更加开阔、表达手段更加多元化；改变了听众对广播的认知和接受方式，极大地丰富了平台信息和表达方式、增强互动性，满足听众想知道“谁在说”“怎么说”的好奇心，普通用户能够更加贴近主流媒体的核心，由远听变成了细瞧，有效地优化了接受体验和习惯。

（二）重构广播的工作模式

广播节目视频化改变了广播的工作布局、内容策划、专业队伍调配等传统的工作模式，实行与电视新闻中心的“六统一”工作模式，它不仅使广播生产的前后期概念发生了质变，也对广播工作者提出新的技能技术要求，视频化的装备成为标配，技术对广播发展的引领体现得更加明显。

广播视频化内容生产形式多样，除常规的节目直播、慢直播，还结合线下特色活动直播、应急突发直播及符合各频率定位的视频内容生产等。同时，面向全平台打造一批明星广播主持人，打造优质网生 IP，面向新媒体端开展“直播 +”“短视频 +”等运营业务，推进粉丝经济转化，形成个性化品牌集群，扩大广播影响力。

如果说，内容为王就是展示人的内在精彩，那么视频化场景则是展示外在的精彩。

（三）构建广播表达的新形态

广播节目视频化可以实现“音频播报 + 即时新闻 + 音频外现场画面镜头（或相关资料镜头、慢直播镜头）”等视频内容的联动，展播更多信息，增加直播单位时间内的信息量。内容的可视化、场景的多元化、交互的即时化及 5G 技术的应用，给广播节目的视频化带来意想不到的新境界，也使广播从地域性传统媒体成为全域化传播的融合媒体。

此外，广播节目视频化把传统广播单纯的音频表达转化为“音频 + 视频”的“双语言”表达新形态，加上广播天生具备的低成本、可移动、伴随便捷化等新媒体特质，从而使传统广播进化为一种全新的媒体形式，构建广播的新生态系统成为可能。

（四）促进广播商业运营模式创新

广播节目视频化解决了传统广播商业营销的片面化困境，培育直播电商、短视频有偿订制等新的广告经营增长点，打开并大大延伸拓展了服务空间和平台产业价值；在加强与移动互联网头部平台的合作的基础上，嫁接好平台资源、内容资源和主持人资源，打破自身区域界限，吸引更多用户。

（五）推进广播机制体制变革

广播节目视频化倒逼广播工作机制、管理模式、绩效考核、人才选拔使用、市场运营等诸多方面的改革，最终目标是在事业体制内实行灵活的市场机制、人力资源和分配机制，实现事业、产业有机统一、良性互动。

四、存在问题

探索实践的过程是一个不断发现问题和解决问题的过程。理念的转变依然有个过程，需要不断强化；模式融合存在一定程度的“两张皮”脱节现象，需要在顶层设计上考虑周全；整体资源如何与市场更好地接轨，全序列与各个垂类平台的统筹、机制创新如何更快更好地服务创新发展等问题和困难，都需要我们在今后的实践中不断解决、提高和完善。

结　语

处在数字化智能化时代，移动互联网的高速发展给媒体融合发展提供了大好机会。如何加快推进媒体深度融合、壮大主流舆论阵地，如何找到一条适合广播的融合创新之路，是我们必须面对的重大课题和职责任务。

我们的目标是通过认真组织、整体推进视频化工作，到“十四五”中后期，建成全覆盖、多形态、手段先进、具有影响力的广播节目视频化传播矩阵，构建布局合理、垂直有序、特色鲜明、形态多样的融合发展新生态。

广播的业态之变，不止于音频！

在这里要强调的是，安徽广播在推进广播节目视频化的同时，还组织专项小组紧抓音频的深化工作，即在抓好视频内容生产的同时全力推进音频的移动传播工作，力争使广播的移动传播、智能传播成为新广播介入新基建的一部分，解决广播全域化传播的历史局限和难题。

广播已变，不再是单纯的线性和单一音频形态的广播，它的新生态表现出它已是和多种传播介质联系起来的全媒体新广播。在媒体融合背景下，新广播的边界和跨界空间可以最大化，不再拘泥于语言、音乐、图片、图像等，视频化为传统广播装上了一双新翅膀。

广播的融合创新，技术引领下的内容为王才是根本。

我们一定要坚持把满足人民群众对美好生活新需要作为奋斗目标，推动音视频生产在节目内容、技术、人才、平台等生产要素方面共享融通，实现由节目向产品、由听众向用户、由传统传媒服务向现代化媒介及综合信息服务的转变。

视频化广播才是我们追求的目标！

（作者系安徽广播电视台党委委员、副台长）

“广播可视化”的在地实践与反思

——基于对五家广播频率的实地考察

冯　楷

摘要：为探究中国“广播可视化”的实践情况，笔者对五家广播频率展开了实地考察。基于深度访谈、焦点小组等研究方法的开展，本研究发现当下的“可视化”已与过去产生了较大的不同。现有实践通过实现媒介形态的叠加，为广播电台注入了视觉属性，进而实现了对传播与商业的重构。当下的“广播可视化”集纳了不同时期直播媒介的优势，也更符合当下广播融媒转型的进路。基于在地实践，本研究提出了声觉与视觉、听众与观众、频率与平台、频率与机构这四组有待在“广播可视化”实践中进一步明晰的关系。

关键词：广播可视化；媒体融合；商业；声觉；视觉

自2014年媒体融合大幕开启，“广播可视化”这项系统性工程已在国内媒体中开展了生动的在地实践。从早期的体制机制改革到如今的内容与技术精进，媒体融合一直在向更强的实效发问，一线从业者也正努力利用融合解放生产力、提高产能，重新抢占互联网中的话语权。“广播可视化”伴随着移动互联网的浪潮，也同时伴随着媒体融合的进程。它让主持人在主持、音频导播的身份基础上又扩充了视频导播、演播室布景等身份。从本源上说，它符合广播融媒制播的大趋势。

为了探究中国“广播可视化”的在地实践情况，笔者分别实地考察了已在“广播可视化”路径上展开实践的L省D市（2020年2月、2020年6—8月、2021年8月）、G省S市（2021年6—7月）、S省X市（2021年10—11月）、G省Z市（2021年11月）、G省Z市（2021年11月）的共五家广播频率。研究采用深度访谈（7次）、焦点小组（3次）等质化研究方法，全部采用线下实地展开，受访者为12位广播一线从业者，包含上述五家频率的总监、主管“广播可视化”的负责人、利用“广播可视化”开展节目的主持人。

表 1　本研究访谈对象构成

受访地区	频率总监	可视化负责人	主持人
L 省 D 市	1	1	2
G 省 S 市	1	1	—
S 省 X 市	1	1	—
G 省 Z 市	1	1	1
G 省 Z 市	1	—	—
共计	12		

需要说明的是，本研究在研究对象的选择上追求多元化，对地面广播频率的考察不局限于资金支持充裕、实践成效明显、融合效果较好的头部广播频率，一些正在摸索“广播可视化”实践的二三线城市广播频率也被纳入考察范畴。力图在研究中发现更为严谨的结果，并能关注到一些广播频率在实践中遇到的真正痛点和难点。

一、旧有“可视化”方案：从实景可视到网端可视

（一）实景可视

在中国广播的发展历史上，广东珠江经济台创造了第一个户外直播室，并开创了以大版块热线电话、主持人直播为主要特征的“珠江模式”。户外直播室可以看作“可视”的雏形。在数字化尚未完全应用的时代，它更强调物理空间的“可视”。

这种实景“可视”，与电视的“鱼缸式”演播室具有相似之处。它从空间上打破了内容生产者与受众的隔阂壁垒。从听到声音，到看到活生生的人进行播音，这种转变的力量从某种角度上说是回归了人际传播的本质——人与人的交流。此外，在受众参与上，当街景演播室成为现实，来到线下的演播室无须再走过台内的多重烦琐程序，受众可以更方便、更快捷地参与节目互动。

（二）网端可视

网端可视生发于 2015—2016 年的网络直播风口。2015 年网络视频直播平台迎来井喷，短期内聚拢了较高的用户活跃度。这也为“广播可视化”带来了天然的数字化创设契机。据考察，当时最为主流的是利用主持人本人的社交账号（如一

直播、抖音直播等)、360 水滴直播（已因隐私侵权问题停止运营）等展开。

网端可视的初期，台内与平台端都没有给予太多的限制，因此主持人的自由性较强，这也直接导致了一系列问题的产生。其一是场景之间的割裂。比如2017年，D 市融媒互动节目《有球必应》以实验性质尝试播出，但收效甚微。在这一节目中，主播在直播中带着观众一起看球，直播间背景摆设着一个电视，观看小屏直播的球迷即可看到主持人和背后电视中的比赛情况。然而效果不佳的原因在于：直播的用户无法在广播直播间的侃球场景前景和赛场的环境场景后景中获得统一的视听感受，两者之间存在较大的割裂。此外，直播间内电视画面传导到小屏上分辨率不够、比赛环境音缺失，损失了后景的质量，也会使一部分用户失去停留兴趣，因此它陷入“广播可视化”的一个死胡同。

理想的样态是像一些网络主播直播那样实现两个场景融合，不过这需要面对传播版权、高级技术、资金支持等问题。但有个思路是需要明确的：在这种足球赛事直播中，用户思维下的核心是赛事。观众的本质需求是看球赛、获得球场的信息，赛事直播中的主持人永远不是主角而是辅佐。

其二是早期的网端并未真正实现声觉空间与视觉空间的充分融合。一方面，当时的“可视”只是一个监控摄像头一般的存在，这一行为使得被监视的广播主持人趋向于福柯所言的“一种有意识的和持续的可见状态”[①]。“那时候直播还没有那么火，但是它更像是一个安在直播间的监控。(访员 6)”另一方面，它与广播频率借助蜻蜓、阿基米德等广播 App 扩大传播声量一样，仅仅完成了另一个渠道的扩增。这些弊端也直接导致了早期的网端可视收效甚微。

二、“可视化”的在地新实践：从声觉媒体到视觉媒体

（一）声觉扩容：“系统技术搭建”实现的可视新实践

经历了上述的两个阶段，“广播可视化”于近年开展了新的在地化实践。在数字化快速推进的当下，“可视化”必须依托强大的智能系统。而对于传统广播来说，技术搭建便是最为核心的攻坚点。目前国内“广播可视化”主要有两种搭建方式：

一种是延续着媒体融合“造船出海”的策略，由媒体机构启动专项资金、招纳相关技术人士完成平台的搭建；而另一种则更为常见，即第三方平台利用自

① ［法］福柯著，刘北成、杨远婴译：《规训与惩罚：监狱的诞生》，北京：生活·读书·新知三联书店，2003 年，第 226 页。

身的技术优势辅助地面广播频率完成“可视化”的技术架构。“TJ”平台是当下在全国广播频率中占比最大的“可视化”应用，它于2019年上线，在2020—2021年快速向地方广播媒体推开，为广播搭建符合5G技术的融媒解决方案，实现从“听”广播到“看”广播的转变。通过类似于网络直播的界面设计，听众可以实时看到演播室的场景，并可以通过投票、连线等多种互动玩法参与到节目中，从而搭建起全新的融媒体广播聚合平台。

（二）视觉建构：传播与商业的逻辑转向

当下，利用视觉空间的建构，各地广播频率正在开展本土化的丰富实践，重构传播逻辑。最为常态化的“可视化”便是建立与电视线性播出相同的传输逻辑，实现常态化的视频直播。同时，一些节目中也在利用着平台所赋予的更为强大的功能实现实践的进阶。

比如，X市和Z市都在汽车选购保养类节目上将“可视化”实践更进一步。利用平台的直播连线功能，主持人连线正在4S店的前方记者，记者就可以用手机镜头带领正在看视频直播的观众一同来体验所介绍车型的内部情况，实现了如同电视连线一般的效果。

同样的连线也应用于一些特别策划节目，如X市在直播间内举行的“非遗”文化特别节目，嘉宾带着当地特色美食走进直播间，边吃边介绍特色食物与众不同的口感。对于观看者来说，这显然可以调用更多感官来参与到相关话题的讨论。笔者观察发现，直播中还会不时插入播出记者此前拍摄的短片播放，处于广播端的听众，也可以听到相同的声音。同时，直播间主持人与嘉宾之间机位的切换，也采用平台的导播系统实现了更具电视专业性的机位调度。

我们可以发现，将广播做成电视，却不等同于传统电视的复杂生产逻辑。小屏直接可以展开的直播，内容无须通过生产、加工、上载、播出等流程化体系便可轻松实现。它继承了广播小巧轻快的特点，但更具灵活性。

利用“广播可视化”，商业逻辑也在发生着重构。在传统媒体生存空间被不断挤压的当下，传统广播的广告收益日渐压缩。但考察中发现，“可视化”给予了各大频率弥补收益下降的契机。比如D市通过在王牌节目的视频直播中加挂赞助商的角标，利用直播间的桌子摆放实物广告宣传牌等，由此实现了自身广告分销渠道的扩容。再比如X市是通过与相关政府服务部门合办视频直播节目来盈利的。其于今年11月为该频率的一档相亲节目打造了视频直播活动专场，由当地工会协办并提供资金支持。视频直播的方式实现了直播间与多个分会场的实时联动，也为广播节目创造出从未有过的互动效果。[“我们这档相亲节目是办了11年的老牌节目了，因为受众范围主要为当地及下设区市县的单身男女，影响力挺大的，收听率也很高。此前广播效益还不错的时候会有一些生活用品类、地产类的广告，现在几乎都没有了。但我们这次借助这个相亲活动，确实又获得了收益，只是转换了一种方式。（访员6）”]

显然，用视频直播的方式来做广播节目成为一种广播电台实现商业逻辑转向的方式。在市场营销的实践中，“拥有可视化平台以及平台上的观众”也成为一个具有较强说服力的游说手段。“我们把拥有‘TJ’平台作为一种服务。（访员11）”

可以见得，当下的“可视化”实践，已经与过去的“可视化”产生了较大的不同。现有实践通过实现媒介形态的叠加，为广播电台注入了视觉属性，进而实现了声觉空间和视觉空间的统一。

利用视觉屏加挂角标实现创收、通过媒介叠加实现对广告客户的游说，使广播与传统的电视媒介相似度更高。不过尽管其具有了电视媒介的属性，但其轻量化的制作与随时可启动的便捷性实际上更贴合移动小屏直播的特点。可以说，当下广播可视化的在地实践是集纳了不同时期直播媒介的优势，也更符合当下广播融媒转型的进路。

三、“可视化”的深度思考：有待进一步明晰的四组关系

（一）声觉与视觉：强化“工具”属性的合理调用

有学者认为：“广播可视化”后，其作为纯粹听觉媒介的主体性被改变，广播变得和其他视觉媒介几无二致。以可视化的方式突出声音，实际上是以牺牲广播的主体性来强调图像等内容要素，广播失去了因声音灵韵而具有的吸引力和不可替代性。①

学界这一思考的背后是直击对“可视化”本身对与错的探讨。而在业界实践中，推动“可视化”更多的是基于自身的长远发展需要考量。当把“可视化”作为一种可以调用的工具，其使用的频次与层级也就具有了参考的依据。

比如为了将“可视化”的价值发挥到最大，X市还从2021年9月起专门开设了一档为“可视化”而生的政务访谈节目，邀请相关单位负责人进入直播间。访谈性质的节目，更具直播的实时互动感，也更适合实践这种“可视化”方式。“广播确实以声音为主，但如果某一类型节目很适合可视化的展示，可以创收，我们就尽量用好这一工具。（访员7）”

① 高贵武、刘娟：《“去广播化”？弹性生产策略下广播主体性的消散和重建》，《编辑之友》2021年第9期，第37－40页。

笔者在研究中发现，对于广播电台演播室的新鲜感是吸引很多用户下载软件参与视频直播的驱动力。但用户的新鲜劲一过，不再愿意打开 App 便成为必须考虑的问题。笔者发现一地体育广播的运动节目在讲授相关运动姿势与方法时，视频直播便可以实时展示相关健身人士的教授画面，这与本次考察中关注到的汽车节目连线 4S 店、政务节目通过直播让观众更好地看到嘉宾的发言有异曲同工之处。让线下直播间热闹起来，便可以利用视觉空间提供无法通过声音表达的附加信息。

此外，笔者考察中发现到 S 市和“TJ”平台都更具未来的前瞻性，对于未来智能车载系统的场景设计已经有了相关的打算。S 市广播相关负责人谈到，S 市本地拥有至少 350 万车主，传统广播也依托这一群体实现了狭窄生存空间下的逆势增长，这一成绩来之不易。但是，其自建平台的战略布局是要着眼思考未来 5G 全覆盖下车联网的应用场景。“当未来的私家车不再安装传统 FM，广播就可能失去这一最为重要的收听群——‘渠道消失’这一巨大的隐患时刻提醒着团队。（访员 9）”因而，S 市努力研发车机版应用，便是希望完成手机与车机内容的联通，提早布局未来的智能汽车市场。

（二）听众与观众：获得感更强的互动关系

第二个需要明晰的关系便是听众与观众。移动智能手机尚未普及的时代，广播互动交流的方式是发短信。自媒体兴起的时代，交流的方式是给公众号后台留言。而到“广播可视化”时代，广播人需要思考互动如何同时兼顾到参与传统渠道的听众以及参与新兴渠道的观众。

一方面是传统的文字互动。本研究涉及的几家电台所使用的“可视化”平台虽然都有互动功能，但上面零散的互动文本大多都未进入主持人的视野，“可视化”平台上可以实现的双向互动又变回了大众传播初期的单向传播。而加上第三方电台应用的泛在，使得网端的互动变得更为分散。

一线的苦衷在于网民对下载 App 方能互动的排斥（访员 1、访员 10）、广播互动参与度的日益下滑（访员 8）、“可视化”平台影响力的欠缺（访员 2），这些都使得“可视化”平台虽然在界面布局上日趋完善，互动热度却始终不高。本次考察中，D 市的一档有着 10 多年历史的广播节目有着比较成功的实践：当主持人在平台应用的初期大力宣传之后，很快很多已习惯以公众号后台留言方式参与互动的听众就实现了方式的转变。2021 年春节前的最后一期节目，两个小时全部打通给听众留下新春祝福，“可视化”平台上的留言始终未断，主持人也不断地在念来自该平台上的留言。互动热度在“可视化”平台上的持续源于互动内容与节目进程的同步性，强化观众的实时参与感；同时也在于赋予“可视化”平台上的互动内容优先级。在保留两个互动渠道的基础上，“可视化”平台上的互动文本有机会更快进入节目的线性播出中。

另一方面是人际沟通的眼神互动。摄像机镜头前的传统广播人往往有抗拒心理，缺少镜头感和对听众的人文关怀。[①] 但笔者在密集观看相关直播时发现，也有一些频率在“可视化”平台上很强调网红秀场或生活直播界面中的人际交流方式，部分电台“可视化”后主持人会和摄像机前的观众有眼神的交流。如一电台的夜晚音乐节目，主持人从坐着播音变成了全程站着播音，并跟随音乐轻轻摇摆，这一做法赋予了观者更强的场景嵌入感，仿佛置身于酒吧面对着一位热情的 DJ。而当念到视频直播平台上的留言时，主持人也会更有意识地将眼神瞄向摄像机的方向。可以说，视频直播节目主持人成为节目与用户共同建构的交流空间的操盘手。[②]

是否需要进行眼神互动？对这一问题，考察中的几家广播频率表现出了一定的分歧。“我们没有引导主持人必须和视频直播中的观众交流，这个还是比较随缘，偶尔会看摄像头，视节目类型而定。（访员 8）”“其实应该是有这种互动的，但是广播主持人长期养成的随意习惯，一时间改过来很难。（访员 4）”“我觉得看镜头太死板了。（访员 12）”

从对实践的考察来看，给予视频直播端上观众的互动文本和驻足观看行为足够的重视与反馈，或许才会使得“可视化”平台能够拥有延续性的热度和持久的活力，而并非仅仅是广播实现“新媒体化”的渠道扩增。

（三）频率与平台：互相获利的良性关系

根据考察，目前全国大部分地区的“广播可视化”大多都是基于第三方平台搭建技术，同时将自身内容端口放到该平台上实现“可视化”。能够自建平台的多集中在财政支持充裕、经济发展较好地区的城市。而这种与第三方商业平台的合作，一般都是平台主动联系相关电台开展，随后彼此保持长期的沟通交流，平台方会及时解决相关的技术问题。

自媒体融合施行以来，有关“造船出海”和“借船出海”的争议就一直未断。实际上在“广播可视化”的推进过程中，虽然广播电台看似将自身的流量移植到了其他平台上，但双方是立足于各自的利益诉求所生发出的一种良性关系。

“我们自身的担忧一定会有，觉得这不是自己家的东西，但是这个通俗一点说是‘相互利用’，我们需要更大的影响力，他们也需要流量支持。（访员 10）”

“自建平台需要技术支撑，不是每一个地面频率都有这样的人力和物力。所

① 李申建：《融媒体时代冲击下广播节目的适度可视化探讨》，《传媒》2018 年第 6 期，第 37 – 40 页。

② 李秀磊：《可视化广播主持人的坚守与改变》，《中国广播电视学刊》2018 年第 1 期，第 82 – 83 页。

以专业的人做专业的事，我们没有这个基础，他们来做开发，我觉得是一种互补。(访员 6)”

此外在实践中，这种与商业平台的关系进一步促成了平台化的加速建设。从控制论的观点来看：“人不断地按自己的个性推动媒介改革，使某一媒介产生变革并更好地服务于有相同个性特征的人群，良好的服务又会使这一媒介吸引更多的个性人群。”① 一个媒介产品只有重视每个个体的实际用户体验，才会推动产品的质量呈持续的优化态势。在第三方平台诞生初期，很多功能并不完善，相关的设想也比较欠缺。而广播电台在地化的实践与应用，也不断生发出新的技术需求和功能需求，比如更稳定的网络传输信号、更丰富的直播界面设计、更多的景别机位调度等。这些需求推动着第三方平台加速改良升级。而在这一过程中，广播频率也参与到了平台化的建构过程。

“我们是最早一个阶段使用第三方可视化平台的，相当于是给他们免费推广。在最初装机的时候我们只是初步了解，后来我们是带着研究的角度去使用这个平台，平台只是提供了一个‘说明书’，我们再不断去想利用现有功能还能开发什么。(访员 6)”

（四）频率与机构：复杂机制下的边缘突破

在各家频率“可视化”快速推进的过程中，笔者也注意到这些大多是由自身由下至上推进的。“我们是真正对广播还有情怀，想做点什么，才着力推进的。(访员 7)”“我是把广播当事业，于是才一次次说服领导去做可视化这个事情。(访员 5)”

由下至上的推进使得大多电台得到的回复都是肯定的，于是这也成为推进“可视化”最初的源头。而实际上，由下至上的这一过程也反映出当下媒体融合中依旧存在的体制机制割裂问题，机构内尚未实现高效的融合，导致每一个分支主体都在以一己之力推进融合，与台内其他下设机构并未产生更多业务的交集，在很多环节的处理上存在“假融合”现象。这在笔者研究对象的几家媒体中都存在着相似的情况。

本研究中的几个研究对象所属媒体大多都创建了自身的 App，力图实现“造船出海”。但在 App 中对广播的开发也大多只是嵌入了区域电台频率的实时收听和回听功能。但随着近些年数字化的普及，蜻蜓、喜马拉雅、阿基米德等音频垂直类 App 都已嵌入了用户所处位置电台和全国其他电台的收听功能，本地客户端的实际使用率并不高。

---

① 付晓光：《互联网思维下的媒体融合》，北京：中国传媒大学出版社，2017 年，第 113 页。

同时，这些 App 的开发与维护大多是由媒体机构内新建的融媒体中心负责，上文所说的业务割裂问题便再次凸显。融媒体中心与广播电台各自圈地建设，使得业务之间并未产生有效的交集。固化思路的打破存在一些利益冲突的阻力，但若是不将其颠覆重构，也就失去了融合生产的初衷，仅仅是完成了外表的融合而已。由下至上的推进，也侧面展现出媒体机构自建 App 的乏力。

由下至上虽然道路艰难，但确实反映出这些依旧具有务实作风的广播人努力在复杂机制下的边缘突破。而实际上由上至下的改革或许才是更好的路径选择与努力方向。“在媒体今后发展的过程中，你究竟希望我们是维持传统媒体还是让我们复制一个新媒体，这个必须明确。央媒会把下面所属公司的盈利全部投入新媒体客户端，虽然我们体量不一样，但至少动作思路可以统一，哪怕不全部引进来，我们也可以参照，引进一部分到新媒体的建设上。(访员 9)”

G 省 S 市依托城市技术优势资源，积极探索智慧广播场景应用，于 2020 年上线了自建 App。其把重心放在了对声音资源的全方位盘活，它不只局限于四大广播频率的收听、回听、互动，而是利用这样一个新建平台的契机，打造一个广播的总指挥，汇聚广播频率的既有资源，扩大传播声量。在实践中，这一平台为广播探索新路径——开展了近千场广播可视化直播，联合频率开展线下活动、联合外界力量打造广播新玩法。如 2021 年 5 月至 7 月与多家国货品牌联袂打造国潮系列项目，开拓广播带货的新模式，快速为品牌打造爆品，也同时为广播听众们筛选最优质最实惠的国潮产品。而同时，广播端对自建平台的宣介和导流，也为自建平台用户的拉新和筑牢新入口的根基提供了反哺。

结 语

“广播可视化”作为打开传统广播有效融合的突破口，必须加以强大的资源、人力与财力支持，单靠一小撮人的短期努力，不仅很难保证融合的质量与效率，也会在未来的流量入口竞争中错失有利地位。基于本次实地考察，笔者认为：“广播可视化”的在地实践已经融入了更多广播人的智慧与结晶，他们与平台共同努力，在各自的诉求达到满足的前提下完成了中国“广播可视化”的快速推进与初期建设。而放眼未来，最为关键的是重新定位“广播可视化”在媒体融合进路中的角色。唯有体制机制内提供足够的重视与支持，才能让“广播可视化”激活传播与商业的能量更加强大。

（作者系深圳大学传播学院硕士研究生）

服务型广播的演进与地市级交广可视化创新

——以 FM102.7 内江交通广播为例

朱　辉

摘要：地域性是交通广播区别于其他媒体的显著特点，面对新媒体发展带来的冲击，地市级交通广播的传播主阵地逐渐向互联网平台转移，内江交通广播顺势而为，探索转型升级的方向——以服务为根本，创新广播可视化。本文结合内江交通广播可视化的具体实践，对地市级交通广播可视化走向服务型发展进行探讨，并提出建议。

关键词：广播可视化；服务型广播；内江交通广播

近年来，移动互联网技术不断发展，其已经成为当下最主要的信息传播渠道，给传统媒体造成了巨大冲击和影响。在复杂的媒介生态环境中，地市级媒体作为我国媒体的重要组成部分，面对的压力也更大。FM102.7 内江交通广播是经国家广播电视总局批复创立的专业化交通频率，致力于打造内江上空最具感染力的声音，让人们逐渐形成“在内江开车，就听 FM102.7 内江交通广播”的理念。经过多年的发展，其目前已经成为内江地区收听率最高的广播，以新媒体为载体，以服务立台为导向，形成了多元服务模式，形成了“立足本土、服务地方”的独特优势。

一、服务型广播的演进与地市级交通广播可视化现状

（一）服务型广播的演进

服务型广播根植于广播内容的服务性。广播服务性内容是以帮助民众解决实际问题、满足民生需求、提高生活水平、提供生活决策服务为宗旨，涉及衣食住行各个方面。

1. 第一阶段：开办对象性服务节目

20 世纪 30 年代，我国出现第一批民营电台，开设了教育性电台、宗教性电台和商业性电台，以科普文化教育为主服务民众，这是最早的具有服务性质的广

播电台。[1] 1949 年，天津人民广播电台开办职工电台。同年 6 月，北平新华广播电台开办知识性节目——《自然科学讲座》，提供自然科学、科学技术等知识服务。中华人民共和国成立后，成长教育类内容为主的广播电台纷纷开办。北京人民广播电台、上海华东人民广播电台都开办了俄语讲座节目，天津广播电台开设《少年儿童时间》节目。20 世纪 50 年代后，广播电台开始提供对农服务，中央人民广播电台的《对农村广播》（后改版为《今日农村》）节目诞生，还有河北电台的《对农村广播节目》、北京电台的《对郊区农村广播节目》、江苏台的《农村节目》、甘肃电台的《农村广播站联播节目》、河南电台的《对农村联播》等。[2] 80 年代以后，广播开始提供普法服务，收到良好的听众反馈，中央人民广播电台的《法制园地》在全国收听率中排名第二。

2. 第二阶段：以服务理念办台

20 世纪 80 年代后期，激烈的市场竞争倒逼广播专业频率改革，广播内容越加丰富，以满足听众多样化需求，广播媒体逐渐从提供内容转向提供服务。随着国内多家广播媒体明确“为人民服务”的办台理念，服务理念深入广播媒体机理。最早明确提出服务概念的是珠江经济台，1986 年 12 月，提出“寓宣传于服务之中”的办台方针，同时开办《名人热线电话》《听众点播歌曲》《消费者之声》等热线服务栏目。1990 年，深圳人民广播电台在开播即提出“服务就是建台宗旨，服务就是建台风格”。上海东方广播电台将“服务、资讯、互动”作为立台之本。[3]

3. 第三阶段：以交通广播为代表的服务型广播频率崛起

1990 年以来，随着我国私家车保有量的提高，交通问题、交通配套服务成为国家、人民关心的大问题。学者肖锋提出，城市交通广播是为了适应交通服务和出行需要，为移动人群和城市交通管理提供信息与服务而产生的。[4] 同时，张云江等也认为交通广播的出现，是广播找到为社会服务、充分体现服务功能的结合点。[5] 从交通广播的功能来看，提供信息、服务交通，提供咨询、服务交流，传播专业知识、普及交通法，提供娱乐和汽车维权服务等，服务性质融入了交通

---

① 赵玉明：《中国现代广播简史》，北京：中国广播电视出版社，1987 年，第 23 页。

② 孟伟等：《广播内容传播：媒体融合视域下广播节目模式创新研究》，北京：中国广播影视出版社，2017 年，第 120 页。

③ 孟伟等：《广播内容传播：媒体融合视域下广播节目模式创新研究》，北京：中国广播影视出版社，2017 年，第 124 页。

④ 肖锋：《广播节目制作》，武汉：武汉大学出版社，2014 年，第 120 页。

⑤ 张云江、林玲：《依靠社会服务社会——羊城交通台广播改革的一点尝试》，《中国广播电视学刊》1996 年第 S1 期。

广播的机理中，可以说交通广播是一种服务型广播。[①] 1991 年，全国第一个交通广播频率——上海人民广播电台交通信息台开办，以定位准确、服务意识强、极具专业特色等优势深受听众喜爱。四川交通广播的《法制红绿灯》《车管面对面》通过对政策法规的解读向听众普及交通法规，答疑解惑服务市民。[②]

此后，交通广播与音乐广播、新闻广播成为广播电台最受听众欢迎的专业化频率。2020 年，广播用户选择的频率类型更为集中，交通广播的市场份额居首位，但较 2019 年略有下滑；音乐广播居次。新闻广播因疫情而在用户中的受欢迎程度有所提升，市场份额突破 27%，达近五年最高值。[③] 在移动互联网技术驱动下，交通广播可视化成为地市级交通广播向视频融合、以主持人影响力为核心竞争力的创新路径之一。

（二）地市级交通广播可视化现状

交通广播可视化的发展经历了场外直播、广播电视直播和网上视频直播三个阶段。南京交通广播在 2013 年 5 月与南京电视台合作打造的可视化节目《城市晚高峰·下班万万岁》开启了国内交通广播可视化的最早探索实践。

在短视频浪潮的冲击下，受众收受习惯逐渐被视觉垄断。在当下，路况信息早已不再是交通广播的独家资源，对于移动人群来说，把握实时路况是最迫切的需求。交通广播可视化以全新的信息播发方式，及时做好在地化服务的同时满足了听众的听、视觉双通道接收需求，在激烈的媒体市场竞争中赢得了一席之地。

为迎合听众的收听习惯，做好交通服务，FM91.2 郑州交通广播推出了多档可视化服务栏目。《都市早班车》和《交通互联网》多时段提供专业的路况信息，极具信息量和实用性，并与交管中心建立联系，把实时路况的画面呈现在终端上，另外还与市交巡警支队飞行大队合作，搭建起立体交通服务体系，让路况信息更形象，因此得到了大量用户的认可。CCData 和“听见广播”大数据中心联合发布的《全国广播频率融媒体传播影响力榜单》数据显示，郑州交通广播传播影响力在 2021 年 10 月位列第 2 名，[④] 成为地市级交通广播的排头兵。FM91.0 攀枝花汽车电台创台之初就十分重视自办节目的发展和节目服务性。在 2014、2016 年分别与蜻蜓 FM、360 水滴视频合作，开启视频直播，成为四川省内较早采用可视化直播形式的地市级交通广播。节目《910 路况信息》更是联合

① 肖锋：《广播节目制作》，武汉：武汉大学出版社，2014 年，第 122 页。

② 肖锋：《广播节目制作》，武汉：武汉大学出版社，2014 年，第 123 页。

③ 《2020 年中国广播收听市场盘点》，赛立信媒介研究，http://www.smr.com.cn/index.php/show-15-414.html。

④ 《全国广播频率融媒体传播影响力榜单》，“听见广播”微信公众号，2021 年 11 月 12 日。

交警部门与市民为车主及时提供路况信息，形成政府、媒体、市民与车主的四方互动。同时还专门开办出租车司机定向节目《的士俱乐部》，分别于上下班高峰期及晚间时段，为出租车司机营造良好的工作氛围。

作为天然的服务型媒体，交通广播具有较强的地域接近性，可视化思维让交通广播从传统媒体转型步入融媒体矩阵，把区域和行业壁垒打通，交通广播除了可以在线上直播间承载广告和活动宣传，也可以借助平台流量把线上内容延伸到线下，更好地为受众提供看得见的服务，增强用户黏性，开拓服务新形式。

二、内江交通广播“广播+”可视化服务实践

2016年2月19日，习近平总书记在党的新闻舆论工作座谈会上指出：“要适应分众化、差异化传播趋势，加快构建舆论引导新格局。要推动融合发展，主动借助新媒体传播优势。”① 内江交通广播在2019年10月进行升级改造，改造后的直播间除了传统的电台音频直播功能，还专门设置了演艺区和专业演播电控灯光，从装修风格和空间面积上满足可视化融媒体直播的需求，未来听众不仅可以通过调频信号听广播，还可以通过网络在手机上点播、收听收看精彩的广播节目，并于同年12月正式开始可视化播出。在技术不断发展之下，内江交通广播也对“声音”不断发掘，让声音的维度变得更宽更深，在以抖音短视频平台、“听见广播”App和“听内江”为主的平台上形成了“广播+”的可视化服务模式。

（一）广播+实时路况视频：形成多维信息服务体系

交通路况信息服务是交通广播的主要职能。《畅行早高峰》作为内江交通广播的主打节目之一，以向内江市民提供最新最全的路况信息为栏目定位，每周一到周五7:30—9:00播出，以“你不孤单，有我早安，good morning”为节目开场口号，给受众营造一种轻松的氛围。节目采用的是双主持人的形式，主持人以幽默诙谐的风格对交通情况进行解析，同时受众也可以在聊天窗口提供及时的路况信息，形成双向互动，积攒了节目人气。另外内江交通广播还与交警指挥中心建立联系，在全天节目中针对不同的交通峰值时段插播的实时路况信息频率也是不一样的：在朝夕交通高峰期是每10分钟播报一次路况信息，在日常交通平峰时期则是每30分钟播报一次路况信息，因时而变的播出机制能让受众在第一时间

---

① 王子晖：《习近平亲密接触新媒体释放了什么信号》，新华网，http://www.xinhuanet.com/politics/2016-02/22/c_128739415.htm，2016年2月22日。

了解到最准确的路况。

为加强实时路况播报功能，FM102.7 内江交通广播不断提升硬件水平，与市交管局和公安局形成合作，将视频监控系统引入微信公众号“听内江”。在“实时路况监控”端口分成了市中区、东兴区、桥梁和高速路四大版块，可以实时看到市内 28 条主干道和高速路的路况信息，把传统交通广播的可听信息转变成了视听合一的信息，一定程度上更利于受众掌握路况信息，为受众出行提供更具针对性的指导。

在新媒体传播迅速的时代，看得见的视频传播形式是受众接受度较高的形式，也是多维服务体系中的重要一环，FM102.7 内江交通广播在走向可视化的进程中顺势而为，把声音和画面结合，拓宽了受众对交通信息的认知维度。

（二）广播＋直播带岗带货：搭建政务民生服务平台

内江交通广播作为典型的传统媒体是由内江市委市政府主办的，其性质具有特殊性，作为主流媒体也必须体现党委政府的意志，做党委政府的耳目喉舌和与人民沟通的桥梁纽带，因此其与新媒体相比较而言具有更强大的公信力，人们对于以广播电视为代表的传统媒体也更具有忠诚度，在日常生活中为了让自己所陈述的事情更有说服力，老百姓通常会在话语中加上“电视里说的”“广播里说的”这类言辞，由此可见人们对广播电视这类传统主流媒体上所传递的内容已经形成了天然的信赖。

“听内江”把用户和广播媒体连接了起来，改变了既有的运行模式，开通了“生活缴费”“1027 优选”等端口。“生活缴费”端口链接了水电气、宽带费、有线电视费和固话费等版块，最大限度地做到一个终端多种服务。“1027 优选”端口与京东、拼多多、魔筷和有赞等第三方平台合作，为受众提供优质且性价比高的商品。通过第三方平台的小程序可以观看对商品的视频讲解和直播介绍，让受众全方位了解商品。

就业乃民生之大计，为了帮助待岗待业的市民，FM102.7 内江交通广播与内江市就业创业促进中心合作，在“听内江”公众号设置了“直播带岗”端口，开展《直播带岗　我们在行动》栏目，吸引了多家本地和外地单位参与到招聘中，为待业求职的适合人才搭建了一个官方平台。在直播招聘中，节目会邀请招聘单位负责人走进直播间，主持人也会根据互动窗口的情况，与负责人进行交流，最大化地为有意向的应聘者现场答疑解惑，除此以外还会在直播画面中以画中画的形式展示招聘单位的形象宣传片，让求职者对企业更了解。

直播是可视化的突出表现形式，内江交通广播依靠其本身主流平台真正做到了把听众转换成了用户，拓展了广播媒体在服务领域的内涵和外延。

（三）广播+短视频：构建立体综合服务矩阵

2017年移动短视频逐渐完成了第一阶段的资本原始积累，从2019年开始就逐渐走向成熟，其内容也开始往垂直化方向发展。经过多年发展，目前已经形成了以抖音、快手为主的短视频平台，聚集了较大用户基础，拥有着不容小觑的流量。内江交通广播可视化发展以抖音短视频平台为支撑，在2018年11月16日发布了第一条抖音短视频，介绍了主持人江玲，打破了原来“只闻其声不见其人”的壁垒，让受众看到了主持人的样子。

内江交通广播官方抖音号“听内江”近三年发布了91条短视频作品，吸引了2.2万粉丝，形成了《内将本地·新闻资讯》《内江美食探店·甜城好吃嘴》《内江红人馆》《甜城内江·城市建设》《醉美内江·城市风景》和《电台主播·有颜有料》六个固定的作品版块，涉及内容全面。《内江本地·新闻资讯》《甜城内江·城市建设》和《内江红人馆》是播放量较高的三个版块，分别达到535.7万、46.4万、31万，对于一个只拥有314万常住人口的地级市来说，取得几十万甚至上百万的播放量是对本地化服务局限的一种突围尝试。

《内江美食探店·甜城好吃嘴》是内江交通广播老牌美食节目，被称为内江美食的活地图，节目以公正客观的态度寻找内江最地道的美食，开办六年收获众多忠实听众，并衍生出《1027小厨房》《美食探店》等融媒体节目及线下活动。

内容是交通广播可视化发展的精华，只有针对性和高质量的内容才能赢得受众。FM102.7内江交通广播注重对本土化内容的打造和对本地区人文生活的服务，在抖音短视频的实践是把内容服务与平台有机结合，利用短视频平台流量优势凝聚用户，服务用户。

三、地市级交通广播走向可视化服务的启示

广播可视化是传统广播在融媒体时代转型升级的一个有益尝试，其积极与新媒体进行交互，形成了多元化的传播模式，极大提升了传播效果。FM102.7内江交通广播作为地市级交通广播的典型，依托主流平台，以内容为王，坚持服务立台，借助新媒体技术，探索出了一条较为成功的广播可视化路径。

（一）发挥地域性优势，深耕节目内容

地市级广播媒体是当地党委政府的耳目喉舌，对上连接党政，对下连接百姓。政治属性是传统媒体的本质属性，在媒体融合进程中，广播首先需要坚持党性原则，完成好上传下达的责任，其次加强广播内容建设，努力做到“立足本

土、服务本土”，真正意义上做到服务好当地百姓，让老百姓认可。

“以服务为核心，以本土化为导向”是交通广播的显著特点，其节目话题也需要听众积极参与才能不断深化。FM93.1眉山交通广播《牙尖舌怪》用眉山方言“摆龙门阵”，打造听众喜闻乐见的特色潮牌节目，创新开发旅游、休闲、美食、娱乐、段子等一站式的文化服务产品，无论是本地市民还是外地游客，听这档最地道的节目都可以更好地了解这座城市文化。

如今的交通广播受众已经实现了从受者到传受一体化的转变。手握方向盘的司机是交通情况的第一感受者，他们通过提供最新路况参与到交通广播的话题中，其中不乏一些趣味性的言辞，主持人可以以此来调动听众的积极性，尽可能使节目的本土风俗和人文气息增强，实现自办节目从“可听性”到“必看性”的转变。

（二）依托新媒体技术平台，延伸本土化服务

随着新媒体的发展，也出现了新的传媒生态，传统媒体也面临着前所未有的生存发展的挑战，针对此情况，各级党委政府都十分重视对传统主流媒体的扶持。对于传统主流媒体而言，也要结合党委和政府给予的各方关爱和帮助积极推动自身的转型升级，实现突围。

FM91.2郑州交通广播在公益服务方面一直在努力，在每年高考期间都会组织爱心车队免费送考，同时启动特别直播，为考生的出行提供信息保证；与河南省红十字会联合，邀请献血者和爱心企业走进视频直播分享爱的故事，吸引更多人加入献血队伍中。对于驾乘服务方面，在可视化呈现中嵌入本地汽车服务机构的第三方链接；与交管部门合作建立“违章查询”“事故快处”等服务端口；以微博微信等新媒体平台及时发布交通安全知识等，让地市级交通广播的服务性不断增强。

（三）精准定位，服务更具针对性

对于交通广播而言，精确定位可以增强用户黏性、加大节目可听性和提升服务针对性。因此，要精准定位还需要关注受众定位和主持人风格定位两方面。

受众定位方面，交通广播的核心受众群体是机动车的驾驶员，他们都是移动受众，具有碎片化收听的特性，因此广播节目要适应受众往小而精方向发展，增强受众的参与感。主持人风格定位方面，要求主持人具备广阔的知识面、活跃的思维、迅速的反应和较好的沟通能力，需要提高专业素养和驾驭节目的能力，不断学习形成属于自己的风格定位，打造出个人IP，拉近与受众的距离，从而更有针对性地为用户提供服务，增强用户体验感。

FM92.4 佛山电台是以交通服务为特色的广播频率，在每个节目版块中，根据主持人特点和受众需求，设置了 1～2 个短音频环节，播出后重新编辑、包装，分发到多个新媒体，变成可留存、可检索、可分享的移动互联网音频产品，如《等灯金曲》《默默读书》等，让服务更聚焦、更具体。

在融媒体时代，传统广播的传播优势被削弱，而地市级的交通广播因为更具有“伴随性、地域性、专业性、服务性”的特点，仍然拥有强大的核心竞争力。交通广播可视化实践就是把节目可视化、直播间可视化和主持人可视化，形成多元、立体的“看得见”的特性。近年来，车联网和 5G 技术的进步也助推交通广播的发展，所以在交通广播可视化转型中，地市级交通广播要坚持“立足本地、深耕内容、服务人民、凸显特色”的理念，充分利用新技术新平台，坚持服务的广播根本理念，以服务为核心去设置改版节目，提升服务质量，让地市级交通广播在复杂的媒介环境下也能保持较高的活跃度。

（作者系重庆师范大学新闻与传媒学院硕士研究生）

全媒体时代下自动化新闻在县级融媒体中心的价值、困境与发展路径探析

贺　一　刘卓靖

摘要：全媒体时代下，媒介融合是县级融媒体中心发展建设的重要依托，而自动化新闻作为媒介融合的创新性技术，对新闻产业发展有着深远的影响。因此文章对自动化新闻在县级融媒体中心的价值、困境以及发展路径进行探讨。本文采用深度访谈法，对三个县级融媒体中心的管理人员和基层记者进行深度访谈。研究发现，自动化新闻适用于县级融媒体中心且具有使用价值。针对县级融媒体中心目前的发展现状，自动化新闻能提高县级融媒体中心的工作效率以及新闻质量，同时又能节约一部分人力物力成本，所发布的新闻也能更加全面。而关于访谈者所提出的媒介属性限制、自动化新闻适用面窄等困境，笔者认为自动化新闻能够在发展过程中不断优化，突破属性限制；自动化新闻2.0具备叙事性新闻写作等解决措施。

关键词：全媒体时代；自动化新闻；县级融媒体中心

引　言

在全媒体时代和媒介融合的背景下，“十四五”规划强调推进媒体深度融合，实施全媒体传播并建好县级融媒体中心。至2021年，县级融媒体中心的发展主要是在打通媒体融合纵深发展的“最后一公里”，但在发展落实过程中，县级融媒体中心的建设困境逐渐暴露出来。例如，传统体制机制不再适用于融媒体中心发展，优秀人才不足甚至流失降低了新闻生产的活力；另外，由于经济、资源等基础条件不同，中东部和西北部发展不平衡现象愈发凸显，影响县级融媒总体进展和成效。[①] 目前，部分商业自媒体的发展已经超过了主流媒体，导致主流媒体的话语权被抢夺。同时，县级融媒体中心的人才问题依旧突出，记者的晋升渠道受阻，发展空间受影响，职业认同感被削弱，导致人员流失严重。而学术界针

① 黄艳凤：《县级融媒体中心建设的人才困境与新闻教育回应》，《传媒》2021年第2期，第84－87页。

对县级融媒体未来发展路径的研究主要集中在通过政策引导、深度融合、数据融通等方面，尚未有学者从创新型媒介技术的使用上解决县级融媒体中心的困境。

随着媒介形态的不断变化，受众对信息的需求不再满足于传统的信息传播模式，全媒体时代下技术的发展要求媒体提速改造以符合受众所需。自动化新闻、机器人写作、人工智能等创新性技术的使用为媒体的发展提供了契机。由于媒介融合是县级融媒体中心建设过程中最重要的依托，媒介技术的创新发展也在不断影响着媒介融合的深度和广度，因此本研究从媒介技术使用的角度出发来探讨创新型技术是否能改善县级融媒体中心的发展困境。而自动化新闻作为一种依托机器学习和人工智能技术的创新性技术在国内外已经有丰富的使用经验。在国外，自动化新闻人工智能技术已成为重振地方新闻业的重要工具。但在国内，自动化新闻仅在新华社、腾讯、今日头条等中央级媒体机构或者大型互联网公司使用，全国各地县级融媒体中心仍采用传统的媒介技术来从事新闻业务。

对此，本研究采用深度访谈法，分别对重庆市三个区县的融媒体中心的负责人和基层记者进行深度访谈。以此探讨自动化新闻在县级融媒体中心的价值、困境、发展路径，展望自动化新闻的发展未来。

一、自动化新闻简介

（一）自动化新闻概念

自动化新闻是一种将数据转换为叙述性新闻文本的算法过程，除了最初的程序编写外，全程没有任何的人为干预。随着人工智能技术的成熟发展，相关的算法也逐渐被运用到自动化新闻当中，通过链接或访问特定的数据库来实现事件的自动化叙述。机器使用软件、工具和算法解决方案，自动从简单的单词列表或是复杂的人工智能模型中挑选词汇完成新闻内容的创作。[①] 方师师在研究算法接入新闻业时，对新闻内容的自动化生产定义为在新闻生产流程中植入算法或机器学习技术，在代码和程序的作用下使新闻生产自动化的过程。[②] 综上所述，本研究将自动化新闻定义为依托机器学习、人工智能和大数据技术实现的，以数据库作为素材支撑的，模仿人类行文习惯，由机器独自完成从新闻素材选取到分发全流程的新闻生产方式。

---

① Marc Dos Santos. Automated Narratives and Journalistic Text Generation: The Lead Organization Structure Translated into Code. *Brazilian Journalism Research*, 2016, 12 (1): 150 - 175.

② 方师师：《算法如何重塑新闻业：现状、问题与规制》，《新闻与写作》2018 年第 9 期，第 11 - 19 页。

（二）自动化新闻从1.0到2.0

实现自动化新闻主要是通过人工智能的其中一个子域——NLG 技术实现。NLG（Natural Language Generation），即自然语言生成，可以完成从数据到文本的转换，这一过程在自动化新闻的领域中被称为“叙述”（Narrative）。这项技术事实上已经应用了相当长的一段时间，但仅限于在一些易于理解且有一定规律的新闻事件中使用，例如天气预报、财务报表、体育赛事结果等新闻文本较为模板化的领域。这种新闻往往成稿产出速度快且数量大，精确度高，但报道领域窄，文字模块化严重，每出现新的写作主题时需要重新制定一套新的写作模板，流畅性和灵活性较低，这便是自动化新闻 1.0 时代。而自动化新闻 2.0 可以将目前停留在生产描述性新闻阶段提高到能自动编写更复杂的新闻故事，即“事件驱动叙事”（Event - Driven Narratives）。自动化新闻 2.0 能覆盖更大范围的社会话题，信息量更大，提供了完全由机器编写完整的系列新闻故事的可能性。目前对结构化故事的多段探索研究仍处于初期，但完全可以推测，这种自动化新闻报道的生产模式一旦投入实践便很有可能在新闻业引发新一轮革命。

二、自动化新闻在传媒行业的应用现状

（一）自动化新闻在国外应用现状

自动化新闻在国外的发展已经十分成熟。除了在新闻行业领域使用外，还在各类科技公司、互联网公司中使用，例如 Narrative Science、Automated Insights、USAA 等。其中 Automated Insights 是一家向各种用户提供自动化新闻内容的公司。其创立于2007 年，最初公司名为“StatSheet”，主要从事在线发布体育新闻内容。2011 年更名为 Automated Insights，标志着开始面对企业生产自动化新闻。至 2016 年，Automated Insights 已经生产出超过一百万篇自动化新闻稿件。2014 年，美联社与 Automated Insights 合作，开始使用其 Wordsmith 平台来编写上市公司的收益报告，可在一秒钟之内由数据转换为可发布的美联社报道，Wordsmith 还专门根据美联社的写作风格制作了相应的 NLG 引擎。文章内容综合了公司新闻稿、分析师报告以及股票表现的信息，并在发布后的数小时内被主流媒体广泛转载。以往每季度只能生产三百篇的季度收益报告，如今通过引进自动化新闻，美联社已经成功生产出四千多篇报告。相关研究还显示，美联社的自动化新闻提高了金融市场的交易量。

（二）自动化新闻在国内应用现状

相比国外自动化新闻的应用，国内的发展情况还比较缓慢。在企业使用的广度和深度方面都与国外有一定的差距。2015 年 9 月腾讯开发出了在中文环境下运行的写作程序“Dreamwriter”，成为国内首个使用自动化新闻的平台，生产的稿件已经由机械性地从模板组装组合而成财经、体育类新闻发展到如今能通过机器自主学习并生成写作模板的社会新闻、影视新闻等领域。其他的互联网企业和传媒机构也相继推出了自己的自动化新闻，例如新华社的“快笔小新”、阿里巴巴的“Writing Master”、今日头条的“Xiaomingbot”等，但产出的新闻大部分都呈现出固定的标题格式和机械化的语言表达，需要进一步追赶国外相关研究进度，使得中文语境下能够生成更通顺、更贴近人类编辑风格的自动化新闻稿件。

综上所述，自动化新闻在国外的使用已经十分成熟，而国内对于自动化新闻的使用还处在探索阶段，仅在中央级媒体和互联网公司中使用，区县级融媒体中心还未使用自动化新闻，因此本文从技术的角度探讨自动化新闻在县级融媒体中心的价值、困境及发展路径。

三、自动化新闻在县级融媒体中心的价值、困境与发展路径

为了了解国内新闻工作者对自动化新闻的实际认识和对此的具体态度，同时探讨自动化新闻对县级融媒体中心的适用性，作者对三个县级融媒体中心的三位高层领导和三位基层记者进行了半结构化访谈。他们所担任的职位分别有新闻部主任、编辑部主任和采访记者，主要的工作内容都涵盖了常规的新闻采、编、播、导、审。受访者的工作经历各不相同，从工龄 20 年到工龄 2 年均有。访谈的问题围绕自动化新闻在县级融媒体中心的价值、困境和发展路径这三个方面展开。

根据对三个县级融媒体中心各层人员的访谈内容，我们整理之后发现，有两个县级融媒体中心的高层领导和一个基层记者认为自动化新闻适用于县级融媒体中心，而另外一个高层领导和两个基层记者认为自动化新闻适用于县级融媒体中心但还存在一定的局限性。

以下根据访谈结果，结合相关文献，梳理自动化新闻在县级融媒体的价值、困境和发展路径。

（一）自动化新闻的价值

1. 新闻生产效率的提高

受访者表示，县级融媒体中心每天的新闻生产量在 50 条左右，若将自动化

新闻应用于县级融媒体中心，新闻的生产效率肯定能有所提升。自动化新闻最突出的特征就是新闻稿件的大量产出和快速发布。如今我们正处于一个信息爆炸的时代，新闻机构迫切需要提高生产力和生产效率，从而获得更高利润，这也是自动化新闻出现的最基本因素，同时也能减轻新闻工作者的工作负担，不用再进行机械化、格式化的新闻写作。无论是人工进行新闻编写还是由机器编写，稿件的快速发布和大量的文字内容在所有的新闻稿件中都同样占据优势。

2. 人力成本的降低

整理相关文献可以发现县级融媒体中心目前最大的问题是人才问题，技术型人才缺乏、非专业人才冗杂。县级融媒体中心是基层意识形态工作的前沿，也是党和人民群众信息沟通的“最后一公里”，它的建设需要一支政治坚定、业务精湛、作风优良、理解新闻传播规律、熟悉新媒体技术的融媒体人才队伍。人才结构不合理、缺乏专业技术人才、综合能力有待提高等问题都直接制约着县级融媒体的深度融合发展。某县级融媒体中心的主任在访谈中称，自动化新闻的应用势必会带来人员结构的调整，使人员优化，降低人力成本。

3. 新闻更加全面

以体育新闻为例，在东京奥运会的赛场上，记者很难关注到每一场比赛，而机器人可以全方位地为每一场比赛进行报道，无论这场比赛是否有人观看。在互联网平台上新闻报道的长尾效应十分突出，即由于受众基数巨大，即使是小众报道其受众数量也十分可观。同时基于互联网平台的新闻传播对个性化新闻需求的满足也有利于用户黏性的增长。这也符合未来定制新闻、分众化新闻的大趋势。

4. 新闻更加严谨

对于经济、体育类的新闻，常常有许多数据需要整理汇总。记者在处理这些数字、图表时，常常因为数据量大而忙中出错。但是，机器人凭借其超强的运算能力，可以更高效地处理海量数据，且不容易出错。

（二）自动化新闻在县级融媒体中心的困境

1. 媒体属性限制

我国的媒体是由党和政府主办的媒体，是党和政府的宣传阵地，新闻舆论媒体的所有工作，都要体现党的意志、反映党的主张、维护党中央权威。县级融媒体中心是宣传党和政府的决策方针的重要阵地，是做好群众思想政治工作的重要平台。因此，某区县级融媒体中心编辑部部长访谈时说：“县级融媒体中心是党和政府在对基层群众进行政策、思想工作等方面宣传的喉舌，容不得一点错误，包括一个标点符号。我们不能保证自动化新闻不会出错，如果在不知情的情况下，把错误的消息发送出去，那将是严重的后果。”

2. 自动化新闻适用面窄

大部分受访者对自动化新闻的认知还停留在1.0时代。在他们看来，自动化新闻仅仅适用于一些固定模式下的新闻写作，例如天气、财经、体育等新闻。某县级融媒体中心采访部部长称："自动化新闻最大的影响就是生产不了好新闻。因为自动化新闻的写法属于模式化、固定式的，相对比较僵硬，要写出有血有肉、有深度、有温度的新闻，还是需要记者来写。"

3. 资金投入量大

自动化新闻作为一种创新型技术，从前期研发到后期投入都需要一笔不菲的费用。而县级融媒体中心作为事业单位，其主要收入来源是广告。对于经营不善的县级融媒体中心而言，这笔钱无疑是雪上加霜。某县级融媒体中心编辑部副部长在访谈过程中称："我们在疫情期间使用过AI主播，这一块是外包出去的，从前期设计到后期维护大大小小花费了20万元左右，若要使用自动化新闻，必定也要花费大额的资金投入这一块。"对于县级融媒体中心的高层领导来说，新技术的使用需要重新去适应和探索这种技术带来的新模式，在适应过程中又会花费大量的财力物力。

4. 技术型人才的欠缺

自动化新闻需要计算机技术做支撑，然而目前县级融媒体中心并没能具备计算机专业相关的人才，在访谈过程中，某县级融媒体中心编辑部主任称，县级融媒体中心的人员还是以传统的采、编、拍、播为主，所需的人才也是与新闻专业相关，没有专门负责处理大数据、5G或云计算技术类的人才，这也是县级融媒体中心所需要提升的地方。同时，对于专业性相关的人才，也面临着招聘困难等处境。

（三）自动化新闻的发展路径

1. 技术手段的不断优化

自动化新闻是经过反复的专业调试后才能在媒体机构运用的技术，在运用过程中，程序员会针对自动化新闻在使用过程中出现的问题进行反复优化。因此，自动化新闻将会不断完善，同时，县级融媒体中心使用自动化新闻后，大部分的记者将会转入审核岗位，对机器编写的新闻进行最后一道人工审核，这也保障了新闻的真实性和严谨性。目前，自动化新闻已经在《人民日报》和新华社等中央级媒体中应用，这也为今后普及自动化新闻这类创新性技术做铺垫。

2. 自动化新闻2.0的到来

现如今自动化新闻已经发展到2.0时代，相比于1.0，自动化新闻2.0生产的新闻稿件具有一定的故事性和情节性。这主要得益于自动化新闻算法模式的创新。Caswell David 和 Dörr Konstantin 在 2018 年首次提出了自动化新闻 2.0 的实现方法，可以将目前停留在生产描述性新闻阶段提高到能自动编写更复杂的新闻故事，即“事件驱动叙事”（Event – Driven Narratives），并通过具体的事件例子详细描述了两种具体的使用结构性事件的数据库“Structure Stories”的方法，应用对象分别为“特定领域内标准化的故事类型”和“相对不可预测的结构化故事”，使用 Automated Insights 公司旗下的 Wordsmith 平台提供的 NLG 技术，根据所制作的不同的数据模型将数据转换成书面文本。因此，自动化新闻将不再局限于传统的天气、财经、体育等新闻，适用面更加广泛。

3. 人员配置优化

自动化新闻在某一程度上节约了人力物力成本，它的应用将会对县级融媒体中心的人员重新进行配置，一部分记者将会失业，同时将从事简单重复工作的人员淘汰，县级融媒体中心的人员配置将会优化，为县级融媒体中心的发展增强活力和动力。

4. 复合型人才的培养

在智能媒体时代，传媒工作者除了要具备基本的专业技能外，还需具备数据处理能力和计算思维。如今，某些高校已经针对这一领域进行专业的人才培养，使学生在具备新闻知识的同时具有计算机技能。因此，这种困境是短期的而不是长期的，未来会有越来越多的传媒从业者具备计算机技能。

结　语

现如今，技术与媒介的融合是发展趋势，县级融媒体中心作为媒介融合的主阵地，应不断寻找适合自己发展的融合之路。自动化新闻的出现给新闻传媒业提供了全新的变革可能。从研究角度看，现在仍缺乏对于自动化新闻如何影响县级融媒体中心的深入观察。自动化新闻对于新闻业的发展是有影响的，但更重要的是如何将自动化新闻更高效地应用于新闻业。对此，只有自动化新闻在县级融媒体中心实现后进行近距离的观察，才能获得更有价值的信息。

在传统媒体时代向数字媒体时代过渡的过程中，最大的难题并不是来自技术或者发明技术的人本身，而是来自使用技术的组织或者领导者。相比于技术的快速发展，人类自身的思维和行动的变革要迟缓得多，若组织者或者领导者的思维还停留在传统的时代中，那么新技术的使用将会遇到更多阻碍。

（作者分别系重庆师范大学新闻与传媒学院教授、硕士生导师，重庆师范大学新闻与传媒学院硕士研究生）

场景传播优化适配

——移动音频的在场、沉浸和升级

赵　馨

摘要：在极速变化的智能媒体时代，“移动互联网 + 声音”缔造了以过去广播音频为基础的移动互联网音频。移动互联网音频以提供可以收听的声音符号作为传播内容，在顺应媒介变革的浪潮下演变出种类多样的移动音频形态。声音作为一种直接作用于人体的感官的介质之一，它自身所携带的强大传播性在如今智能化、虚拟化的媒介变革甚至“元宇宙”到来的背景下仍然有着巨大的发掘潜力。在“听觉文化”与“耳朵经济”关系愈来愈密切的时代下，将技术与人文相结合的“场景传播理论”对于听觉文化和移动音频行业的发展具有不容小觑的影响力。这意味着需要站在综合维度的场景中洞见现阶段智能场景传播下移动音频存在的问题，探讨其发展的契机空间和未来的升级优化方向。

关键词：移动音频；场景理论；媒介技术；智能媒体

中国广播行业在 1949 年中华人民共和国成立后进入有序管理发展的阶段，而后与改革开放市场经济发展相匹配相继开启了珠江经济广播电台的“珠江模式”、上海电台和东方电台的“以广播活动来办活广播”以及北京电台的“音乐/交通电台模式”。进入 21 世纪，移动互联网逐渐“飞入寻常百姓家”，技术的革新也同时改变了广播音频受众的收听习惯，移动音频的诞生成为科技媒介发展下的必然产物。移动音频是指利用智能移动终端为载体，通过在线收听、下载等方式提供收听服务的音频节目。目前移动音频所涵盖的范围十分广泛，比如有声剧、相声评书、音频直播、有声书、脱口秀、英语教学等。

一、从“在线”到“在场”：媒介融合视域下移动音频场景传播

移动音频在移动互联网时代的技术赋能下丰富拓展了以往的广播音频制作模式和表现内容。媒介技术的飞跃性迭代也为受众使用、欣赏音频产品带来颠覆性认识。从 2017 年移动音频元年开始，喜马拉雅、蜻蜓 FM、荔枝等生产了一大批声音产品进军付费领域；2019 年移动音频在版权保护和内容监管等政策方面也

逐渐完善；2020年中央广播电视总台的“云听”客户端上线，深耕UGC社区以及互动音频娱乐的荔枝正式成为在线音频行业第一股。而2021年年初，移动音频社交软件Clubhouse引发该赛道讨论热度，带动语音社交概念股股价上涨并对荔枝旗下助攻欧美市场的Tiya形成竞争冲击。艾媒咨询数据显示，2020年中国在线音频用户规模为5.7亿人，预计未来继续保持稳定增长，2022年将达到6.9亿人。2021年在上海举办的第四届中国声音大会上提出声音2.0计划：整合上海广播与蜻蜓FM的资源优势；打造上海广播音频产业精品计划；开启新一轮新国潮运动；打造最受“Z世代”欢迎的“新评书”内容；探索版权创作新模式；联手推出悬疑类声音剧场——803剧场；全新推出声音娱乐综艺类产品和积极孵化优质声音主播，构建音频经济新场景等。

互联网经历了web1.0、web2.0、web3.0三个时代，分别是门户网站为代表的海量信息在线化、社交媒体为代表的大量自媒体信息在线化和基于大数据的智能匹配信息在线化。从现实和未来的发展来看，互联网在个性化配置和大数据精确定位下正在从外力的“在线”向“在场”迈进并将在内力方面持续开拓。音频创作与移动客户端产品相结合，使得“场景传播”开始进入人们关注的视野。通过搭建场景进行传播不断影响、塑造着人的行为和认知，许多学者关注到“场景传播”对于传播实践的重要性：戈夫曼被称为早期的场景主义者，但是他所认为的情景是一种受制于空间甚至时间的户外。梅洛维茨所强调的场景是一种与“信息系统”相关的电子媒介情景，积极导入了“信息获取模式”，进一步补充了感觉系统在传播媒介中的作用。《即将到来的场景时代》的作者罗伯特·斯考伯大胆而犀利地预言：“在未来25年，场景时代即将到来。”他认为，互联网时代的“场景”应该是基于移动设备、社交媒体、大数据、传感器和定位系统提供的一种应用技术，以及由此营造的一种在场感。如今场景的营造和争夺成为移动媒介发展的风向标，适配用户的特定场景及需求成为新的理念引领。在移动音频领域，理论所带动的实践中关于对用户的实时状态、生活惯性、心理状态、体验追求等行为与心理的场景“软要素”还把握不够，并且在智能媒介环境下仍存在诸如内容版权保护、市场管理等问题。因此研究场景传播对于互联网的优化适配具有一定的指导作用。

二、“听觉沉浸”传播矩阵：媒介融合视域下移动音频的场景建构

听觉有着其他感官无法替代的宝贵价值，以听觉为代表的媒介经历了从过去的传统广播“一对一”模式到“一对多”互动性模式再到移动互联网背景下的

移动音频模式。媒介理论家麦克卢汉认为："一种新媒介通常不会置换或替代另一种媒介，而是增加其运行的复杂性。"[①] 可以说，移动音频近几年的崛起离不开媒介技术的变革、市场经济的发展以及媒介行业内的积极探索。移动音频在探索当中与以视觉为主的短视频、微纪录片的发展路线有所不同，其攻势恰恰抓住了其场景性、沉浸性、伴随性的本质特征。彭兰作为国内较早关注"场景传播"的学者，她认为"场景"是移动互联时代的新产物，并且总结出构成场景的四个要素：空间与环境、实时所处的状态、不同的生活习惯以及社交范围。[②] 移动音频所抓住的感官特性显然与场景有着密不可分的联系，它拓展了以往传统广播的收听载体和空间，使得音频与大众的生活更为贴合。分析这四个要素与移动音频的关系不难发现，前两者"空间与环境"和"实时所处的状态"属于一种物理属性的场景；后两者"不同的生活习惯"和"社交范围"更多属于一种心理属性的场景。据此，移动音频的场景建构理应将这两个方面并举以达到更适配于受众的传播矩阵。此外，在满足个体身心需求的基础上，音频媒介的发展也需结合社会现实因素。

（一）连接物理场景：贴合不同场景，匹配相关活动

音频以其独特的听觉性质与场景产生的勾连更为强大，与视频、图文等媒介最大的不同就是它的场景连接更为广阔。许多移动互联网音频平台不断挖掘生活场景，提供与此相匹配的音频产品，比如贴合节奏感强烈的健身场景、适合通勤的车载场景和有声书学习场景等。在 2021 第四届中国声音大会上，作为 SMG（上海文化广播影视集团有限公司）智能车载内容平台的车厘子 App 基于安卓和鸿蒙的车载生态，汇集 SMG 广播的优质海量内容资源，为用户提供新闻资讯与视听娱乐内容。系统能够结合用户的车行状态，让用户在车载场景下能够通过语音、手势等方式进行智能操控，未来将能够为车载用户提供智能推荐的本地资讯服务、会员体系、知识付费等。这里明显体现了"空间与环境"和"实时所处的状态"这两个要素，并且我们也可以洞见在智能媒体发展下移动音频的内容服务也将从标准化适配逐渐朝着精准化、个性化适配的方向发展，盈利模式日趋规范化、专业化。

（二）深入心理场景：生产符合受众需求导向的音频内容

从广播音频的发展迭代来看，自从 20 世纪 50 年代末期电视成为最强势的媒

---

① ［加］马歇尔·麦克卢汉著，何道宽译：《理解媒介：论人的延伸：55 周年增订本》，南京：译林出版社，2019 年，第 26 页。

② 彭兰：《场景：移动时代媒体的新要素》，《新闻记者》2015 年第 3 期，第 20－27 页。

体后，广播在很大程度上由公共媒介转向伴随性和私人化的媒介。[①] 因而受众的参与度和受众的心理需求不得不成为当下移动音频发展所要思考的重中之重。这也意味着移动音频不仅要考虑到受众所处的物理性的场景，更需要深度挖掘个体不同的生活习惯和个体之间的社交范围、关系等心理性场景。音频行业运用互联网以用户为中心的思维开拓出音频定制化产品，如阿基米德 FM 采用 AI 智能音频合成技术在 2021 年新年到来之际提供定制化高度拟人声的智能化新闻资讯播报和新年祝福，展现出声音的心理场景化传播的伴随性和情感性。

（三）夯实公共服务：反映媒体人本关怀

在音频媒体的迅猛发展下，各类依托于新媒体移动端的音频平台横空出世，产生传统广播与移动有声音频交织的声音图景。不过，尽管如此，不同类型的媒体以各种特征形式符号生产、传播信息的同时，其根本功能始终围绕在服务大众的基础之上。最典型的莫过于新冠肺炎疫情影响下的城乡公共空间传播格局下广播的“回生之变”，引发了音频业界和学界的激烈讨论，国家广播电视总局和应急管理部也在 2020 年 11 月 19 日印发《关于进一步发挥应急广播在应急管理中作用的意见》表明以广播作为音频的公共传播媒介在城乡应急管理领域的重要性，并且力争在 2025 年初步形成“六级应急广播体系”。在城乡分别表现在乡镇的“村村响建设”和城市中的“公共智慧广播”。新冠肺炎疫情期间，喜马拉雅设置《儿童防护》《疫情速报》《疫情心声》等栏目；蜻蜓 FM 设置《湖北之声》《预防科普》和《在线义诊》等栏目、云听客户端则设置了《正在直播》《对话专家》和《防疫公益》等公共服务性栏目。

三、智能契机，服务升级：“耳朵经济”下移动音频场景新态势

移动音频在移动软硬件技术的加持下通过场景要素的挖掘搭建起更加饱满的声音场景生态。这一思路与美国传播学学者曼纽尔·卡斯特的“流动空间论”相耦合，他认为伴随互联网的崛起，流动空间作为一种全新的空间形态开始出现，并且当代社会也围绕着流动空间中的一系列组织运行，五种流态分别是信息流、人流、物流、资金流和技术流。[②] 国内也有学者提出与之类似的观点：“移

---

① 常江：《仪式化认同：媒介融合时代的广播新闻理念革新》，《编辑之友》2018 年第 11 期，第 83 – 89 页。

② ［美］曼纽尔·卡斯特著，周凯译：《网络社会：跨文化的视角》，北京：社会科学文献出版社，2009 年，第 3 – 52 页。

动音频产业链是由内容生产方、移动音频平台、智能硬件终端、用户以及服务支持方构成。”[①] 当前有一系列关于移动音频的热门话题：“耳朵经济”“听觉文化”“音频全场景”“数字资源”“音频社交”等，不难发现移动音频全方位发展的触角周旋在政治、经济、社会、技术和文化之间并且有着联系的流动性。

（一）开辟移动音频全场景

移动设备和移动互联网快速普及之后，传播全场景的格局逐渐成形打开，尤其是以听觉见长的音频更是从一个固定单一的节目形态转向了移动、多元甚至是适度视觉化和现实虚拟互嵌的形态，形态要素构成之复杂预示着移动音频全场景的时代即将到来。

1. 现实 + 虚拟

2021 年被称为元宇宙元年，伴随各大互联网巨头纷纷加码“现实 + 虚拟”赛道，元宇宙（Metaverse）这个早在 1992 年由美国作家尼尔·斯蒂芬森在科幻小说《雪崩》中提出的词汇在近 30 年后逐渐迈进现实生活中。喻国明教授认为“元宇宙”不是某一项技术，而是一系列“连点成线”技术创新的集合，是超越于现实世界的、更高维度的新型世界。[②] 这里的世界包罗万象，覆盖了人类生活的方方面面，但如果单从媒介与人的生活方面考虑的话，可以简单将其“世界”理解为空间的概念。

2021 年 6 月 Apple Music 发布并创建“空间音频”系列，美国伯克利音乐学院助理教授 John Escobar 认为“空间音频”即沉浸式音频，音频元素更加细致入微，同时也意味着音频内容讲故事的能力效用呈现饥渴增长的态势。[③] 除此之外，诸如 Deezer、Netflix、Clubhouse、Roblox 等流媒体播放、音频社交、在线创作游戏等平台也相继宣布支持空间音频功能。目前，移动音频在场景传播的指导下所展开的功能大多仍是基于与现实的伴随式场景连接：跑步、逛街、通勤、催眠等，在可穿戴设备、智能家居、车载硬件等智能硬件终端继续发力。未来的音频场景将敞开至虚拟的元宇宙空间当中，如与虚拟形象的直觉感知、情感激发甚至虚拟的社交活动中。

2. 听觉 + 适度视觉化

在各级区县融媒体蓬勃发展的势头下，许多广播、移动音频开始提出与“全

---

① 方爱华、金美贞、张解放：《全场景时代移动音频行业的生态变革》，《出版广角》2018 年第 24 期，第 6 – 9 页。

② 喻国明、耿晓梦：《何以“元宇宙”：媒介化社会的未来生态图景》，《新疆师范大学学报（哲学社会科学版）》2022 年第 3 期。

③ A Symphony Hall For Your Head：What Is Spatial Audio And Should You Care About It，https://www.berklee.edu/berklee – now/news/what – is – spatial – audio – and – should – you – care.

媒体”发展相结合，开辟一条“音频可视化”道路。通常表现为主播的透明直播间、主播采用广播 + 手机直播的方式、网络直播、短视频图文 H5 链接和线下活动并举等。比如在 2021 年 5 月上海人民广播电台推出的建党百年系列声音剧《龙华》同时登陆阿基米德 FM、蜻蜓 FM 等新媒体平台，各个平台相继制作系列海报宣传；邀请音乐剧演员郑云龙献唱主题曲《天地少年行》并在上海地铁广告中也滚动播放系列宣传片，将其音频内容以可视化方式传播。但是音频的魅力和主体应是声音元素，在追求可视化的过程中，要认识到移动音频的可视化只是一种辅助性的手段，在新媒体环境下还需要警惕喧宾夺主的广播重塑机制，做到“适度视觉化”发展。

（二）市场经济激活内容创新，进化盈利模式

场景传播中技术的力量背后则是强大的资本助推力，音频产业作为互联网平台中一块亟待开发的高地，其携带的资本潜力是巨大的。根据艾媒在 2021 上半年对于在线音频行业的分析数据来看，在线移动音频分别以 B 端和 C 端的广告收入和内容付费为主要盈利模式。其他方面如在出版有声书和会员购买、订阅等也有所盈利。在内容为王的激烈竞争之下，内容质量将成为各大声音平台的逐鹿之所向。以蜻蜓 FM 为例，在 2021 年第四届中国声音大会上，蜻蜓 FM 宣布获得中文在线的战略入股，意味着在原有有声书的基础上再一次提升数字出版物的授权数量，开发更优质的有声读物，对于文学 IP 的商业价值有了更大的提升。除此之外，伴随着受众市场日趋庞大和更为精细化的场景体验下，受众对于伴随性的音频体验会有更高质量的需求，同时对于内容创作者和移动音频平台来说也正是进化盈利模式，提升变现水平的关键时机。在内容主播建设方面，第四届中国声音大会外场设立了“中国声音大会主装置”“SMG 融合媒体技术”“蜻蜓 FM”和“樊登读书 App”等展位，在促进媒体融合音频产业结构调整的同时也在积极孵化优质声音主播人才，激发更多创作人员的思考，构建优质内容创作生态，探索版权创作新模式，增强移动音频的传播效力。

图1　中国在线音频行业盈利模式分析

资料来源：艾媒报告中心。

（三）加强版权保护，保护用户隐私

在现实+虚拟、听觉+适度视觉化全场景和提升内容质量进化盈利模式的过程当中还应该考虑到版权保护和内容管理等问题。尤其是在算法广泛运用的智能媒体时代，移动音频所面临的应用风险也随之增加，主要表现为版权风险和隐私泄漏问题。

有声读物作为移动音频中的“爆款”种类，其文学性、情感性、碎片集合性等优势逐渐凸显声音的价值。AI语音合成技术将文本信息转化为声音信号并且能够复制、模仿一些明星或者其他携带巨大流量的主播，这样的技术显然对被模仿者的版权造成侵害，甚至会使有声读物的数字出版生态出现紊乱。因而面对AI技术及其他可能造成的版权问题还应完善和细化相关法律侵权规定，保护著作者和声音创作者的合法权益，适当运用听觉+适度的视觉化的应对策略，在数字化的声音传播进程中营造良好有序的媒体生态环境。

隐私泄露是算法技术所折射出的直接问题之一，在音频的数字化、虚拟化发展趋势中更是如此。以国外的音频社交软件Clubhouse为例，2021年4月11日其被曝出超过130万用户数据发生泄露。当音频成为社交媒体的一个重要聚焦点时，大数据、云计算等技术将纷至沓来基于用户特点、喜好、行为等获取数据，对于用户音频信息、个人资料隐私等带来一定的泄露风险。对此，从源头处入手的风险管控机制还需要细化对应，平台方可以设置严格的访问权限和监控机制应对风险，重视自身平台和个人用户的隐私保护。

结　语

移动音频在近几年的发展所呈现出的场景传播是移动互联网时代下的典型传播方式。优化适配过程中在场、沉浸和升级都是与一个个交织空间、具体行为相关，这之间是复杂的政治经济技术生态和文化情感场的结合。当元宇宙的虚拟场景从联想走向未来的现实时，音频自然成为虚拟空间中重要的组成部分之一，同时也有许多新的问题不断出现，面对全场景传播下各种各样新的考验，关于移动音频场景传播的研究还需朝着更多角度或是更细微的深处寻找解决方案。

（作者系华东师范大学传播学硕士研究生）

新视野　新观察

下乡、离场与回归：大喇叭在河北张家村的演进小史

张　健　刘慧荣

摘要：大喇叭在张家村的存在及其与村民日常生活之间有着独特、鲜活的勾连与态势。本文力图保留大喇叭演进中的具体感与现场感，通过底层史的叙述形式呈现张家村人鲜活而又独特的广播小史，同时借助已构建的完整历史判断，透析张家村及张家村大喇叭这一个案背后的政治文化语境。在媒介化的乡村日常中，大喇叭的自身媒介特性可以作为共同体征用的媒介资源；大喇叭可以唤回战争文化，激发已经个体化的村民回归“打仗”的集体状态；大喇叭还可以作为一种建构性的社会话语实践，生成“全方位加强基层村民的疫情防控意识”这一共意指向。

关键词：具体感；底层史；回归；离场；大喇叭

2020年新冠肺炎疫情暴发，大喇叭表现抢眼。据人民日报官方公号，在全国抗疫过程中，各省区、市6 182个乡镇的近10.5万个行政村与社区开启了共计127.2万只广播音箱、大喇叭和音柱，总覆盖人口超过2亿，这一数量达到了农村常住人口总数的一半。[①] 广东省自2020年1月21日启动全网发布疫情防控预警信息程序，截至3月13日，各级疫情防控指挥部利用农村大喇叭发布信息1 300多万次，覆盖12 032个行政村，覆盖3 000多万人。[②] 疫情期间，网络自媒体也给予乡村大喇叭高度关注。据2020年2月12日统计，2020年1月30日前后、2月4日前后微博出现两次关于农村广播大喇叭的热搜；微信平台中，央视新闻、侠客岛微信公众号于1月31日前后发布的关于农村大喇叭的文章较为典型，阅读量超过10万；抖音平台#硬核大喇叭#话题内共3 637个视频，6.7亿次播放，其中播放量超过10万的视频大多上传于1月30日前后且三平台所传视频具有同质化[③]。央视新闻提到用大喇叭传播防控知识时，顺口溜、快板、唠家常、戏剧等各种“土味又硬核”的形式齐上阵，其中包括有理有据宣传型、再三强

---

① 《讲好中国抗击疫情的故事》，“人民日报”微信公众号，2020年2月13日。

② 洪秋婷：《乡村大喇叭预警作用大》，《人民日报》，2020年4月3日第18版。

③ 郭淼、郝静：《虚拟聚合与精准解码：农村广播大喇叭在突发疫情传播中的政治功能》，《新闻与传播评论》2021年第2期，第98－105页。

调唠嗑型、温柔鼓励提醒型、家长训话暴躁型等几种类型。[①]

抗击新冠肺炎疫情之外，农村大喇叭还在应急救灾、乡村治理、党史学习等重要活动中屡被提及。如广西贵港市在282个自然屯安装383个大喇叭，集政令发布、信息实播、宣传教育、预警预告、群防群治功能于一体，有效打通基层社会综合治理“最后一米”；[②] 广东省中山市民众镇上网村“让沉寂的‘大喇叭’又响了起来……党史故事等内容在全村19个村民小组共40个‘大喇叭’中同步直播，让党史好听更入心”；[③] 江苏省盱眙154个村（居、社区），每天上午8点到11点、下午3点到6点，村里的大喇叭都在播放党史故事、疫情防控知识等方面的内容；[④] 上海市闵行区的革新村恢复大喇叭广播走红网络……多地陆续恢复村里的大喇叭广播，大喇叭广播成为传播政策、团结村民的有效手段。[⑤] 安徽阜南县在开闸泄洪时也运用了大喇叭，“大喇叭的传播速度快，开闸泄洪前后几个小时，我都在播警示信息。开闸后这些天，一直通过大喇叭宣传汛期防护知识，比如溺水如何自救，缸水、井水如何消毒等，群众非常欢迎”[⑥]。

《新华日报》形象地将此形容为大喇叭退休了又“返聘”，并提出“在网络铺天盖地、App大行其道、干什么都讲究个‘互联网+’的现代社会，为啥‘大喇叭’却能‘退休返聘’实现‘下岗再就业’，甚至成为‘网红明星’呢？”[⑦]

大喇叭“退休返聘”被有学者命名为“返乡”或“回归”。返乡或回归比较接近于英文regression一词所描述的现象，即“回还，返回；后退，倒退”，指回到本来或初始的状态。回归分析创始人弗朗西斯·高尔顿（Francis Galton）在1886年发表的《身高遗传向平均回归》一文中，正式提出了回归这一概念：在一个相对稳定的时期里，子辈的身高有向父辈平均身高回归的倾向，从而使人类

① 《喂喂喂，乡亲们，村头大喇叭开始广播啦》，央视新闻，https://mp.weixin.qq.com/s/WRHoXb7YMe5TvLOTLb6Zha，2020年1月30日。

② 罗珊珊：《乡村大喇叭这“四种作用”，打通基层社会治理“最后一米”》，广西新闻网，http://www.gxnews.com.cn/staticpages/20210208/newgx60209077-20105968.shtml。

③ 谭桂华：《乡村“大喇叭”让党史好听更入心》，《中山日报》，2021年8月1日第3版。

④ 丁德昶、孙于涵：《江苏盱眙：乡村响起大喇叭，党的声音进万家》，人民网，http://js.people.com.cn/BIG5/n2/2021/0818/c360300-34873527.html，2021年8月18日。

⑤ 《农村“大喇叭”走红网络！来听听广播什么内容……》，《南方农村报》，2018年12月8日。

⑥ 安耀武：《“大喇叭”抗洪显威力》，《安徽日报》，2020年7月29日第1版。

⑦ 胡波：《“大喇叭”何以退休又“返聘”》，《新华日报》，2019年7月3日第3版。

的身高小会产生两极分化。[①] 在文学作品中，回归代表回到自然、本原的状态。从语言学来看，前缀 re－表示恢复、重复，gress 源自希腊语，表示“行走”，二者合一指“回归；退化；逆行；复原”等意，其引申义是指“在杂乱的轨迹中找到趋势，将它们重新组合起来”。

有研究者发现，21 世纪以来的 10 年出现了新闻“历史回归”现象即“回归文学的新闻”：各种报刊的扩版增容；电视新闻都在推崇“讲故事”的报道模式；在超文本和超链接的互联网上，“个人空间”（拍客、博客、微博）与“公共领域（大众传播）”并存。[②] 甚至在近代知识分子身上也普遍出现这种离异却又回归的现象：“中国近代知识分子在近代化与现代化历史趋向的影响下，受东西方文明的交叉撞击，思想随之变异，主要表现为他们对传统文化的态度，总体上由崇拜而批判继承，进而又不同程度地开倒车回转”。[③]

一、问题的提出与本文设想

在大数据、健康码、网络社群司空见惯的今天，大喇叭已经成为不少人心目中的遥远记忆。与形式和内容千变万化的自媒体 App、短视频或直播相比，大喇叭似乎功能单一，常被认定为是一种被时代抛弃的媒介。那么，大喇叭为什么会在自媒体正迅速成为乡村发展的关键变量之际再次回归？[④] 如何解释与疫情、应急、党史学习等相伴而来的大喇叭回归潮流？

大喇叭广播的回归现象在媒介发展史上已经不是第一次被提出。比如第二次世界大战结束之后电视迅速崛起，借助于调频技术，广播在 20 世纪 60 年代的美国及稍晚的欧洲冲破唱衰的预言而进入所谓“第二青春”，“由于技术原因，广播被注入了一种新的活力，同时也是因为广播的自由使私人电台 80 年代初广泛发展”；[⑤] 紧接着，“进入 80 年代，尤其是在 90 年代，电台重新焕发了生机”，

① 艾红红：《“下乡”“离场”与“返乡”——新中国农村有线广播发展“三部曲”》，《福建师范大学学报（哲学社会科学版）》2020 年第 4 期，第 95－103、172 页；杨艳萍：《媒介融入与乡村公共空间重建——“大喇叭”回归乡村的个案调研》，《中国广播》2019 年第 10 期，第 67－71 页；袁登彩：《乡村“大喇叭”：媒介融入与乡村公共空间重建——“大喇叭”回归麂子渡村的个案研究》，《视听》2021 年第 2 期，第 185－186 页；郭俊：《浅析“大喇叭”在基层信息传播中的再回归》，《法制与社会》2020 年第 9 期，第 145－146 页；郑妙：《满足农村基层发展需求，助力国家乡村振兴——广播“村村响”工程建设和管理思考》，《中国广播》2021 年第 6 期，第 75－78 页。

② 吴风华：《报纸“回归”现象透视》，《新闻与写作》2004 年第 3 期，第 10－12 页。

③ 周大勇：《“超传播”背景下的中国新闻文学化问题》，吉林大学博士学位论文，2012 年。

④ 李烊、刘祖云：《媒介化乡村的逻辑、反思与建构》，《华南农业大学学报（社会科学版）》2021 年第 4 期，第 99－110 页。

⑤ ［法］让－诺埃尔·让纳内著，段慧敏译：《西方媒介史》，桂林：广西师范大学出版社，2005 年，第 203 页。

“即使在20世纪90年代后期互联网冲击之下，电台照样稳定前进”。[①] 1945年8月在苏联红军帮助下，初创于1923年的哈尔滨广播电台回归人民手中，刘亚楼代表中共接管该电台。[②]

如果按照媒介环境学派的思路，大喇叭在乡村的回归似乎只能从广播自身作为媒介的特性之中去寻找。环境学派的媒介演化史抱持进步主义范式，将各个时期的不同媒介放在一个统一的时间轴上作整体性观察。麦克卢汉提出，广播作为“热媒介”诞生于一种英美的书面文化和工业主义的环境之中，“电台给人提供了第一次大规模的电子内爆的经验，这就使重文字的西方文明的整个方向和意义逆转过来”。[③] 他强调，“收音机的阈下深处饱含着部落号角和悠远鼓声那种响亮的回声。它是广播这种媒介的性质本身的特征，广播有力量将心灵和社会变成合二为一的共鸣箱”。[④] 保罗·莱文森沿着麦克卢汉的思路，基于宏观的、整体性的观察回望人类媒介进化史，认为媒介进化的过程就是新媒介出于人性需要和社会环境的影响补救旧媒介的过程，进而归纳出媒介演化的“人性化趋势”以及“补救媒介”理论。[⑤] 在莱文森看来，调频广播之所以在电视、电影等媒介的夹击下以另类的方式回归，是因为广播将只听不看的传播机制与人类的需求协调起来，人有时需要听和看不同的东西；广播播放了摇滚乐唱片；广播从室内媒介变成了室外媒介，进入了汽车、厨房、卫生间乃至沙滩。换言之，按照莱文森的说法，大喇叭的回归其实是因为“广播这样的媒介获得了一种人类生态位”，更贴近了所谓的“人性化趋势”，“如果媒介演化是完成更多的功能，那些更贴近这些模式的媒介就能更有力地抗击新媒介的竞争，就更能存活”。[⑥] 按照莱文森这种技术视角的所谓“软决定论”，广播在乡村的回归是因为其本身的媒介性能满足或部分满足乡村农民或至少部分农民的需要。

对大喇叭的回归，功能主义是国内学者更通用的解释范式，更加强调政治文化在大喇叭回归中的影响，似乎与环境学派之广播“复兴的是深刻的部落关系、

---

① 李良荣等：《当代西方新闻媒体》，上海：复旦大学出版社，2003年，第28－29页。

② 陈尔泰：《中国广播史考》，北京：中国广播电视出版社，2008年，第229－233页。

③ ［加］麦克卢汉著，何道宽译：《理解媒介：论人的延伸：增订评注本》，南京：译林出版社，2011年，第343页。

④ ［加］麦克卢汉著，何道宽译：《理解媒介：论人的延伸：增订评注本》，南京：译林出版社，2011年，第342页。

⑤ ［美］莱文森著，何道宽译：《软利器：信息革命的自然历史与未来》，上海：复旦大学大学出版社，2011年。

⑥ ［美］莱文森著，何道宽译：《软利器：信息革命的自然历史与未来》，上海：复旦大学大学出版社，2011年，第85－86页。

血亲网络的古老经验"[①]的说法一样，功能主义范式力求从外部社会结构中寻找大喇叭回归的动力机制，"功能主义必然认为社会系统是一个先在的独立于个体的客观实在，社会中所发生的任何变化，都可以并必须从系统或社会自身身中找原因，因为人的行动都是社会角色期待或者需要驱使之下的"。[②]一是从大喇叭与国家权力关系的视角入手，探讨大喇叭在中国乡村地域的历史变迁。中华人民共和国成立以来，乡村广播的发展受到了国家政治经济政策的形塑，深刻改变了乡村群体的生活形态，"广播下乡"开创了中国历史上的"声音政治"时代。[③]后来，大喇叭的地位发生了转变，从20世纪50—60年代的"国家象征"到80—90年代"广告载体"的角色转化体现了国家权力祛魅的过程，也体现了从"总体支配"到"技术治理"的国家治理逻辑与方式转变；[④]从过去的国家权力隐喻转变为以市场利益为导向的经济载体，私人架设的大喇叭成为一种带有地方主义色彩的市场规训工具。[⑤]二是从乡村治理视野下讨论大喇叭的回归问题，认为这体现了大喇叭开始从对农广播向农村广播转变，[⑥]大喇叭从四个方面重构了乡村公共空间：媒介时间引导作息；媒介话题连接人际沟通；强化村民主体意识；发挥动员监督作用。[⑦]一方面，应急广播与乡村发展本身就有契合性，它可以通过强制性的、针对性的传播方式与口语化的动员方式在疫情中成为农村应急第一媒体；[⑧]声音媒介具有成本低、共享性、强制性和易懂性的优势，在疫情中，它能够便捷地实现信息覆盖并保证传达的全员性。[⑨]另一方面，大喇叭能通过"村言村语"提高村民的信任感与接受度，顺口溜、小歌曲等形式鼓舞了村民士气，[⑩]同时"基层组织—大喇叭"与"熟人网络—微信群"两种动员结构能产生

---

① ［加］麦克卢汉著，何道宽译：《理解媒介：论人的延伸：增订评注本》，南京：译林出版社，2011年，第344页。

② 黄旦：《由功能主义向建构主义转化》，《新闻大学》2008年第2期，第39、46－48页。

③ 潘祥辉：《"广播下乡"：新中国农村广播70年》，《浙江学刊》2019年第6期，第4－13页。

④ 何钧力：《高音喇叭：权力的隐喻与嬗变——以华北米村为例》，《中国农村观察》2018年第4期，第2－16页。

⑤ 王华：《农村"高音喇叭"的权力隐喻》，《南京农业大学学报（社会科学版）》2013年第13卷第4期，第31－38页。

⑥ 艾红红：《"下乡""离场"与"返乡"——新中国农村有线广播发展"三部曲"》，《福建师范大学学报（哲学社会科学版）》2020年第4期，第95－103、172页。

⑦ 杨艳萍：《媒介融入与乡村公共空间重建——"大喇叭"回归乡村的个案调研》，《中国广播》2019年第10期，第67－71页。

⑧ 柳帆、盖颐帆：《农村广播的"最后一公里"——从疫情防控看农村"大喇叭"的应急传播与服务功能》，《中国广播》2020年第7期，第34－38页。

⑨ 马梅：《声音传播在重大社会风险治理中的优势与作用机制——基于新冠肺炎疫情期间传播生态的研究》，《中国广播》2020年第8期，第19－22页。

⑩ 覃信刚：《农村大喇叭告诉了我们什么——新冠肺炎疫情防控实例分析》，《中国广播》2020年第3期，第17－21页。

线上线下的互振，以实现动员效果。① 在乡村公共空间逐渐向个人化、分散化发展的背景下，“大喇叭”的响起使逐渐弱化的公共交往得到联结和强化，对构建乡村的公共空间具有重要作用。②

在技术视角与文化结构视角之外，英国威尔士大学的布莱恩·温斯顿试图将文化与技术融合起来，调和所谓技术决定论与文化决定论之间的矛盾。按照他的观点，从调幅广播遭遇电视冲击的20世纪30年代初期到调频广播在60年代的再回归，一方面源于各种相互交织的社会需要，如投资公司、企业家对市场与利润的追求；录音与重播技术上的进步；20世纪60年代中期关于专利诉讼案解除法律障碍；摇滚乐与青少年渴求调频广播以及广告客户寻求影响年轻听众的捷径；另一方面源于压制激进的潜在势力如拥有既得利益的广播公司、联邦通讯委员会的法律规则、1929年股票崩盘以及第二次世界大战带来的消费热情降低等。各种不同的势力导致从调幅广播到调频广播历经30年的蹒跚路径，又在不到10年的时间内迅速回归。③ 温斯顿的结论是：社会、政治和经济上的力量在新技术的发展方面扮演着强有力的角色；各种发明和技术革新的被广泛采用并不仅仅取决于技术上的优势；新技术的开放总是需要机遇和社会的、政治的或经济上的优势。④

温斯顿的“调和论”正是本文展开分析的基本前提。从底层史的视角而言，大喇叭在张家村的存在及其与村民日常生活之间有其独特的、鲜活的勾连与态势。本文据此要做的是，在既有研究的基础上，试图从研究对象、考察视角与写作方法上做些补充性尝试：

一是目前的功能主义范式偏重于自上而下的视角，更多关注“高层政治”或“精英政治”，讨论的是国家权力范畴如何延伸到基层乡村。本文则尝试将视角从传统政治史的范围延伸到社会生活当中，采取上下兼顾的研究视角，⑤ 更多地从微观层面来捕捉与概括国家行政权力之下，乡村最基层的权力施能者——村干部或乡村精英，以及作为权力的受能者——村民在这种权力之下的观点与声

---

① 刘庆华、吕艳丹：《疫情期间乡村媒介动员的双重结构——中部A村的田野考察》，《现代传播(中国传媒大学学报)》2020年第42卷第7期，第73－77页。

② 袁登彩：《乡村“大喇叭”：媒介融入与乡村公共空间重建——“大喇叭”回归鹿子渡村的个案研究》，《视听》2021年第2期，第185－186页。

③ ［美］菲德勒著，明安香译：《媒介形态变化：认识新媒介》，北京：华夏出版社，2000年，第16－20页。

④ ［美］菲德勒著，明安香译：《媒介形态变化：认识新媒介》，北京：华夏出版社，2000年，第16页。同时参见刘海龙：《大众传播理论：范式与流派》，北京：中国人民大学出版社，2008年，第421－422页。

⑤ 路阳：《国内学术界关于中共政治动员问题的研究综述》，《社会科学管理与评论》2013年第4期，第85－97页。

音。正如有论者所提示的，“学者不能站在乡村之外谈论传播与社会的关系，而是将乡村作为本体，通过典型的人物、事件、场域来介入乡村社会现实，进而研究传播作为一种怎样的结构嵌入进乡村社会结构中去的，并且乡村社会结构在传播、媒介介入之下发生了何种意义上的深刻变化”。[①]

二是尝试局部与底层的微观历史学。目前的广播史学著作类似中国近现代政治史、思想史，“基本上将广播电视作为宣传工具展开述评”，“从广电史的分期来看，基本上是按照革命史分期模式处理的”；“解放区部分相对比较充实，而对北洋时期的广播及以后的国民党广播、民营广播、宗教广播，乃至形形色色的外国在华所办广播来说，无论从史料的占有、不同形态广播的叙述和分析都显得比较单薄”。[②] 比如赵玉明先生主编的《中国广播电视通史》“连贯地叙述了自1923年中国境内出现第一座广播电台以来，至20世纪末近80年的中国广播电视事业发展的历程。第一次对不同历史时期的广播电视事业发展、宣传的内容及其对当时社会的影响和作用作了全景式的描述”。[③] 但是，在广播电视复杂的历史演绎中，只见政党、宣传、事业与事件，唯独不见受政党、宣传、事业与事件影响的“人”，特别是缺乏作为广播电视的宣传对象、接受者或节目受传者的普通公众，如有的学者指出，我们的广播史里“没有活生生的人，大致都是机械的类型化的角色，时常是先有一个模板，然后找材料往里填”。[④] 本文尝试的就是试图不再把广播的历史完全“看作是一个吞没了许许多多个体的统一过程或宏大叙述，而是当作一个众声喧哗、万流奔竞的诸多小故事，史学家的工作就是要发掘这些日常生活中的历史，并讲出这些故事，‘再现’多元的观点和声音”。[⑤] 以直观的方法选取一个人物、一个村庄或一件事来加以描述和分析，借以反映某种文化或社会的历史情况，“在他们努力要复原他们所研究的男男女女的主体性与个体性的时候，他们摒弃了种种充满说不清的社会科学构造和过程的偏见……为研究过去的历史增添了一份具体感”。[⑥]

三是承继华北乡村研究的传统。20世纪70年代以来，美国、日本以及我国的研究者，以田野调查资料与各种政府或民间档案为基础，从法学、经济学、历

---

① 陈亮：《国内“传播与农村研究”的回顾与思考》，云南大学硕士学位论文，2017年，第60页。

② 王天根、张朋：《中国广播电视史研究的发端与历程》，《中国社会科学报》，2014年5月21日第B01版。

③ 范晶晶：《十年磨一剑　原创显特色——访〈中国广播电视通史〉主编赵玉明教授》，《现代传播》2004年第3期，第42－44页。

④ 黄旦：《由功能主义向建构主义转化》，《新闻大学》2008年第2期，第39、46－48页。

⑤ 张仲民：《典范转移：新文化史的表达与实践》，《社会科学评论》2006年第4期，第40－58页。

⑥ [美] 伊格尔斯著，何兆武译：《二十世纪的历史学：从科学的客观性到后现代的挑战》，济南：山东大学出版社，2006年，第117页。

史学、社会学、人类学等不同的角度，研究了华北乡村的历史与社会结构以及村落发展理论等问题。比如杜赞奇的《文化、权力与国家：1940—1942》利用日本侵占东北时的满铁调查资料，提出了“权力的文化网络”概念，“由乡村社会中多种组织体系以及塑造权力运作的各种规范构成，它包括在宗族、市场等方面形成的等级组织或巢状组织类型”，“还包括非正式的人际关系网，如血缘关系、庇护人与被庇护人、传教者与信徒等关系”。[①] 黄宗智的《华北的小农经济与社会变迁》主张改变由国家—士绅权力转移的二元政治结构看法，“把自然村视作只包含庶民的一个闭塞而又有内生政治结构的单位”，“我们需要考虑的，是一个牵涉国家、士绅和村庄三方面关系的三角结构”，并提出了“经济内卷化”问题。[②] 李怀印则把眼光放到普通村民身上，深入最基层的民众政治和社会生活，“要探究乡村权力的日常运作的真相，我们必须回到村社这一具体而真实的空间”。[③] 沿着目前华北乡村研究中将村庄作为研究的中心，注重个体村落、注重田野调查的传统，本文试图通过对张家村的实地调查，复原乡村大喇叭在疫情期间的回归历程，探究其回归原因与意义。

本文力图保留大喇叭演进中的具体感与现场感，通过微观史或底层史的叙述形式呈现张家村人鲜活而又独特的广播史，同时还要借助已构建的完整历史事实，透析张家村及张家村大喇叭这一个案背后的政治文化语境。

地理位置上，涞源县位于河北省保定市的西北部，张家村是涞源县285个行政村中的一个，处于县域中部，周围有山地环绕。虽然距离县中心较近，但是距保定市区较远，交通不便，附近有雁宿崖、黄土岭等抗战遗址。同时，该村气候条件差，常伴自然灾害，因此长久以来是一个农业自足村，也属贫困村。

张家村是典型的自然村转行政村的村落。早期是张、王两姓聚集地，后来设为行政村。目前邻里之间依然存在一定的血缘关系，村中的村干部也大多由王姓村民担任，按照村民的说法，“张、王两姓氏人口的聚集地，最早张氏权威大，掌管村务，后来王氏人口多”。

据张家村《2020年行政普查表》，张家村户籍总数241户，户籍人口730人。从年龄层次来看，张家村6～15岁户籍人口113人，其中60周岁以上户籍人口143人，80岁以上26人，两者占到该村总人口的23%，已达到国际上老龄化的标准。同时，70%以上的家庭中的青壮年群体甚至老年群体外出务工。常住留守人口中，老年人占到60%～70%，这些老年人的文化水平大多数为小学、初

① ［美］杜赞奇著，王福明译：《文化、权力与国家：1900—1942年的华北农村》，南京：江苏人民出版社，1996年，第13－14页。

② 黄宗智：《华北的小农经济与社会变迁》，北京：中华书局，2000年，第1－30页。

③ 李怀印：《二十世纪早期华北乡村的话语与权力》，《二十一世纪》1999年第10期。

中，基本能够识字。23% 的老年人口中的 60% ~70% 常住，这就是张家村“空心化”“老龄化”的基本现实。

村庄布局呈棋盘状，整齐划一。村委会位于村庄的中心，村委会左侧是村内的大喇叭及播送室，村外主路配备有超市和卫生室。超 90% 的村民收看电视，是使用频率最高的媒介；60 岁以上老人中有 70% 使用老年手机；使用无线互联网的用户占 40% 以上。

“空心化”“老龄化”的张家村作为华北乃至全国众多乡村中的一个，能够在一定程度上代表其他乡村。本文力求通过这一个案，展现大喇叭在“媒介化时代”乡村社会的存在意义。为达成本文研究目的至少有两种研究方法：一是个案分析法。个案研究被广泛运用于社会学与人类学的研究中，在传播学中也有所涉猎，其要旨在于通过对某一部分的周密研究形成总体性的认识。这种研究方法要求深入剖析研究对象，以特定的、有代表性的研究对象为缩影展现宏大的社会现实。

二是细致的田野调查。田野调查法要求调查者直接深入被调查点接触被调查对象以获取第一手资料，通过收集资料探讨某一社会现象，可以呈现最直接、最真实的社会图景。本文作者之一先后于 2020 年 8 月 8 日至 9 月 2 日、2021 年 2 月 17 日至 3 月 10 日进入调查点张家村，体验村民日常生活，观察村民的身体动作及语言行为，进行文字记录和拍照留影，力图再现疫情下张家村村民的生活图景与大喇叭的播音状况。在调查期间，本文作者之一还多次在村委会、超市、麻将馆等地随机访谈聚集人员，受访者基本覆盖各个年龄段、各种职业；又经村民推荐获取更多访谈对象，与村民口中的该村“意见领袖”进行交谈；按照疫情防控要求，部分受访者还进行了电话访谈。访谈中，作者不严格遵循访谈提纲的设计，只进行适度引导，用漫谈的形式放松村民的身心，沿着村民的思路进行提问或追问，进而深度挖掘其态度与情感动机，共获得了 26 位村干部、村民的访谈信息（表 1）。

表 1　访谈人员信息表

序号	姓名	代号（首字母缩写）	性别	年龄	职业/身份	文化水平	访谈时间	地点/方式
1	王兰忠	WLZ	男	74	社区卫生院医生	高小	2020 年 8 月	村卫生室
2	李凤梅	LFM	女	77	农民	小学	2020 年 8 月	村民家中
3	王海玲	WHL	女	52	农民	初中	2020 年 8 月	村民家中
4	王伟年	WWN	男	58	农民	初中	2020 年 8 月	村卫生室
5	李有才	LYC	男	73	农民	初中	2020 年 8 月	电话
6	王德龙	WDL	男	48	务工	初中	2020 年 8 月	村民家中
7	王红印	WHY	男	66	务工	初中	2021 年 2 月	村内
8	寿领弟	SLD	女	72	农民	小学	2021 年 2 月	村民家中
9	王焕女	WHN	女	69	农民	小学	2021 年 2 月	村民家中
10	陈桂圈	CGQ	女	70	农民	小学	2021 年 2 月	村民家中
11	王海山	WHS	男	64	积极分子	高中	2021 年 2 月	村民家中
12	王海忠	WHZ	男	67	务工人员	初中	2021 年 2 月	村委会门口
13	张焕珍	ZHZ	男	80	老村书记	高小	2021 年 2 月	村委会门口
14	王小勇	WXY	男	47	村主任	大专	2021 年 2 月	蘑菇厂
15	曾树	ZS	男	74	外来户	高小	2021 年 3 月	村内
16	王保艳	WBY	女	47	农民	初中	2020 年 8 月	村内
17	郑华青	ZHQ	女	48	农民	初中	2021 年 2 月	村口
18	李艳平	LYP	女	37	农民	初中	2020 年 8 月	电话
19	王喜卫	WXW	男	47	村民委员	初中	2021 年 2 月	村口
20	马掌所	MZS	男	47	村委会计	大专	2021 年 2 月	村委会
21	张佳伟	ZJW	男	21	学生	专科	2021 年 2 月	村民家中
22	王志龙	WZL	男	36	超市老板	初中	2021 年 3 月	超市
23	王秀江	WXJ	男	48	农民	小学	2021 年 3 月	村口
24	顾愿生	GYS	男	52	化肥店老板	初中	2021 年 2 月	化肥店
25	闫旭	YX	男	53	农民	初中	2021 年 2 月	村口
26	王明忠	WMZ	男	56	村支书	大专	2021 年 3 月	电话

注：高小即现在的小学五、六年级。

二、大喇叭在张家村从“下乡”到“离场”的简史

中华人民共和国建立后，中国共产党面临着战后重建、文化教育与意识形态宣传等重要任务以及文盲率高达80%这样的实际状况，采用何种可行的信息传播技术将分布在广大乡村地区的群众与党紧密联系在一起，成为一个现实问题。① 1950年4月23日，中央人民政府新闻总署于发布《关于建立广播收音网的决定》，该决定明确指出“下一步要在全国范围内建立广播收音网，以便人民广播事业在确实的群众基础上发挥应有的宣传教育作用”。② 1955年12月召开的第三次全国广播工作会议提出“采取民办公助，从点到面，从简陋到正规，从集体收听到单独收听”的方针，以适应过渡时期社会主义建设和社会主义改造的伟大任务的需要。12月30日《人民日报》又发表了《发展农村广播网》的社论。中央广播事业局与地方政府开始划拨专门的经费，在乡村安装喇叭。1956年1月，中共中央颁布的《1956年到1967年全国农业发展纲要（草案）》，对乡村广播网的建设提出要求：“从1956年起，按照各地情况，分别在7年或者12年内，基本上普及农村广播网。要求大部分农业、林业、渔业、牧业、盐业和手工业的生产合作社都能收听广播。”③

在随后的30多年中，乡村有线广播开始蓬勃发展。从技术层面来看，有线广播从借用邮电线路进行广播到自行建设专线，将专线由中央台架至县台，再由县至公社、大队，层层递进，逐步将大喇叭普及到大队。这一发展过程可分为三个阶段：1950—1956年的发展起步期，1956—1966年的迅速成长期，1969—1982年的发展普及期。到1982年前后，我国基本形成了相对完善的乡村广播体系：以市县级广播站为中心、乡镇级广播站为节点、村组广播站为末端的传播体系。据统计：1952年底，全国有线广播站只有331个，广播喇叭1.7万只，④ 而到了1983年底，全国已建成县级有线广播站2 619座，安装有线喇叭11 300万只，95%的生产大队和的生产队接通了有线广播，61.5%的农户安装了广播喇叭。⑤

涞源县的有线广播网起步于中华人民共和国成立后。有线广播先在县里应

① 林颖、吴鼎铭：《中央人民政府新闻总署关于建立广播收音网的决定》，《新闻界》2015年第21期，第71－72页。

② 中共中央文献研究室：《建国以来重要文献选编（第十册）》，北京：中央文献出版社，1994年，第633页。

③ 中共中央文献研究室：《建国以来重要文献选编（第十册）》，北京：中央文献出版社，1994年，第657页。

④ 《当代中国》丛书编辑部：《当代中国的广播电视》，北京：中国社会科学出版社，1987年，第35页。

⑤ 赵玉明：《中国广播电视通史（下卷）》，北京：中国传媒大学出版社，2006年，第317页。

用，再广泛发展到农村。1952 年 3 月，涞源县购置 25 瓦扩大机 1 台，放在文化馆，每天两次播放新闻和地方曲艺。1958 年，涞源县广播站成立，借助邮电线路为 10 个公社的农户进行早晚两次播音，计 270 分钟。播音内容以转播中央台和河北省广播电台节目为主，自办节目有《本县新闻》《地方戏曲》《天气预报》等。这一时期，广播还未能辐射到张家村。

1966 年，涞源县人民政府开始架设县广播站至公社的广播线路，当年架通县广播站至北韩村、金家井、留家庄 3 个公社的广播专线 15 杆公里。1967 年 3 月架通城关公社、水云乡、泉坊等 6 个大队的广播专线 7 杆公里。随后，开始建设公社到大队的路线。1977 年公社至大队通播率 90%，喇叭入户率 85%，音响率 90%。1978 年开始架设公社至大队的广播专线。1986 年乡至村广播专线达 762 杆公里，入户喇叭 4.6 万只，入户率 80%，乡至村通播 70%。1992 年底达到 100%。[①]

虽然没有具体的记载，但是张家村村民开始能够收听大喇叭应该在 1968 年前后。村里老人仍能回忆当时村里连通大喇叭的具体场景。老大队书记 ZHZ 回忆：“那会动员了咱们村里的老百姓给拉杆架线，有县里、镇里的技术人员过来帮着一块连上了。当时公社给派过播音员，是县里的，不过主要由村里管理。”村民 LYC 提道：“当时村委会没有现在这个小楼，就是几间小平房，大喇叭也没有杆子，就在村委会那个楼顶上立一根木头拴上去。”村民 WWN 回忆：“当时我们村属于北韩公社，好像是 1970 年那年从北韩公社拉了条电话线到咱们村，大家感觉很新奇都跑去看。后来听说北韩公社专门雇了俩女广播员，我们还过去看。”

中华人民共和国成立后大喇叭的“下乡”给传统差序格局主宰一切的张家村带来了变化。这一点正如潘忠党教授指出的，“有线广播这时与集体的生产方式和生产队的集权关系紧密结合，反映同时也强化这些关系。……对于一个外来的人类学家来说，这个小小社区的生活方式与有线广播这一传播媒介有着不可分割的关系，它与当时当地的日常生活相互渗透，显示出某种秩序和仪式（order and ritual）”。[②] 大喇叭作为国家权力的载体，融入了村民们的生活：一是大喇叭规训村民们的身体和时间。福柯强调规训的本质既不是通过国家机器的暴力来征服个体，也不是运用意识形态来控制社会，而是通过空间分配、活动编码、时间安排和力量组合这四种微观技术来规范身体，从而创造出现代社会“驯服而有

---

① 涞源县地方志编纂委员会：《涞源县志》，河南：中州古籍出版社，2017 年，第 445 页。

② 潘忠党：《传播媒介与文化：社会科学与人文学研究的三个模式（下）》，《北京广播学院学报》1996 年第 5 期，第 17 – 24 页。

用”的身体。[①] 大喇叭在这一过程中作为传播载体，是实现身体规训的技术工具。村民 LYC 表示：“队长一开喇叭，就告诉哪个队到哪去出工，喇叭一讲就得去，下雪下冰雹也得去。冬天的时候我们还去军干烈士家里挑水、搬柴火。晚上队长还安排轮流去仓库看粮，那会儿是真辛苦。”大喇叭还规划了村民一天的活动，因为“媒介时间是一种权力，将原本自由的时间规范化和标准化，将这种构建的时间作为群体活动的共同遵循”。[②] 在村民的记忆中，天一亮大喇叭就会开始播报，在播音开始前或者结束前播放红歌；在早餐到出工之间播报一天的生产布置；在休息时间传递中央、区、县级的指示和精神，宣传党的路线；下工后总结一天的生产工作；晚饭时间播报毛主席语录进行学习，有时延续到晚间八九点。73 岁的村民 LYC 接着回忆那时广播播放有“《东方红》《大海航行靠舵手》《地道战》，干活时听；（大喇叭）还讲长征，有八大样板戏《奇袭白虎团》《沙家浜》《红灯记》”。

二是大喇叭将乡村纳入国家共同体。大喇叭来自中央的声音构建了共在感，成为村民的情感纽带，强化了其对村集体的认同与依赖，为当时城乡二元结构下缺少流动性的农民带来了“毛主席”和“国家”的形象，使得政党与国家具象化。收听广播让一辈子没去过外乡的农民坐在家里就什么都知道了，广播“下乡”成了农民眼中“社会主义下乡了”[③] 的标识，甚至据此可以“条条红线通北京，毛主席教导天天听”。[④] 村民 WLZ 提道：“70 年代那会年河北闹洪灾，我们这也厉害，听见大喇叭就每天讲抗灾、全国支援，我们都非常感动。”

随着 1978 年的改革开放，国家工作重心的转移及乡村权利结构的变化直接影响到了大喇叭在乡村的存在感。家庭联产承包制的推广改变了农村的管理模式与生产方式，将农民从集体劳动的限制中解放出来，农民开始拥有农业生产的自主选择性和灵活性。20 世纪 80 年代以后，国家开始改变原有的乡村治理观念，1987 年《中华人民共和国村民委员会组织法（试行）》标志着人民公社管理体制的退场与村民自治制度的推广。乡村自治制度的推广意味着乡村政治生活的空间开始缩减，并带有与城市一样的转型特征，“伴随着市场经济的发展以及人的主体性、独立性的不断觉醒，整个社会出现了一种新的发展特征，即从总体性社会逐渐趋向于‘个体化社会’”，“是一个‘轻巧’且‘液化’的社会”。[⑤]

“个体化社会”的来临同样伴随着媒介环境的改变。虽然部分乡村依然保留

---

① 赵方杜：《身体规训：中国现代性进程中的国家权力与身体——以川北剑县为例》，南开大学博士学位论文，2010 年，第 36 页。

② 孙信茹：《传媒人类学视角下的媒介和时间建构》，《当代传播》2015 年第 4 期，第 34 – 37 页。

③ 梅益：《吉林省的农村有线广播工作》，《人民日报》，1955 年 12 月 3 日第 3 版。

④ 《条条红线通 北京毛主席教导天天听》，《人民日报》，1969 年 4 月 26 日第 5 版。

⑤ 文军：《个体化社会的来临与包容性社会政策的建构》，《社会科学》2012 年第 1 期，第 81 – 86 页。

了大喇叭的设备，但是其地位与功能已经发生了改变。可以说，作为一种存在多年的、常态化运作、以政治动员为主要功能的乡村大喇叭逐步“离场”,[①] 转变成为一种发声频率较低、以信息传递为主要功能的、相对边缘化的乡村媒介。

第一，大喇叭作为曾经的第一媒介日益被电视取代。20 世纪 80 年代始，在国家政策转变的影响下，多元传播媒介进入乡村，在新媒介的冲击下，大喇叭呈现出被边缘化的趋势。1990 年全国共有市县广播台站 2 466 个，乡镇广播站和村广播室 39. 7 万多个，广播喇叭 8 222 万只，村广播通播率和喇叭入户率已分别下降至 69. 9% 和 37. 3% 。[②] 90 年代开始，乡村大喇叭数量继续下滑。数据显示，除了 1991 年和 1992 年，全国市县广播站、乡放大站和广播喇叭的数量持续走低，喇叭入农户率逐年减少。[③] 伴随着喇叭数量的减少，广播节目的内容也在变化，比如涞源县播报内容从这一阶段开始发生变化，主要以转播广播电视台的内容为主，同时播放戏曲、评书、相声等娱乐性节目。[④] 1998 年，涞源县的乡村广播中断。后来，即使国家推出“村村通”广播电视工程，但其重点在于发展乡村电视网，有线广播被放在了相对次要的位置。因此，基层广播站的数量依然在持续减少,[⑤] 大喇叭播音时长也急剧减少。有硕士论文在 2006 年通过对河北省常河镇村、贾庄、李怀三村的 370 名农民调查发现：广播正在成为当今农村中被忽视的弱势媒体，“农村广播线路垮了很多，小喇叭基本上都不响了，室外高音喇叭（包括调频高音喇叭）的数量急剧下降”。[⑥] 正如张家村党支部书记 WM 所说的：“咱们村 1980 年联产了，往后上面对宣传这块的要求也没有那么多了。而且人们生活水平好了，有的家里开始有收音机、有电视了，一点点更新换代，喇叭不是唯一的了，就把喇叭顶了。”

1980 年 10 月，国家召开了第十次全国广播工作会议。这次会议强调要把加速发展电视放在优先位置。随后的三年内，电视的人口覆盖率开始超越有线广播。到 1992 年，电视取代了有线广播成为新闻第一媒体。[⑦] 村民 WHZ 在讲述张家村媒介发展史时提道：“六七十年代大喇叭作用大了，新闻只能听大喇叭。后来有人买了个收音机，我们就叫他拿到村大队这给大家一块听，那会听到刘兰

① 艾红红：《“下乡”“离场”与“返乡”——新中国农村有线广播发展“三部曲”》，《福建师范大学学报（哲学社会科学版）》2020 年第 4 期，第 95 – 103、172 页。

② 赵玉明：《中国广播电视通史》，北京：中国传媒大学出版社，2006 年，第 398 页。

③ 赵玉明：《中国广播电视通史》，北京：中国传媒大学出版社，2006 年，第 403 页。

④ 涞源县地方志编纂委员会：《涞源县志》，河南：中州古籍出版社，2017 年，第 359 页。

⑤ 艾红红：《“下乡”“离场”与“返乡”——新中国农村有线广播发展“三部曲”》，《福建师范大学学报（哲学社会科学版）》2020 年第 4 期，第 95 – 103、172 页。

⑥ 孙英华：《河北省邢台地区农村广播状况调查与研究》，河北大学硕士学位论文，2006 年。

⑦ 中国广播电视年鉴编委会编：《1992 年全国电视观众抽样调查分析》，北京：北京广播学院出版社，1994 年，第 429 页。

芳、单田芳等的评书，越听越上瘾，不吃饭也要听。”村民 WWN 则回忆：“80年代村里开始有第一个电视，那会大家都跑过去看，看了几个晚上，每个人要交五分钱，有了电视连看电影兴趣都淡了”。

第二，从政治属性与动员功能上来看，大喇叭代表了国家权力的“离场”。20 世纪 80 年代后，大喇叭对村民的心理威慑力开始削弱，大喇叭不再是一呼百应的权力代表。村民 WHY 在提到大喇叭的历史变迁时说：“以前村里管得严，你想去别的公社，想进县城那都不容易，得打报告。现在人们自由多了，想出去打工就出去了。所以现在听大喇叭的声音跟以前感觉肯定不一样。以前讲生产，动员大家好好做活，现在知道不是叫做活儿了，听着也不着急了。”村民 ZHZ 说：“以前都是传播国家政策，后来大喇叭就不讲中央那些事了，听得少了。”

此外，大喇叭的功能定位也发生了改变，其政治动员的功能逐步淡化，开始充当乡村信息平台甚至发挥经济作用。比如，村委书记 WMZ 提及大喇叭的变迁时提道：“到了八九十年代，大喇叭主要作用就是为咱们村里边服务。比如村里边要开个会，喊一喊。村里要学习啥，叫大家到办公室来学习。还有就是村里面的红白喜事通知一下，利用公家的喇叭给大家办办事。”除此之外，村民 WXJ 还表示：“大喇叭播卖东西的，有哪些跟村里边合作的，卖化肥种子的，大喇叭里面就说：这个东西多好多好，卖了哪个村了，现在赶快到村委会买，比到市场上买便宜。”

同时，乡村私人小喇叭开始出现，成为流动商贩出售商品的工具，打破了大喇叭的独有性，进一步消解了大喇叭的政治属性。直到现在，由于交通不便，在张家村，私人流动小喇叭依然在商业活动中起到重要的作用。村民 WHL 表示：“咱们这地方偏，买东西就门口那两个超市，要不就得进县城，这种方便，卖啥的都有，花椒大料、水果、粮食，早晨还有卖早点的。这种很早以前就有了，那会是人们大声地喊，后来慢慢地买了喇叭喊，省劲很多。走街串巷地喊，走得也慢，听见就赶紧出去叫住他。”

第三，大喇叭在村民日常生活中的“离场”。比较起来，大喇叭跟 40 后、50 后、60 后、70 后村民的关系更密切。80 后、90 后群体与大喇叭的连通性较弱，00 后更是如此，在他们的记忆中，大喇叭的政治动员属性也相对较弱。67 岁、初中没有毕业、曾经做过电影放映员的 WHZ 说起听收音机的情形：“一院子人听，单田芳讲的长篇小说，不吃饭也得听，还有《杨家将》《岳飞传》，上瘾啊”；使用老年机的村民 SLD 则记得“（喇叭说）上坟防火，演电影注意个人家里别被偷了”。而 36 岁的村民 WZL 对九十年代的大喇叭存在记忆空白，表示：“大喇叭没什么印象，我记事起就没咋播过”。37 岁的 LYP 记得大喇叭“就是讲咱们村里这点事，就是通知村代表开会；交水费、电费，领低保；春天讲不让上山上坟，要防火；冬天讲用煤安全；孩子打疫苗啥的”。

三、回归：疫情中张家村大喇叭的新演进史

2020年初，新冠肺炎疫情演化为全国乃至全球性突发公共卫生事件。突发公共卫生事件是指突然发生，造成或者可能造成社会公众健康严重损害的重大传染病疫情、群体性不明原因疾病、重大食物和职业中毒以及其他严重影响公众健康的事件。[①] 2020年1月3日，武汉市卫健委通报44例“不明原因肺炎”，随后确认为“新冠病毒感染的肺炎”；1月20日，钟南山明确提出新冠病毒“人传人”，随后感染者数量急剧增加；1月21日，河北省、市一级党政领导纷纷举行电视电话会议，对全省的疫情防控工作进行了安排：要求迅速成立省疫情防控工作领导小组和省级医疗救治小组，各市县立即成立疫情防控工作领导小组，启动本地区联防联控机制，细化工作方案和应急预案，形成卫生、公安、交通、市场监管、宣传等部门横向协同。[②] 24日，河北省启动重大突发公共卫生事件一级响应。当日下午，保定市委市政府召开视频会议，就全市疫情防控工作进行安排部署。

随后，涞源县第一时间成立了以县委、县政府主要负责同志任组长的疫情防控工作领导小组，并制定了《涞源县新型冠状病毒感染的肺炎疫情防控工作方案》。随即，涞源县开始全面开展疫情防控工作，向乡镇一级传递抗疫要求。这次会议要求尽快召开村一级紧急会议，部署相关工作，且县委宣传部、文旅、卫健等部门要开展全面深入的疫情防治宣传工作，通过电视台电台播放、张贴宣传海报、发放“明白纸”、农村大喇叭广播等多种形式提高群众对疫情的重视程度。[③]

1月25日晚，涞源镇政府连夜召开紧急会议，张家村村主任WXY到场参加，会议部署了涞源县各村疫情防控工作。至此，从国家到省市，再到县乡、再到村的五级联动工作拉开序幕。（见图1）

---

① 该定义引自：《突发公共卫生事件应急条例》，中国政府法制信息网，http://www.moj.gov.cn/subject/content/2020－02/14/1449_3241643.html，2020年2月14日。

② 陈思危、史建中：《河北省召开新型冠状病毒感染的肺炎疫情防控工作电视电话会议》，人民网，http://he.people.com.cn/n2/2020/0123/c192235－33740600.html，2020年1月23日。

③ 涞源县人民政府：《涞源县召开新型冠状病毒疫情防控工作专题会议》，涞源县人民政府网，http://www.laiyuan.gov.cn/jqyw/1131.jhtml，2020年1月28日。

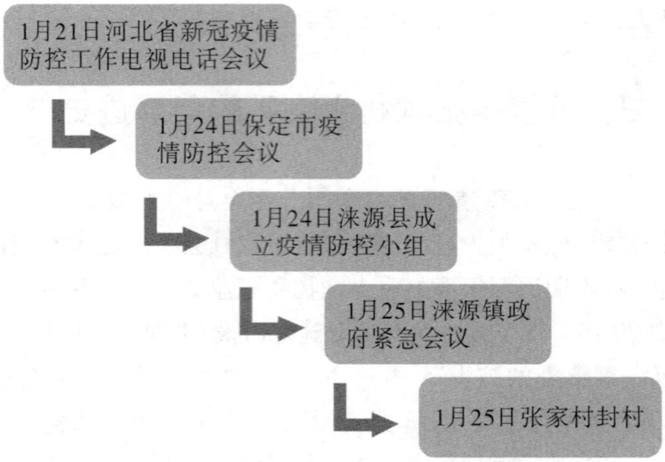

图1　河北省疫情防控五级会议部署流程

据村主任WXY回忆："开会开得比较紧急，五点多群里通知的，六点半那会天都黑了，基本镇上的村主任都叫到了，现场大概三十来号人。当时是镇上书记讲的话，说挺严重挺着急。开会主要传达了县里的防疫精神，一个是要组织村里的全体干部和党员，抓紧时间戒严、封村，排查外来人员。明天开始村干部们都到家里登记。一个是村里活动、红白喜事都取消，看住大家，不要聚集不要去外地。一个是开始宣传，把大喇叭都用起来，24小时要开着，把疫情的紧迫性给大伙说明白。还有就是镇里、县里会派人到村里检查，执勤时候要留照片，还有填的调查表，都要检查，都重视起来。"

当晚，村主任WXY召集村干部、村内党员与积极分子开会传达了相关指示，安排了张家村的疫情防控工作，轮流值班，随后张家村"封村"。村干部说，"正月初一乡政府开会，大喇叭12个小时要求。连夜紧急会议安排工作和宣传册。当时就戒严，安排值班（入党）积极分子、党员轮班。晚上封村，村口牌楼掐死，西边路用土堆石头，主要出入口堵上。还有排查从哪回来，坐哪辆车；武汉的去县里，其他在家，不回来的多，外来人口，外出打工，上门询问。不太了解的，村里人都知道在哪工作，多会回来。"（见表2）

表2　疫情期间张家村大喇叭播放情况（2020年1月26日—2021年4月8日）

每日播放时间	8:00—12:00；14:00—18:00
播放频率	4～5分钟一循环
播放形式	文件录音＋村主任喊话
文稿来源	涞源镇政府录音

资料来源：张家村村主任WXY。

疫情期间张家村村主任喊话内容举例：

1. 少聚会、戴口罩、勤洗手、多通风、摸了钱也洗手。

2. 都不要出门，不出来憋不坏你，不要给别人添麻烦，不要给政府添麻烦，这个疫情很厉害，已经传染很多人了，都经点心。

3. 去超市戴口罩，不带不能进。尽量别坐公交车，别到人多的地方。

4. 都别聚会、别串门了；不让打麻将了；女的们别跳广场舞，憋几天过了这一阵就好了。

5. 外地回来的赶快给我报备，有准备回来的也先报备，不然进不来。

6. 要是有不舒服的，发烧咳嗽的，赶快报告给我，有问题尽快解决。

7. 不要过度紧张，现在医疗条件好了，那么多专家，国家肯定能把疫情控制住。

2 月 7 日，涞源县应对新型冠状病毒感染的肺炎疫情工作小组印发了《涞源县应对新冠疫情感染的肺炎疫情工作领导小组关于加强我县居民出行管控工作的紧急通告》。通告强调："充分利用微信、广播、电视、电子屏、明白纸等多种手段，加大疫情防控相关知识宣传力度。特别是各村干部要充分利用农村大喇叭，加大播放频次、加大宣传动员力度，运用最接地气、最通民心的语言，向全县传递科学防疫、全民防疫的声音。"据村民 WHY 介绍："二月份开始，大喇叭开始每天报数，报哪个省又发现了多少，死亡多少人，治好了多少。"

2 月 11 日，涞源县应对疫情工作领导小组再次印发《关于深化农村地区新冠疫情排查防控工作的若干措施》部署抗疫工作。文件第 13 条强调："乡村需要强化抗疫宣传，将新老媒介一同运用起来，发挥乡村大喇叭、锣鼓、流动宣传车、横幅、宣传手册及传单、电话、网络等各种媒介优势，形成媒介宣传合力，全方位加强基层村民的疫情防控意识。"

事实上，张家村大喇叭的回归只是全国农村的缩影。在疫情中，小到涞源县，大到河北省，甚至全国都掀起了一场大喇叭回归的风潮。抗疫过程中，河北省多地下发了关于启用大喇叭的通知。例如河北沧州市委组织部在 1 月 26 日就专门下发通知，要求各地采取统一录制、集中播放、滚动播出形式，充分利用早、中、晚各个时间段，并延长播出时长，增加播出密度，进行循环播放。[①] 随后，该市 5 600 多个村的大喇叭开始播报疫情防控信息。在廊坊市文安，1 992 个农村大喇叭遍布全县宣传抗疫。[②]

① 韩增发：《河北利用农村广播通俗易懂宣传防控知识》，河北网络广播电视台，http://www.hebtv.com/news/folder101/2020-02-01/Khhu2TLyI7D5cV2w.html，2020 年 2 月 1 日。

② 许萌：《抗击疫情，河北时刻："五级联动"打响疫情防控阻击战》，河北网络广播电视台，http://www.hebtv.com/pc/news/yaowen/2020-02-08/xbdinYyt35PJNXcV.html，2020 年 2 月 8 日。

除了开启大喇叭进行抗疫动员，各地还自行编制了大喇叭的口号，提升传播效果。比如河北秦皇岛的卢龙县人民政府在1月底就组织文艺工作者创作并录制了抗疫音频《齐心协力防肺炎》，这一音频以创新的快板形式吸引受众，在所属各镇各村循环播放："竹板一打响连天，我给各位拜个年，您在家中过春节，有件大事听我言，今年春节不一般，新冠肺炎在传染，惊动全国做防范，各地发现出疫情，形势严峻莫小看……"①

与此同时，河北徐水、易县、涞水等地也编制了如"乡亲们，莫恐慌，疫情突来可防控，勤洗手，多开窗，出门口罩带嘴上，不走亲，不访友，为了家人都健康"等顺口溜在大喇叭中播放。②

在武汉封城之前，疫情对于张家村的村民只是网络中遥远的事件。外出务工的村民WDL表示："我在外地干活的时候先在抖音上看到说南方有病毒，和非典一样。后来又看见网上有辟谣的说没这回事，就想肯定是谁在网上造谣的。后来武汉封城了，才知道是真的。大年三十干活的领导说让赶快回家，我初一就赶紧回家了，看见村干部在门口站岗，才知道闹得挺厉害。"村民WHN则说："我出去遛弯的时候听别人说了武汉闹非典了，不过当时我也不害怕，想着武汉人们也到不了咱们村里头，没想到后来闹得这么严重。"

在大喇叭开播之后，村民们的生活发生了改变，日常聚集活动开始减少。村民CGQ提道："年前听别人说武汉有传染病，心里想武汉远着呢闹不到咱们这，后来村主任喇叭里说说坐火车、汽车啥的就能传染，让外地回来的赶紧去登记，我就不太敢串门了，因为咱们村里不少回来的，还有好多外来户都不认识，你也不知道人家从哪回来的。"

部分村民也表示大喇叭的持续广播使之对疫情产生了一些恐惧。比如，村民LYP提道："大喇叭天天喊，手机电视一打开也全是说疫情的，听说潜伏期有半个月，现在也治不好。想到药店买口罩也买不上，网上也没有，一个能卖到了三四块钱，一家四口人轮着用那两个口罩。那会谁都害怕，怕出门碰上个不认识的，想活动就在院里来回走。"

这一时期，网络中充斥不少谣言，一些村民在手机上看到涞源县疫情的谣言，并在群里进行传播，给村民们带来了恐慌，大喇叭的信息则让村民放心一些。村民GYS说："我在抖音上老刷到说涞源县也有病例了，它说的我还挺信。后来村干部大喇叭里说不信谣，不传谣，说咱们县没有。后来到石家庄疫情的时

---

① 张志刚：《卢龙县：防范疫情快板书，走进乡村大喇叭》，河北网络广播电视台，http://www.hebtv.com/top/2020-01-28/Gk72mq5Rtp0KA2zp.html，2020年1月28日。

② 韩增发：《河北利用农村广播通俗易懂宣传防控知识》，河北网络广播电视台，http://www.hebtv.com/news/folder101/2020-02-01/Khhu2TLyI7D5cV2w.html，2020年2月1日。

候也在抖音上看见说哪哪又有了，家里人告诉我说是骗人的。”

大喇叭持续播放到2020年4月份，随后疫情逐步稳定，播放频率开始减少，只偶尔在新闻中穿插播放疫情防控信息。直到2021年1月8日，石家庄市藁城区被列为高风险地区。张家村迅速反应，再次在村口设岗，大喇叭也开始工作，播报到2月中旬。村主任介绍：“这次石家庄的疫情应对比武汉那次要快，而且查得更严，因为疫情出现在河北，涞源县的高速口第一时间就封了。”

在两次疫情紧张期间，张家村的大喇叭持续播报，大多数村民能够较为清楚地描述大喇叭的播报情况及内容，并将担忧之情移情到其他省、延伸到整个国家，共同体意识油然而生。72岁的村民SLD“看武汉人们可怜，电视上的医生相片。电视上哭我也跟着哭，医生累得站不起来”。外出务工的WHY说：“二月开始大喇叭播报和平时不一样，老是说出事了每个省多少死亡，治好的，出院的，成千上万觉得很可怜。”村书记WMZ表示：“这不仅仅是国家的要求，也是为了咱们村民自己考虑。只要疫情还有，咱们的大喇叭就会一直响。”

虽然大喇叭在张家村的回归是在紧急状态下完成的，但贯穿整个疫情时期。大喇叭在疫情期间的回归，一方面在于大喇叭的运作情况再现了六七十年代常态化的情景，播音时长与频率前所未有地提高（见表2）；另一方面在于平时不大受关注大喇叭，其影响有明显的回归，大部分受访村民都表示收听到了疫情信息并能够按照大喇叭播放的要求居家隔离。

四、资源优势、战争框架与共意建构

张家村的大喇叭为何能够在自媒体正迅速成为乡村发展的关键变量的时期回归？一个重要的背景是，2008年的汶川地震灾害发生后，广播作为自然灾害第一媒体的独特优势得到突显与重视，应急广播体系建设被纳入现代公共文化服务体系，国家和地方政府的应急广播一直在不断建设中。[①] 据村干部介绍：“大喇叭设备一直是乡里、县里广播局提供的，设备会定期更新，因为现在发展太快，一开始用刻录光盘，后来又用U盘，现在直接联网了，像收音机一样。下一步村里有计划在村东的那片拉一个大喇叭，让最东边的人也能听清。不光是疫情，以后还会广播新闻，把咱们国家这些政策也给大家传递一下”。可见，设备与新型技术同步发展。不过，疫情防控的政治动员紧迫性与疫情信息扩散的“最后一公里”的有效合拍仍需要得到相关理论的介入。

① 王宇：《有线“大喇叭”到无线“大喇叭”：农村广播的最后一公里》，《现代视听》2020年第1期，第82页。

（一）疫情突显了大喇叭的传播资源优势

资源动员理论认为，社会行动能否达成、社会动员效果的优劣与资源的获取、组织、调度息息相关。此处的资源“指狭义意义上的资源，即指社会运动中所有需要的物资资源、网络资源、媒体资源、时间资源、精神资源（文化资源）等等”。[①] 这一思路正是麦克卢汉的“媒介的塑造力正是媒介自身”[②] 这一观点的衍生。

有论者的调查证实，自媒体时代的“乡村人际传播网络基于传统人际关系建立，是村庄里最基础，也是与村民们日常生活最为贴近的传播网络”。[③] 在张家村同样如此。张家村最早属由血缘聚集的自然村，在历史上属于张、王两个姓氏宗族的聚集地。在血缘的联系下，张家村村民的日常人际交往也更为频繁。同时，张家村部分村民依然维持着一种相对封闭的小农生活模式。72 岁的村民 SLD 说自己“很少出门，一般就喜欢在家里干点活。农民就是干活，对外头没啥兴趣，有啥事我也不关注，偶尔出去串门就听几句”。48 岁的村民 WXJ 也“喜欢串门，是从别人口中得知疫情的”。

张家村地理位置较偏僻，经济相对落后，网络媒体普及率不到 40%。村里 70% 的 60 岁以上老人仍使用老年手机，需要通过人际传播获取外界消息。村会计 MZS 在介绍村内传播活动时表示：“老年人一般文化水平比较低，会用智能手机的很少。所以村里有什么事情一般除了要用到大喇叭，还得靠邻里之间传递，比如有时候有些重要的事，打谁家电话打不通了，可能串门去了或者到田上去了，就告诉邻居让上家里通知一声。村里人都互相认识，有时候在路上碰见就告诉了。”

疫情初期，老年群体信息获知的时间较晚，基本在除夕过后才陆续得到消息，且大部分 70 岁以上老年人对疫情的获知源于他人。比如，村民 LFM 表示：“疫情是听别人说的，他们也是听别人说的，人家有手机，有啥事早就知道了。”也有村民 WHY 表示：“我家就在村委会旁边，我听见大喇叭一直播的时候才知道出现了疫情。”

在疫情期间，受居家隔离政策影响，部分老年村民的信息获知受到了一定限制。对于一些很少使用大众媒介且不甚关注新闻的老年人，其日常生活基本处于

---

① 石大建、李向平：《资源动员理论及其研究维度》，《广西师范大学学报（哲学社会科学版）》2009 年第 6 期，第 22－26 页。

② ［加］麦克卢汉著，何道宽译：《理解媒介：论人的延伸：增订评注本》，南京：译林出版社，2011 年，第 33 页。

③ 王丽霞：《媒介进化论：对乡村传播网络的研究——以活龙村为例》，贵州大学硕士学位论文，2019 年，第 29 页。

隔绝状态。村民SLD说："过年那会儿正是闹得厉害的时候，他们想来拜年我也不让他们上门来，那会儿就我们老两口在家里。那会儿我天天在家看电视，有半个月，把那几个好看的电视剧看了个遍。"对于疫情期间的外面世界，村民WHN说不太清楚，"只知道大喇叭一天天地响，翻来覆去地说疫情"。在疫情中，需要依靠人际传播进行动员的路径也开始受阻，如村主任WXY所说："村里两百多户，不可能挨家挨户地上门去说，不现实。而且还存在着交叉感染的风险。"

疫情期间"别聚会、别串门"以及"保持1米以上距离"的警告对村民的信息获知和日常生活带来了诸多不便。另外，从传统的组织维度而言，同样面临着资源上的不足。改革开放后，曾经将村民紧密联系起来的大队、小队在20世纪90年代改制成村民委员会、村民小组，乡村"集体"的概念已经发生了某些变化，村民的日常生活开始向私人领域偏向，"个体化"成为乡村日常生活的常态。面对传染性极强的新冠疫情，张家村属于组织传播的路径主要有以下几种：

一是墙贴和宣传板。疫情期间，张家村在村委会门口更新了宣传板和村务公开栏，板书了抗疫注意事项。但是，这两处墙贴收效甚微，大部分村民没有关注墙贴的意识，也不了解墙贴的具体内容，只有少数经常在村委会前闲聊的老年男性阅读过。村民WBY表示，"现在都用手机了，大队书记在城里住，没事也不到这来了。村委会一般都没人，我们平时也不过来，有时候遛弯儿看见贴着东西就看看写的啥。"WHN表示："我知道村委会门口有贴的宣传的，基本上都是些不着急的事，人们有时候也看看，但是看完就忘了讲的啥。"

二是微信群。张家村微信群名为"张家村村委会"，由村主任WXY组建于2018年，当前群内324人，覆盖了全村半数左右的人口。WXY表示："基本村里能上网的年轻人都在群里。我现在经常不在村里，所以目前这个微信群是村里主要的传播渠道，村里的信息都会通过微信群发布。"但是，在访谈中，笔者发现60%的常住老年村民不在群内，加入微信群的是他们外出务工的子女。可以想见，微信群信息无法覆盖全体村民。同时，除了村干部在群内发布相关信息，村民们也经常在群里发布一些无关信息。疫情期间，村干部多次在群里发布疫情信息，但这些信息的反馈率较低。村民WDL表示："平时这个群我都调的消息免打扰，看见有消息就翻一翻，没啥事也不看，里面村里人谁都发，乱七八糟的。疫情的时候村干部天天在群里发，不过我也不太细看。大家有啥事回复的也不多。"这表明，依靠微信群进行抗疫动员一定程度上效力不足。

比较下来，在张家村村民抗疫过程中，其他传播方式的动员力量相对较弱，因此大喇叭在疫情期间的张家村似乎承担了更加重要的资源角色。袁小平认为：媒介本身就能与注意力形成联系，因为信息往往需要依靠平台才能够转化为注意力资源，发挥媒介动员的能力。[①] 相比于其他媒介资源，大喇叭的特殊属性在于通过声音进行动员，在疫情之下声音动员恰恰更能契合乡村的社会环境。

一方面，大喇叭的声音具有一定的强制性。早在19世纪，德国哲学家黑格尔就对声音发挥的巨大作用进行过描述："迅速消失的声音世界反而能够通过耳朵直接渗透到心灵的深处，引发灵魂的共情和共鸣。"[②] 对于村民来说，长期在乡村发挥动员作用的大喇叭带有一种"霸权"性质，村民只能够单向地、被动地接收信息，无法拒绝大喇叭的传播，也不能进行反馈和讨论。村民SLD表示："大喇叭有时候没人控制，定时就播放，有时候说正事了，有时候一直放还听得很烦。"同时，声音能够第一时间吸引村民的注意力。在访谈过程中，大多数村民已经适应了声音—刺激的生理反应模式。村民WHZ表示："只要我听见大喇叭发出了声音，就会集中注意力听一阵，看看有没有重要的事。"

另一方面，声音具有广阔的传播范围和较强的穿透性，它可以在某一空间内掌控传播活动，具有空间控制的优势。在疫情中，互联网、自媒体解决了抗疫信息高速生产、快速发布与便捷接收的问题，为受众提供了快捷的疫情信息传送，而大喇叭则实现了对村庄空间的掌控，它的声音可以被限定于某一确定的发布与接收范围，并将信息的发布权掌控在某一确定主体如县、乡（镇）、村三级政府。村主任WXY表示大喇叭提高了动员效率："每家每户地跑，还得每天跑，就存在感染的风险，大喇叭只要开始广播，全村都能听见，一遍听不见就两遍、三遍，重复地广播。上午不在家，下午回来肯定就听见了，比我们挨家挨户上门说要快。"

（二）大喇叭搭桥战争框架

框架是指人们用来认识和阐释外在客观世界的认知结构，它"能够使它的使用者定位、感知、确定和命名那些看似无穷多的具体事实"。[③] 社会动员理论提出，为了达成集体行动的目的，动员者需要对相关群体中的个体进行框架整合，强化个体对周围环境中的对象、情境、事件、经验等方面的认知，从而帮助个体确立自身的行动顺序与行动目标，进而达成整个群体对某种价值与意识形态的认同。斯诺等人认为，社会运动的框架整合主要分为四种类型：框架搭桥、框架扩大、框架延伸、框架转换。所谓框架搭桥是指把两个或两个以上结构上不相干但

---

① 袁小平、杨爽：《媒介动员：研究话语的视角与展望》，《青年记者》2019年第16期，第43-44页。

② ［德］黑格尔著，朱光潜译：《美学》，北京：商务印书馆，1986年，第336页。

③ 陈阳：《框架分析：一个亟待澄清的理论概念》，《国际新闻界》2007年第4期，第19-23页。

在意识形态和价值认同上相近的框架结合起来。[①]

广播从诞生之日开始引起政治家的高度关注。1920年2月5日，列宁在给无线电专家邦契—布鲁耶维奇的信中说："您所创造的'不用纸张，没有距离'的报纸，将是一个伟大的事业。"列宁还认为用广播进行宣传和鼓动，将给革命事业带来巨大好处。[②]"二战"前后，著名政治强人如美国总统富兰克林·罗斯福、英国首相温斯顿·丘吉尔、苏共领导人约瑟夫·斯大林、纳粹德国元首阿道夫·希特勒等都先后将广播作为战争宣传机器的一部分。

中国共产党对人民广播事业的高度重视从1940年12月一直延续至今。在村民的记忆中，战争与乡村的劳动存在一定的联系。村民WHY将当时的生产活动比作"打仗"，他说："那会出工跟打仗一样，让干啥就得干啥，每天要制定目标还要做总结，喇叭喊了就得立马到，那会听到大喇叭喊心里肯定是比较紧张的。"村民LFM在回忆20世纪70年代的"斗争"时表示："那会在家里，一听到大喇叭喊谁谁谁到队里开会，就会觉得紧张，害怕要一直开会，还要让群众自己上台讲话。"当被询问过去大喇叭播放的内容时，村民LYC表示："那时候大喇叭天天都会放这些歌：《东方红》《大海航行靠舵手》《地道战》。天天听，到现在都记得，听着这些歌干活有劲，现在电视上那些歌都不好听，歌词都听不清楚，还是老歌好听。"

在人类历史发展的进程中，"战争隐喻"普遍出现于公共话语之中，因为战争逻辑能够最大限度地调动起群众的紧张感与责任意识，战争话语则能够引发群众对灾难、毁灭的恐惧以及情感反应，甚至有学者指出："战争隐喻能够激活深层的中华民族特殊的抗战文化和心理情感，基于近代中国人民抵抗侵略的战争史，人民认为疫情就是大家的敌人，必须全力以赴集体抗击，中国早已形成全社会动员"。[③]

在历史演进中，大喇叭这一媒介与战争框架相勾连。新冠疫情上升为全国突发公共卫生事件后，大喇叭又找回了其熟悉的生存空间，正如村民WHY所说："包产到户往后村里大喇叭就没这样老是响过，很少听见。平时播新闻也是播一会就停了。过年那两天，天天响，就是一个女的一直在那念，感觉跟平时放新闻不太像，我心想这肯定是有了啥大事了。"大喇叭的声音再次与村民对"战争动员"的记忆相勾连，是一种独特的召唤形式。村民WHY在谈及对疫情下大喇叭

① 石大建、李向平：《资源动员理论及其研究维度》，《广西师范大学学报（哲学社会科学版）》2009年第6期，第22－26页。

② 陈力丹：《列宁论苏维埃新闻传播事业》，《东南传播》2014年第6期，第50－54页。

③ 张薇、汪少华：《新冠肺炎疫情报道中刻意隐喻的认知力》，《天津外国语大学学报》2020年第27卷第2期，第114－127页。

回归的看法时表示："国家给咱们播放这个是对咱们老百姓好的，让咱们啥都知道，这是好事。"村民 WHS 也表示："播放疫情肯定是好的，你看咱们中国一播放，一声令下，大家全不出门了。"正如哈布瓦赫所说：过去的经历并非像化石一样被完全地保留下来，而是基于现实被重新建构起来了。[①]

当张家村再次频繁地响起大喇叭时，村民几乎下意识地明白，整个村庄正面临某些紧迫的情况。村主任 WXY 对大喇叭的传播效果时评价颇高："现在村民们获取的信息多了，有的人能自觉预防，有的人不上网但是他听到大喇叭的声音就知道疫情的严重性了。"战争框架召唤起村民战争般的紧张情绪，促使他们尽快投入到防疫抗疫集体行动中。

（三）作为共意构建的大喇叭

所谓"共意"，也可以理解为共识、认同或合法性等意义。进一步说："共意"就是行为体对某种权威产生认同感，建构"共意"的过程就是将个人于集体认同感连通起来的过程。[②] 在疫情中的张家村，大喇叭播放的各种知识、防控要求与防疫口号作为一种建构性的社会话语实践，具有全方位加强基层村民的疫情防控意识这一共意指向，包括：

（1）对村民的道德约束。在疫情期间，村干部将乡村的疫情防控工作转化为与国家、人民利益紧密相关的重大事务，将基层的抗疫活动提升为一种"为人民和国家做贡献"的道德行为。张家村村主任曾多次喊话称："都在家待着，不要给别人添麻烦，不要给国家添麻烦""待在家里就是给国家做贡献""别聚会、别串门、别跳广场舞，咱们才能渡过难关"。在访谈过程中，不少村民对喊话印象颇深，喊话内容也得到了村民的积极回应，如村民 WXW 所说："喇叭里不叫出门，咱们就不出去，咱们老百姓听话，不光得为自己考虑考虑，也不能给国家添麻烦。"这一话语强调了个体失范将会带来严重的社会谴责，从而将个人活动与社会责任联系起来，增加村民的道德压力，实现道德约束作用，这种约束能够将村民们隔离在家中，降低感染风险。

（2）地缘感化动员监督行为。村干部 WXH 回忆，他在喇叭中播报："这个疫情很厉害，要是串门、聚会传染上了咱们村就都怨你了。"在这类喊话中，村干部基于个体对家族情感的维护层面，借用情感修辞将防控疫情描述为一种伦理问题。这一话语策略激发了熟人社会中村民们对共同伦理的认同与遵循，即在疫情中通过"不出门"这一行为的展现表达对国家与村干部的支持与认可、对家

① ［法］哈布瓦赫著，毕然、郭金华译：《论集体记忆》，上海：上海人民出版社，2002 年，第 82－91 页。
② 张孝芳：《革命与动员：建构"共意"的视角》，北京：社会科学文献出版社，2011 年，第 21 页。

庭与邻里的保护与关心。村民 WXJ 在回忆疫情下的隔离生活时提道："大家都在家里就你老出去，村干部看见你你自己也有点不好意思，想着万一有点啥事，这乡里乡亲的不都赖你?"

（3）"敲警钟"式规制行为。健康传播研究证实，"敲警钟"式信息的传布具有双重功效：对事物利害关系的强调可最大限度地唤起人们的注意，促成他们对特定内容的接触；此类信息造成的紧张感也可以促使人们迅速采取应对行动。[①] 疫情期间，大喇叭的喊话能反复强调新冠肺炎疫情对人生命的威胁程度，并且利用一定程度的夸张和比喻增强村民的紧张感。比如，有网络喊话："这里没有火神山，也没有钟南山，只有抬上山。"又如张家村村干部的喊话："这个病毒传染快，说两句话就传上了，没治，你们看手机也看见了。"对此，村干部 WXY 也表示："喊话的时候免不了说点稍微重的话。有的老年人就是待不住，觉得离得远着呢，老是想出来，这时候就必须得说点重话，让他知道这次疫情不是一般的小感冒，很严重，才能有效果。"

余论：乡村动员与传播的新转向

本文对疫情期间的乡村大喇叭回归做了"小题大做"的叙述与阐释，试图理解张家村大喇叭在 1967 年至 2020 年，从出场、离场再到回归的个体小史。至少从乡村视角而言，这是一个从中华人民共和国成立之后到 20 世纪 70 年代末，国家权力全面下乡、下沉甚至与乡村重合的过程，也是改革开放以来一直到 2008 年，国家权力逐步隐退，而乡村自治不断升华的过程。2012 年中共"十八大"之后，随着新时期乡村振兴战略的提出与实践，国家政权再次重返乡村，乡村自治被赋予新的意涵，也承受着乡村农民新的期待。

某种意义上，大喇叭的回归是五六十年代动员传统在自媒体时代的新表演、新仪式，或新隐喻。在媒介化的乡村日常中，大喇叭的自身媒介特性可以作为共同体征用的媒介资源；大喇叭可以唤回战争文化，激发已经个体化的村民回归"打仗"的集体状态；大喇叭还可以作为一种建构性的社会话语实践，生成全方位加强基层村民的疫情防控意识这一共意指向。所以大喇叭的回归是一种媒介隐喻，[②] 但本文这种隐喻不单纯是大喇叭与应急、疫情、党史学习等的再连接，背后隐喻的是被互联网、自媒体所带来的"去中心化"时代的反向回归，对共同体秩序、民族国家认同的体认与回归。

---

① 郭庆光：《传播学教程：第二版》，北京：中国人民大学出版社，2011 年，第 188 页。

② 艾红红：《"下乡""离场"与"返乡"——新中国农村有线广播发展"三部曲"》，《福建师范大学学报（哲学社会科学版）》2020 年第 4 期，第 95－103、172 页。

本文对张家村大喇叭小史的观察并不完备，还有以下几点需要进一步说明：一是张家村村民，主要是50岁以下的村民如何处理大喇叭与互联网自媒体之间的关系？这是自媒体时代张家村大喇叭小史的一部分，却由于关注重心在大喇叭，而对谁重谁轻等有趣的方面提问不多，追问不深。二是本文基本接受了将媒介当作文化的表述（representation）工具以及媒介作为传送（transmission）工具的假设，倘若将媒介作为“不仅是技术，而且是‘社会技术’，也就是说，传播技术必须通过采纳、规范，并再生一个文化的符号形式和常规而成为‘传播媒介’”[①] 这样的假设，编写张家村的广播小史恐怕还要涉及当地的人口、家族、传统与权力文化结构。三是作者在张家村所进行的田野调查、与村干部、村民进行访谈或对话距离学界公认的程序、规则还存在较大差距，需要加强相关学术训练。

（作者分别系苏州大学传媒学院教授、博士生导师，江苏省常州经济开发区党群工作部工作人员）

① 潘忠党：《传播媒介与文化：社会科学与人文学研究的三个模式（下）》，《北京广播学院学报》1996年第5期，第17－24页。

移动音频研究的热点主题与前沿演进
——基于CNKI数据库文献的可视化分析

张伶聪　王　星

摘要： 基于文献计量学方法对移动音频研究进行可视化分析发现，移动音频研究现已进入稳定发展阶段，《中国广播》《中国广播电视学刊》是移动音频研究的重要刊发平台；科研机构发文量2015年后大增，中央广播电视总台、中国传媒大学和北京广播电视台是此领域排在前列的明星机构；出现六位核心作者，尚未形成稳定的研究团队与合作网络；移动音频研究集中在“通信技术与传输通道”和“媒介融合与媒介形态”两大主题，并呈现从宏观到微观化的趋势。

关键词： 移动音频；热点；前沿；文献计量学；可视化

近年来，移动音频逐渐成为广播学的一个重要研究领域，对移动音频相关研究进行总结，有助于促进移动音频研究的发展。当前的移动音频研究或是放置于技术视角下进行回眸①，或是从产业发展角度进行考察②，但传统文献分析法受限于研究资料的数量、研究人员的价值考量等因素，难以把握移动音频研究的隐含演进路径，对后续的纵深研究缺乏强有力的知识支撑。基于此，本研究尝试采用文献计量学分析方法，对移动音频研究进行可视化分析，探究我国移动音频研究的总体概况、当前研究的热点主题以及未来可能的发展方向。

一、研究设计

（一）研究方法

最早的文献计量研究肇始于20世纪初，以科尔（F. T. Cole）和伊尔斯（N. B. Eales）进行的文献统计研究为起点，1969年英国情报学家阿伦·普理查德（Alan Pritchard）首次提出文献计量学（Bibliometrics），标志着文献计量学

① 高贵武、李政：《中国人民广播事业80年发展回眸——基于技术变迁的考察视角》，《中国广播》2020年第12期，第22-31页。

② 张帅：《2020年中国网络音频发展综述》，《中国传媒科技》2021年第1期，第14-16页。

的诞生。文献计量学是采用数学统计方法进行分析，以获得对文献本身、研究人员和研究技术特性的了解的一种科学方法，现已广泛应用于自然科学和社会科学之中。其最大意义在于从理论上总结各种经验规律，充实理论的纵深度之余，又能为实际工作提供理论指导。[①]

CiteSpace 是由美国德雷赛尔大学陈超美教授开发的一款引文数据和信息可视化软件，基于科学发展模式理论、科学前沿理论、结构洞理论、信息觅食理论和知识单元离散和重组理论等理念，对科学分析中的潜在知识展开分析。分析项目已从针对文献共引分析和知识聚类拓展至作者、机构、国家和地区的合作分析。当前 CiteSpace 适用于自然科学和社会科学的研究，在自然科学领域应用较多，但分析社会科学依据具有同等的价值。[②] 本文主要采用关键词共现分析，探索移动音频研究的时空演进、主题热点、研究前沿和信息熵的变化。

（二）数据来源

本文对 CNKI 数据库进行高级检索，尽管将以智能终端为载体，通过移动互联网收听的音频内容作为移动音频的定义[③]已被大多数学者所接受，但由于早期对移动音频的研究没有固定模式，其称谓也并不统一，综合移动音频的相关研究[④]，将检索条件设定如下：主题为“移动音频”或“移动电台”“广播类 App”“移动听书”“网络电台”“播客节目”“智能音频”，发表时间不限；由于广播研究目前尚无核心期刊，高质量研究散见于综合类核心期刊、CSSCI 期刊和专业类普通期刊之中，因此来源期刊为核心期刊、CSSCI 期刊和专业类普通期刊（须有影响因子），检索时间为 2021 年 10 月 16 日，共检索到 1 561 篇文献，然后通过人工筛选，将重复文献，前沿信息报道，会议通知，无作者、无单位、无关键词等信息的文献剔除，最终获得 761 篇文献。

---

① 邱均平：《文献计量学》，北京：科学技术文献出版社，1988 年，第 2－25 页。

② 李杰、陈超美：《Citespace 科技文本挖掘及可视化》，北京：首都经济贸易大学出版社，2017 年，第 2－3 页。

③ 施勇勤、张玉璞：《移动听书 App 现状与发展趋势探析——以“懒人听书”为例》，《出版发行研究》2018 年第 7 期，第 12－18 页。

④ 张晶：《移动音频平台喜马拉雅 FM 研究》，黑龙江大学硕士学位论文，2019 年；施勇勤、张玉璞：《移动听书 APP 现状与发展趋势探析——以“懒人听书”为例》，《出版发行研究》2018 年第 7 期，第 12－18 页；谷征：《改革开放 40 年我国听众调查的五个阶段与发展趋势》，《编辑之友》2018 年第 12 期，第 41－48 页。

二、数据分析

（一）移动音频研究的总体概况

1. 年发文量

对1975年及以后的移动音频研究成果进行统计，统计结果如图1所示：移动音频研究分成三个发展阶段。1975年到2005年处于缓慢发展阶段，总发文量为60篇，年均发文约2篇。最早的一篇论文为《英国地面移动电台简况》，由曾继科于1975年发表在《移动通信》上，对英国地面移动电台的发展情况进行了简要推介。

2006年到2014年为波动增长阶段。这一阶段总发文量为288篇，年均发文32篇，是1975—2005年的16倍。这一时期的发展受益于互联网技术的推动和国家政策的扶持。互联网技术的发展推动数字广播的出现，2004年亚当·科利正是在互联网技术的加持下拉开了播客革命的序幕，“播客”这一形式于当年年底传入中国。恰逢党中央推进国家信息化建设，按照广播影视“十五”规划，国家广播电视总局确定2004年为广播影视数字发展年，全面推荐广播电视的数字化转换。[①] 仅一年时间，不仅个人播客在国内呈井喷式出现，而且形成播客与传统广播相互借力共同发展的态势。[②] 因而这一时期对播客技术的探讨和播客与广播关系的研究逐渐增多。

2015年至今进入移动音频研究的迅猛发展阶段。截至2021年10月16日共发文413篇，年均发文59篇，是1975—2005年的29.5倍，是2006—2014年的1.84倍。其间出现两次研究高峰，分别是2016年和2018年。习近平总书记关于媒体融合的重要讲话精神和中央《关于推动传统媒体和新兴媒体融合发展的指导意见》为广电媒体融合发展提供了思路和措施。国家广播电视总局积极推进试点工作，媒体融合发展全面推开，面向移动端的综合信息服务成为各级广播电视媒体融合发展的着力点，这一时期积累了不少创新案例。[③] 由此可见，移动音频研究总体上是从少到多，由冷变热，在重要节点上移动音频研究成果呈现陡增的现象。

---

① 国家广播电影电视总局、中国广播电视年鉴编辑委员会：《中国广播电视年鉴2005》，北京：中国广播电视年鉴社，2005年，第24－26页。

② 姚争、钱维多：《播客广播的发展及现状》，《中国广播电视学刊》2007年第1期，第81－82页。

③ 国家新闻出版广电总局、中国广播电视年鉴编辑委员会：《中国广播电视年鉴2016》，北京：中国广播电视年鉴编辑部，2016年，第178－179页；国家新闻出版广电总局、中国广播电视年鉴编辑委员会：《中国广播电视年鉴2017》，北京：中国广播电视年鉴编辑部，2017年，第169－170页。

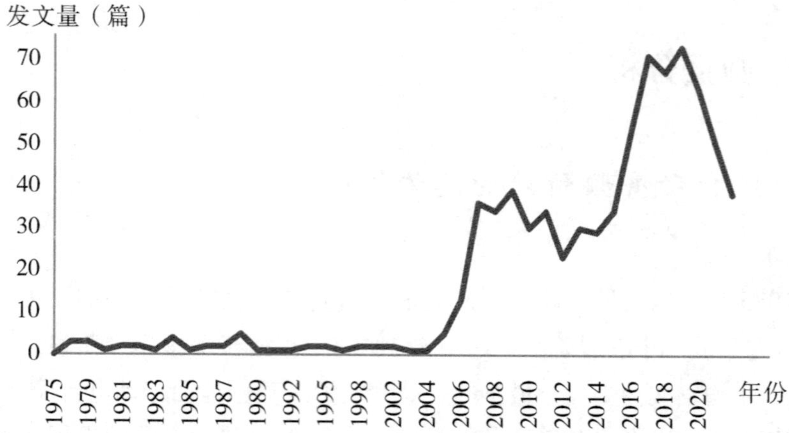

图 1　移动音频研究年度发文量趋势图（1975—2021）

2. 期刊分布

研究样本涉及 166 本期刊，刊文期刊相对较为分散，刊文量为一篇的期刊数目达到 93 本。根据普赖斯定律，分别对刊文量排名前十位的核心期刊和普通期刊进行统计。据表 1 可知，11 本普通期刊刊文量为 306 篇，占总发文量的 40.2%；10 本核心期刊刊文量为 132 篇，占总发文量的 17.3%。发文量最多的刊物为《中国广播》，共计 101 篇，占总发文量的 13.3%。《中国广播》作为国内唯一一本广播类专业刊物，依据 2005—2020 年刊文量统计数据，年均刊文量为 495 篇左右，为众多学者提供了探讨广播理论与实践的平台。《山东视听》于 2004 年 2 月刊发了《谈网络广播的新热点 NJ（Net Jockey）》一文，属最早的一篇研究网络广播传播新形态的文章，认为网络广播是传统广播功能的有益补充，对网络广播伴随而生的网络直播节目主持的程序、形式、优势及不足进行了探讨。

表 1　普通期刊 Top10（含并列）刊发情况统计

期刊名称	刊发量	复合影响因子	综合影响因子	刊发持续时间
中国广播	101	0.215	0.039	2006—2021 年
新闻研究导刊	36	0.200	0.039	2014—2020 年
中国传媒科技	25	0.172	0.065	2004—2021 年
现代视听	23	0.283	0.058	2004—2021 年
新媒体研究	23	0.512	0.104	2015—2021 年
声屏世界	19	0.172	0.039	2004—2019 年
视听界	18	0.221	0.034	2006—2021 年

（续上表）

期刊名称	刊发量	复合影响因子	综合影响因子	刊发持续时间
今传媒	16	0.304	0.084	2005—2020 年
新闻传播	15	0.191	0.042	2006—2021 年
新闻战线	15	0.342	0.110	2009—2019 年
新闻世界	15	0.308	0.074	2010—2021 年

表 2　核心期刊 Top10 刊发情况统计

期刊名称	期刊类型	刊发量	复合影响因子	综合影响因子	刊发持续时间
青年记者	核心	36	0.430	0.110	2006—2021 年
中国广播电视学刊	核心/C 扩	26	0.486	0.182	2005—2021 年
视学刊传媒	核心/C 扩	25	0.621	0.216	2006—2020 年
出版广角	核心/C 扩	10	0.916	0.429	2014—2021 年
现代传播	核心/C 刊	9	1.907	0.926	2009—2019 年
当代传播	核心/C 刊	6	1.833	0.845	2005—2018 年
新闻记者	核心/C 刊	6	3.096	1.674	2008—2011 年
新闻爱好者	核心/C 扩	5	0.875	0.406	2005—2018 年
新闻与写作	核心/C 刊	5	1.976	0.874	2005—2018 年
编辑之友	核心/C 刊	4	1.821	0.932	2007—2018 年

3. 研究机构

共 245 个研究机构对移动音频展开研究。有 172 家研究机构发文量为一篇，32 家研究机构发文量为两篇。当前对于移动音频的研究，发文单位较为分散，为了呈现更为重要的研究主体，本文统计了发文量排名前 10 位的研究机构。根据表 3 可知，排名前 10 位的研究机构，有七所大学、两家媒体和一家政府管理机构。10 家研究机构共计发文 175 篇，占总刊文量的 23.0%。中央广播电视总台以 56 篇位居刊文量第一位，其刊文持续时间为 16 年；上海交通大学的刊文持续时间最长，为 23 年。

研究机构相对分散说明涉及移动音频研究的研究机构众多，表明移动音频的研究成为学界和业界共同关注的研究热点。从刊文量和刊文持续时间两个指标来看，中央广播电视总台、中国传媒大学和北京广播电视台是移动音频研究最重要的研究单位，由于移动音频的出现得益于媒介技术和媒介生态的变化，对传统的媒介业务变革产生了重要的影响，同时也成为业界重点应用和实践的领域，因此上述两家媒体亦成为移动音频研究的重点机构。

表3　研究机构 Top10 刊发情况统计

机构名称	刊文量	刊文量占比	研究持续时间
中央广播电视总台	56	7.4%	2006—2021 年
中国传媒大学	44	5.8%	2004—2021 年
北京广播电视台	25	3.3%	2006—2020 年
上海交通大学	9	1.2%	1998—2020 年
清华大学	8	1.1%	2005—2018 年
武汉大学	8	1.1%	2007—2021 年
国家新闻出版广电总局	7	0.9%	2008—2021 年
上海大学	6	0.8%	2006—2017 年
华东师范大学	6	0.8%	2006—2021 年
上海理工大学	6	0.8%	2016—2018 年

注：2013 年国家新闻出版总署与国家广播电影电视总局合并为“国家新闻出版广电总局”，2018 年机构改革为“国家广播电视总局”。

4. 核心作者

移动音频研究的领域共有 907 位研究者，其中有 816 位研究者发文量仅为一篇。761 项研究成果中独立研究为 549 项，占总体研究的 72.1%；合作研究为 212 项，占总体研究的 27.9%。表 4 统计了本领域发文量排名前 10 位的研究者，这 10 位研究者从 2005 年至今共刊发 47 篇文章，占总刊发量的 6.2%。根据半衰期理论，刊文量大且研究持续时间长的作者为本领域的核心研究者，则栾轶玫（中国人民大学）、赵敏（岭南师范学院）、宋青（中央人民广播电台）、申启武（暨南大学）、李静（中央人民广播电台）、邓炘炘（中国传媒大学）六位研究者为本领域的核心研究者。

表4　核心作者 Top10 刊发情况统计

作者	刊文量	初始刊文时间	研究持续时间
栾轶玫	14	2005 年	2005—2018 年
赵敏	5	2007 年	2007—2017 年

（续上表）

作者	刊文量	初始刊文时间	研究持续时间
宋青	5	2012 年	2012—2019 年
申启武	4	2013 年	2013—2019 年
李静	4	2006 年	2006—2017 年
童云	3	2015 年	2015—2019 年
邓炘炘	3	2005 年	2005—2013 年
史安斌	3	2018 年	2018—2020 年
张建中	3	2018 年	2018—2020 年
陈曦	3	2018 年	2018—2021 年

利用 CiteSpace 软件进行作者合作分析，如图 2 所示，分析得到 $N=496$，$E=113$，Density $=0.000\ 9$，意即节点数 496 个，连线 113 条，密度为 0.000 9。此结果表明移动音频研究领域作者合作分析共涉及 496 位作者，结合总体文献 761 篇，可见研究作者较多但人均发文量较低；连线数为 113，说明作者之间的合作次数为 113 次；密度为 0.000 9，表明作者之间的合作强度低。由此可知本领域多为散点式研究，并未形成稳定的研究团队。

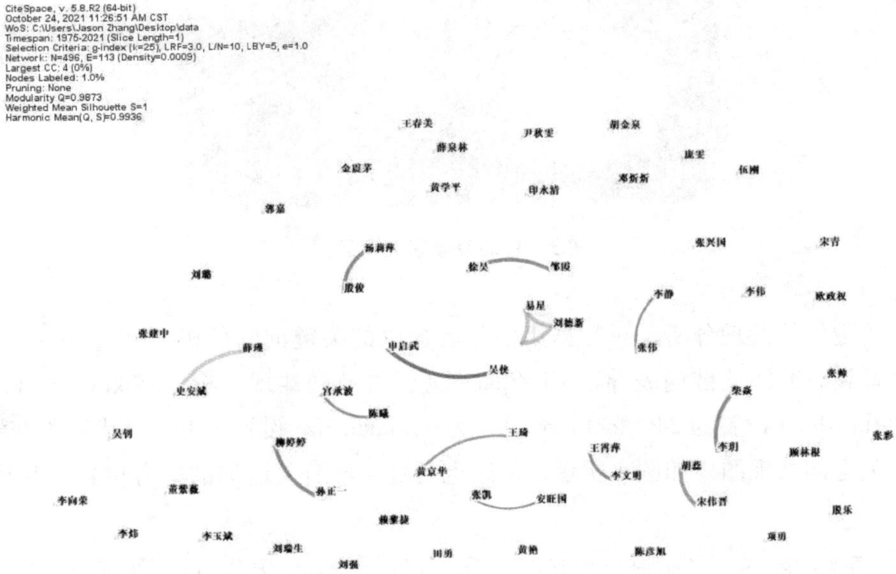

图 2　作者合作网络图谱

（二）移动音频研究的热点主题

1. 词频分析与关键词共现

词频是所要分析的文本中词语出现的次数，在文献计量学中，词频分析通过提取文献信息中能够表达文献核心内容的关键词，根据关键词出现次数的高低分布研究该领域发展动向和研究热点。[①] 通过对 761 篇文献的关键词进行词频统计，共得到移动音频研究的关键词 1 663 个，生成关键词表，将数据导入 word clouds 生成移动音频研究的词云图，如图 3 所示。其中词频排名前十位的有：网络电台（117 次）、播客（72 次）、广播（54 次）、移动电台（54 次）、传统广播（51 次）、新媒体（43 次）、移动音频（40 次）、移动互联网（33 次）、网络广播（29 次）、App（24 次）。这些出现频次高的关键词在一定程度上能够反映当前移动音频研究的关键问题。

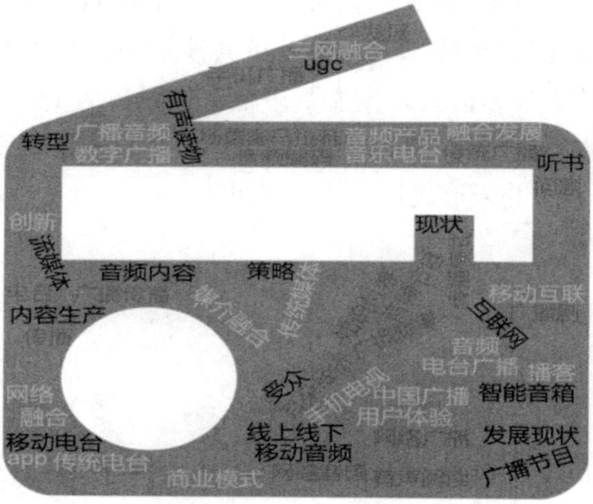

图 3　移动音频研究词云图

关键词的共现分析是对数据集中作者提供的关键词的分析。[②] 将上文提到的移动音频研究的关键词表导入 CiteSpace 进行关键词共现分析，将 keyword labels 中的 threshold 设置为 24，font size 设置为 6，node size 设置为 140，得到移动音频研究关键词共现图。如图 4 所示，网络电台处于所有关键词的核心位置，其次是

① 李杰、陈超美：《CiteSpace：科技文本挖掘及可视化》，北京：首都经济贸易大学出版社，2017 年，第 200－201 页。

② 李杰、陈超美：《CiteSpace：科技文本挖掘及可视化》，北京：首都经济贸易大学出版社，2017 年，第 202 页。

播客、移动电台，而传统广播、移动音频、新媒体、网络广播、App 等与网络电台连线较为紧密说明围绕网络电台与移动音频、传统广播、新媒体等受到学界较多的关注。处于边缘位置的关键词说明当前研究较少，但并不意味着不重要，它们作为某一研究主题的分支，在一定程度上代表着移动音频研究的新兴方向或亟待突破的重点领域，如移动音频研究中的付费音频研究、5G 和人工智能方面的研究。

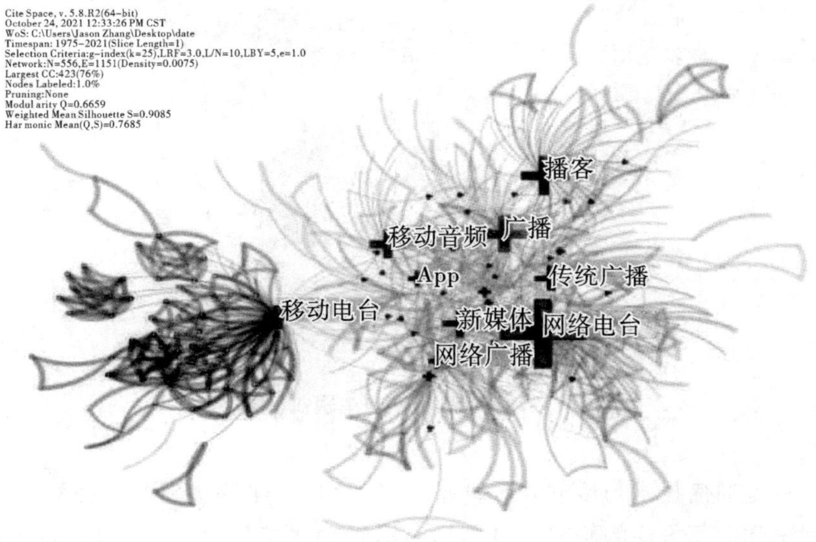

图 4 移动音频研究关键词共现图

2. 聚类分析与热点主题

通过 CiteSpace 软件进行关键词的聚类分析，从而生成热点主题知识图谱。一般认为聚类模块值（Q 值）大于 0.3 意味着聚类结构显著；聚类平均轮廓值（S 值）大于 0.5 说明聚类合理，S 值大于 0.7 说明聚类信度高。如图 5 所示，移动音频研究的聚类分析结果 Q 值为 0.665 9，聚类结果显著；S 值为 0.908 5，聚类信度高。移动音频研究共形成 10 个类团，分别代表移动音频研究的 10 个热点领域。结合文本分析法，通过对相应热点领域的重要文献进行细读，归纳总结出对应的两大研究主题。

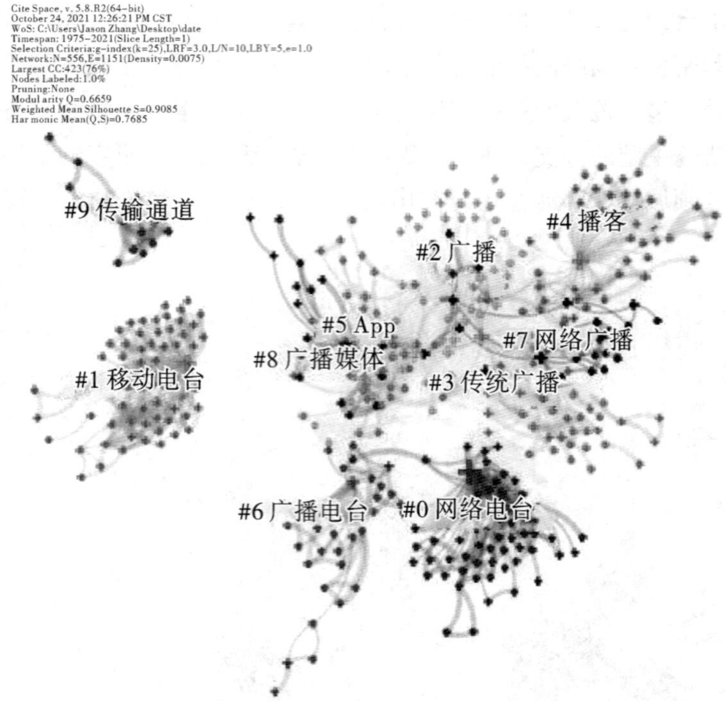

图 5　移动音频研究热点主题知识图谱

主题一是通信技术与传输通道研究（#1、#9）。早期主要集中在对移动电台的发展状况和使用方法的研究，最早的一篇研究文献是曾纪科于 1975 年 1 月发表于《移动通信》上的《英国地面移动电台简况》，对当时英国生产的移动电台和使用情况进行了介绍，特别是对英国当时移动电台的工作频率、接收机灵敏度、体积与重量、功耗以及可靠性做了报告。① 20 世纪 80 年代初期，② 甚高频移动民用电台的普及致使频率分布愈发拥挤，在不加剧相邻波段的干扰和不增加设备复杂性的前提下，提出单边带（SS. B.）调制来解决这一问题。③ 随着 20 世纪 80 年代中叶工艺技术有了新发展和高密度封装器件的有效使用，现代综合陆地移动通信系统将调制解调技术引入，实现对移动电台的完全控制。④ 其后，我国

---

① 曾纪科：《英国地面移动电台简况》，《移动通信》1975 年第 1 期，第 9 – 10 页。

② 吕鹏、张君昌：《移动互联网时代广播节目体系建构的渠道策略》，《现代传播（中国传媒大学学报）》2016 年第 38 卷第 7 期，第 114 – 120 页。

③ 李中午：《甚高频民用移动电台的单边带调制》，《移动通信》1980 年第 4 期，第 75 – 80 页。

④ 坎迪 · E. R、胡金泉：《现代综合陆地移动式无线电系统的趋向》，《电讯技术》1985 年第 1 期，第 28 – 31 页。

也出现了对新移动电台技术的探讨，如电抹洗可编程序只读储存器[①]、单片微处理器[②]、拆式移动电台[③]、表面贴装技术[④]、无中心控制移动电台[⑤]、数字调谐系统[⑥]等；90 年代还出现了移动电台技术在城市交通管理[⑦]、公安机关通信侦查[⑧]、矿井作业[⑨]等领域的应用。

主题二是媒介融合与媒介形态问题。主要由广播经营与转型（#0、#2、#6）、广播的媒介形态演变（#3、#5、#7、#8）和播客的应用研究（#4）三部分构成。广播经营与转型主要聚焦技术赋能时代广播电台如何借助互联网经营与发展[⑩]，广播在媒介融合背景下的转型[⑪]以及广播节目体系的重构问题[⑫]。广播的媒介形态演变集中关注传统电台的节目创新[⑬]与传播优化[⑭]、有声读物[⑮]与各类音频 App[⑯]的发展。播客于2005 年前后在国内出现，一直受到学界和业界的广泛关注，成为广播媒介形态演变的重要分支。当前对播客的应用研究主要集中在对国外特别是美

---

① 王幼曾：《电抹洗可编程序只读储存器（E～2PROM）触发新一代的移动电台》，《移动通讯装备》1986 年第 2 期，第 21－24 页。

② 贺政知、宋爱平：《用单片微处理器实现移动电台的智能化控制探讨》，《移动通讯装备》1986 年第 1 期，第 5－10 页。

③ 李玉斌：《可拆式移动电台的结构及特性》，《移动通讯装备》1987 年第 5 期，第 36－42 页。

④ 王虹：《表面贴装技术在移动通信设备的应用》，《移动通信》1989 年第 3 期，第 38－44 页。

⑤ 白宇军：《无中心控制移动电台控制器设计》，《无线电通信技术》1993 年第 4 期，第 15－22 页。

⑥ 张冠百、俞晖：《移动电台用数字调谐系统的设计》，《移动通信》1998 年第 2 期，第 47－49 页。

⑦ 曹建兴：《车辆自动定位（AVL）系统在城市交通管理中的应用探讨》，《移动通信》1992 年第 5 期，第 23－25 页。

⑧ 王清波：《公安用移动电台的选择》，《警学研究》1993 年第 4 期，第 34 页。

⑨ 刘夕禄：《KT6 型矿井无线电漏泄通信系统传输通道场强测试分析》，《移动通信》1996 年第 5 期，第 18－20 页。

⑩ 童云：《“互联网＋”时代广播电台运营模式探析》，《现代传播（中国传媒大学学报）》2016 年第 38 卷第 2 期，第 162－163 页。

⑪ 姚瑶：《广播媒体的融合转型》，《新闻世界》2015 年第 12 期，第 8－9 页。

⑫ 吕鹏、张君昌：《移动互联网时代广播节目体系建构的渠道策略》，《现代传播（中国传媒大学学报）》2016 年第 38 卷第 7 期，第 114－120 页。

⑬ 易星、刘德新、黎学明：《广播＋互联网的节目创新》，《新闻前哨》2016 年第 2 期，第 37－38 页。

⑭ 李爽：《传统电台“小而美”的传播优化策略研究——以北京人民广播电台“听听 FM”为例》，《传媒》2019 年第 16 期，第 38－39 页。

⑮ 李春梅、李璐曦：《数字化视域下我国有声读物的发展研究》，《出版广角》2019 年第 6 期，第46－48 页。

⑯ 穆洁、冯婷婷：《5G 时代移动电台 App 的升级构建路径》，《青年记者》2020 年第 26 期，第 81－82 页；袁巍：《融媒体时代音频平台地域文化传播新路径——基于“粤听 App 的考察分析》，《传媒》2019 年第 6 期，第 45－46 页；施勇勤、张玉璞：《移动听书 App 状与发展趋势探析——以“懒人听书”为例》，《出版发行研究》2018 年第 7 期，第 12－18 页。

国电台播客应用①、内容生产和变现方式的探讨②，国内播客在图书馆③、数字化校园④、网络教育⑤和社区教育⑥的应用以及播客带给网络传播话语空间的变化⑦。

（三）移动音频研究的前沿演进

运用 CiteSpace 软件生成移动音频研究 1975—2021 年时间线索图和时区视图（如图 6、图 7 所示），可以清楚地看到移动音频研究的关键历程。

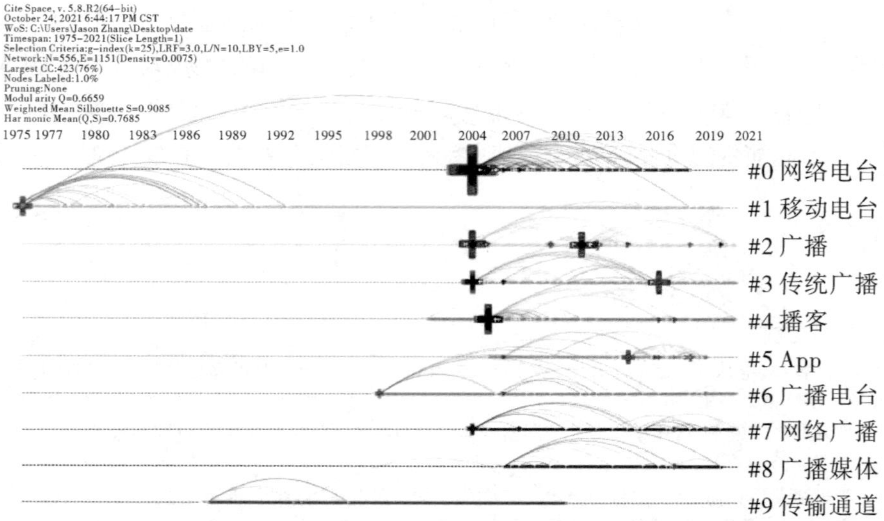

图 6　移动音频研究时间线索

---

① 张彩、朱爽：《美国 NPR 电台的播客应用探析》，《中国广播》2011 年第 4 期，第 70 – 75 页。

② 李静：《美国播客的内容生产和变现分析研究》，《中国广播》2017 年第 6 期，第 23 – 27 页。

③ 陆杰：《论播客在高校图书馆的应用》，《图书馆建设》2008 年第 1 期，第 40 – 42 页。

④ 郁军海：《播客在数字化校园中的应用》，《中国人民公安大学学报（自然科学版）》2009 年第 15 卷第 3 期，第 80 – 82 页。

⑤ 张伟：《播客在网络教育中的应用》，《软件导刊》2006 年第 18 期，第 7 – 8 页。

⑥ 张凯：《播客在社区教育中的应用——以银川市学林园社区为例》，《软件导刊》2009 年第 8 卷第 12 期，第 202 – 203 页。

⑦ 朱丽丽：《从播客、维客等新现象重新审视网络传播的话语空间》，《南京邮电大学学报（社会科学版）》2006 年第 3 期，第 29 – 34 页。

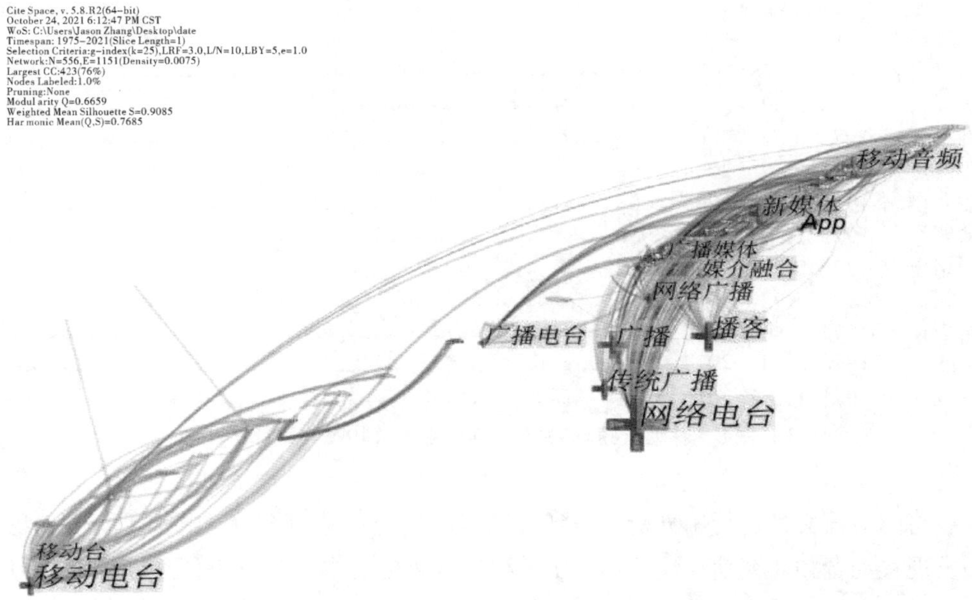

图 7 移动音频研究时区视图

结合前文的热点分析和图 6 可知，移动电台（#1）研究持续时间较长，发文量较大，该主题一直处于技术研究的核心，传输通道（#9）是这一研究主题的重要分支。移动音频研究的另一主题是置于广播学研究的视野之下，广播经营与转型（#0、#2、#6）、广播的媒介形态演变（#3、#5、#7、#8）和播客的应用研究（#4）共同构成这一研究视野的重要分支。

根据移动音频研究 burst 突现分析（如图 8 所示），移动电台（#1）在 1975—1996 年一度成为研究高频热点，但近几年关于移动电台、移动台的研究呈现衰退之势，发文量骤减，不再成为这一领域重点关注的话题。移动音频研究的广播学视野从 2004 年肇始，正好与互联网的发展和播客革命的时间同步，这一领域的高频热点随技术发展不断演进，2004—2015 年主要讨论播客带给传统广播的冲击以及网络广播这一媒介形态的兴盛，2010—2019 年主要聚焦互联网技术飞速发展背景下广播与新媒体的融合，2014—2021 年则关注随着移动通信技术的发展广播形态进一步移动化的态势。

关键词	年份	影响因子	开始时间	结束时间
移动电台	1975	13.78	1975	1996
移动台	1975	5.52	1975	1993
网络广播	1975	5.32	2004	2015
传统广播	1975	4.17	2004	2006
播客网站	1975	5.81	2005	2008
播客	1975	17.46	2006	2010
网络电台	1975	7.81	2010	2017
广播	1975	5.92	2011	2015
新媒体	1975	5.46	2012	2019
App	1975	5.43	2014	2021
移动音频	1975	11.82	2016	2021

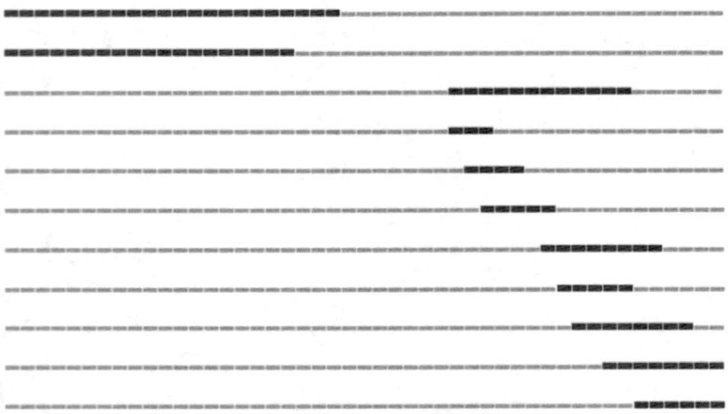

图 8　移动音频研究 burst 突现视图（1975—2021）

将 761 篇文献进行熵分析，得到移动音频研究信息熵图（如图 9 所示）。我们发现移动音频研究信息熵总体上随着研究成果的增多，信息熵值逐渐增大，但信息量变小，意即产生的新知识逐渐变少。但信息熵无论是总体还是局部又呈现波动状态，可见这一领域充满活力，一段时间的沉寂之后，马上又会出现新的学术增长点，产生新的知识。

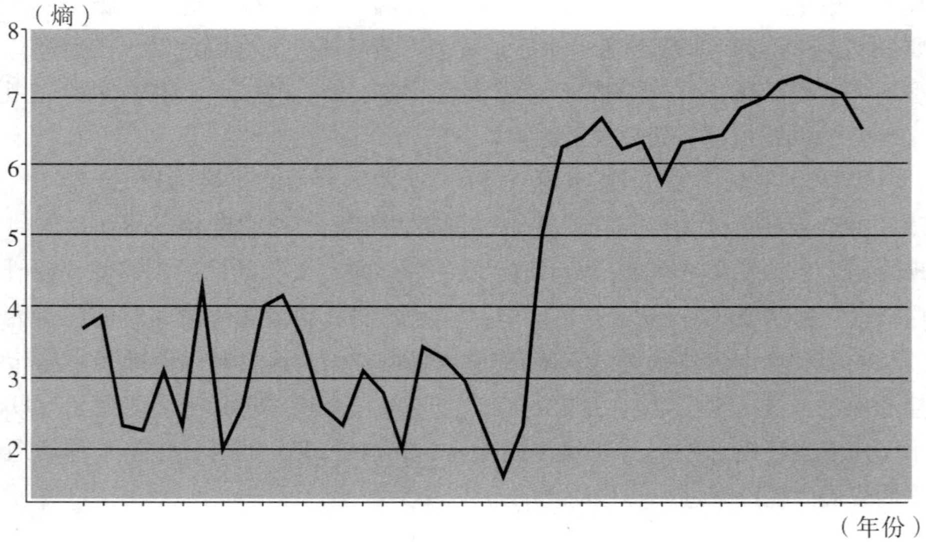

图 9　移动音频研究信息熵图

综上所述，结合图 7 归纳出移动音频研究自 1975 年至今主要集中在两个阶段。第一阶段是 1975 年至 21 世纪之前，移动音频研究主要集中在通信技术领域，第二阶段是 2000 年至今，对移动音频的研究主要集中在传媒领域，聚焦于技术发展对广播经营与管理、广播形态变迁的研究。

结 语

通过对1975—2021年CNKI数据库移动音频研究相关文献借助CiteSpace信息可视化工具进行计量学分析，研究发现：第一，从研究概况上看，2004年之前移动音频研究发展缓慢，此后的8年进入波动增长阶段，2015年开始迅猛发展，2016年和2018年达到研究的历史最高峰，2019年至今研究成果虽有所回落，但进入稳步发展阶段。第二，从研究期刊上看，移动音频研究涉及期刊较多，研究较为分散。《现代视听》是最早刊发网络广播研究的普通期刊，《中国广播电视学刊》是刊文最早且持续时间最长的核心期刊，而《中国广播》在所有类型的期刊中发文最多，是移动音频研究的重要刊发平台。第三，从研究机构上看，当前有245家研究机构对移动音频展开研究，但主要研究成果由40家研究机构产生，综合刊文量和刊文持续时间两个指标，中央广播电视总台、中国传媒大学和北京广播电视台是移动音频研究最重要的研究单位。第四，从研究作者上看，根据半衰期理论本领域有6位核心研究作者，但并未形成稳定的研究团队。第五，从研究主题上看，通过聚类分析移动音频研究共形成10个类团，分别代表移动音频研究的10个热点领域。集中在“通信技术与传输通道研究”和“媒介融合与媒介形态问题”两大主题上，并呈现出从宏观到微观化的研究趋势。第六，从研究演进上看，移动音频研究分为两个阶段，即第一阶段是1975年至21世纪之前，移动音频研究主要集中在通信技术领域，第二阶段是2000年至今，对移动音频的研究主要集中在传媒领域，聚焦于技术发展对广播经营与管理、广播形态变迁的研究。两个发展阶段的信息熵值都处在波动之中，但第一阶段比第二阶段的信息熵值低，即通信技术与传输通道研究的信息量大，新知识产生较多；而媒介融合与媒介形态问题的研究更趋精细化、信息量小。但总体上的波动状态可见这一领域依旧充满活力，在前人研究的基础上有望探索出新的增长点，开辟新的研究主题。

（作者分别系暨南大学新闻与传播学院博士研究生，河北民族师范大学文学与传媒学院讲师）

空间构筑、社群搭建、内容服务：听觉文化回归下移动音频的未来走向

林莘宜

摘要：结合当下对于视听平衡的呼吁，在听觉文化逐渐回归的背景下，本文围绕当前移动音频发展的现状，就移动音频平台的产业化运作、内容与需求的垂直化和专业化经营作为分析的基础，重点就声音对于场景塑造的差异、听觉社交的建构以及内容服务下的文化诉求满足，进而探讨移动音频的未来发展趋势，以更好地感知声音符号的魅力，在听觉文化回归的传播环境下获得视听平衡的体验。

关键词：移动音频；有声传播；听觉文化；声音符号

随着媒介技术的发展，高速的移动网络和可移动设备走进寻常百姓家，小屏世界里精彩纷呈，需要消化的声画符号应接不暇。尤其在当下互联网时代，以抖音、快手为代表的短视频平台成为受众移动设备里难以替代的 App，受众时常在卸载戒瘾和重装再“入坑”之间摇摆不定。不可否认的是，视觉信息无处不在，受众不必也无法躲开视觉符号的传递。然而在视觉信息带来感官疲劳之时，受众在主动或被动接收视觉信息的过程中，也开始有意无意地对听觉文化的回归表达了一种倾向，借用声音符号传播和接收信息的原始传播方式成为一部分受众的心头好。通过声音实现远距离、打破地理空间限制的传播在技术的加持下成为读图、刷视频之外的另一优选。而移动音频是当下推动听觉文化回归的重要依托与表现形式。在听觉文化回归的环境下，围绕移动音频的现状与未来发展趋势展开探究或更有利于日后深入了解移动音频，从而带来更好的媒介体验。

一、听觉文化回归下的有声传播

如果说声音的概念原指物理学中物体震动的声波，那么当下移动音频的内涵则更寄托在互联网移动技术下赋予的可能。移动音频的发展再续了传统媒体时代广播之魅力，视觉图像的吸引力转换为耳朵里音色的饱满、声道的环绕以及声音符号背后的文化与情感承载。根据易观智库在 2018 年发布的《中国移动音频行业年度综合分析 2018》中的定义，移动音频是指“以智能手机、平板电脑、车

载、可穿戴设备等智能终端为载体，通过在线、离线等方式，提供音频收听及个人录制、分享等服务，音频内容涵盖广播电台、音乐娱乐、广播剧、新闻资讯等”[①]。由此可见移动音频涵盖之广泛，依托于智能载体与声音符号实现信息的传递，移动音频的发展搭乘了技术顺风车，又重拾声音这一原始媒介的魅力。

基于当下用户对文化产品的消费需要，声音符号的传播适应了当下快节奏的社会发展步调，碎片化的信息接收方式使得耳朵这一人类原始的信息渠道被强化。当下传播场景越发细分，不论是公共交通的通勤之路，还是私家车内的自驾出行，场景化思维背后强调了用户的内容选择自主权。物联网以智能语音所及之处执行着真正的空间划分，有声传播隔绝了喧嚣的公共空间，释放了私人听觉领地，声音的伴随性优势填充了受众内心情感空地，耳朵里听什么的问题得到了重视，声音成为争夺注意力的新落点，而“耳朵经济”便是典型。“耳朵经济”的形式主要依靠有声读物、网络音频直播、知识付费等。相较于以视觉俘获注意力的“眼球经济”，在不利用视觉符号而采用声音符号、利用听觉的情况下，以独立的感官来获取信息，实现有声传播的过程。有声传播的市场再度被打开，发展前景得到市场估值的看好。根据《中国新媒体发展报告蓝皮书（2020 年）》，2019 年的音频市场规模达到 87. 72 亿元，较 2018 年增长 56. 5%。中国网络音频用户规模预计到 2023 年将会达到 9 亿[②]。在互联网时代，“耳朵经济”的主打商业模式即有声书，听书热潮在听众之中风靡。据统计，我国有声书的市场规模在 2016 年为 23. 7 亿元，并在短短四年时间内于 2020 年迅速涨至 95 亿元左右，整体用户规模约 5. 69 亿人[③]。整体来看，有声传播的市场不容小觑。对于有声传播掀起的热潮，既是挖掘了受众的需求，又是一种对于听觉文化诉求的唤起。

从对“读图时代”的偏爱再到对“听觉文化”的反思，听觉文化回归在呼吁视听平衡的消费需求下再度得到关注，而数字技术的推动为有声传播的发展提供了更多想象。当下技术的不断演进推动着音频数字化的进程，声音从稍纵即逝变成具有可塑性的符号。从调频电台、无线广播再到互联网时代下的移动音频平台，声音的潜力被放大，成为当下受众获取信息或升级文化消费体验的另一突破口。移动音频的发展让声音成为载体，伴随着移动音频平台天然的互联网特性与社交媒体属性，看待有声传播的视角被打开，声音不仅是原始工具，更可以成为沟通文化的桥梁和提供服务的载体。在 20 世纪 60 年代，麦克卢汉将人类社会的

① 《中国移动音频行业年度综合分析 2017》，易观分析，https://www. analysys. cn/article/analysis/detail/1000649，2017 年 3 月 21 日。

② 中国社会科学院新闻与传播研究所：《中国新媒体发展报告蓝皮书（2020 年）》，北京：社会科学文献出版社，2020 年，第 25、209 页。

③ 《2020 年中国有声书行业发展现状及趋势分析》，艾媒网，https://www. iimedia. cn/c1020/75952. html，2020 年 12 月 27 日。

发展演变分为部落化时代、非部落化时代和重新部落化时代，三大过程即“听”与“说”的让位与重归。身处部落化时代，口口相传的便利与沟通有效性使得以听觉接收信息占据主导。非部落时代的文字诞生，使得文字符号的信息承载更胜一筹，文字区别了视觉空间和听觉空间，一时间耳朵让位于眼睛，读取视觉信息成为主流。而电子技术的赋权使得人类社会“重新部落化”，即麦克卢汉所提的“回归听觉”时代。技术打破地理空间的隔阂而使得人们能在地球村心连心。多感官的调动使得信息接收渠道全面而信息过载，视觉再度转向听觉，听觉的不可替代性越来越得到共识。

听觉本身是“不断被文化所建构的，包括声音意义的赋予、倾听的方式、声音内容和听觉主体”①。受众在消费移动音频的过程中，以何种方式接收信息以及对声音符号的解码都有着不同的视角，听觉文化本身于人的内涵也因人而异，随文化而变。因此，在当下听觉文化回归的传播背景下，着眼移动音频目前的发展现状既是对有声传播的再审视，也是对未来移动音频发展趋势的探索起点。

二、当前移动音频的发展现状

相较于视频声画等以视觉符号为主打的文化产品，当下对于音频产品的消费也趋向大众，甚至成为一种热潮，为音频而买单、为声音而付费已经成为不少用户的习惯。当下移动音频的发展主要呈现出平台为阵、需求为策和内容为上的现状。

（一）平台为阵：移动音频的产业化运作

结合此前对于移动音频的定义来看，由于其自身所能呈现的内容之广以及可以承载的终端较多，移动音频天然具备了可以在多平台或多设备上进行接收的特性。目前主要的移动音频都通过平台化的方式，进一步区别于自身音频产品。从《2020 年中国网络音频行业研究报告》中来看，当前对于网络音频的分布平台主要分为两种类型，一种为综合性音频平台，即提供包括音频播客、内容付费、音频直播等涉及多类型的综合平台，所涉及的音频产品呈现多样化。另一种则强调音频产品的功能指向，即综合性阅读平台，如提供网络文学、电子书、有声书，其中有声书这一类的音频产品则作为平台主打。结合目前用户对移动音频的消费习惯来看，典型的综合性音频平台如喜马拉雅、荔枝 FM、蜻蜓 FM、猫耳 FM、懒人听书等，综合性阅读平台则有掌阅、咪咕阅读、QQ 阅读等。

---

① 王敦：《流动在文化空间里的听觉：历史性和社会性》，《文艺研究》2011 年第 3 期，第 17 页。

然而结合当下音频产品的丰富程度来看，除了典型的集大和多为一体的综合性音频平台外，一些参与音频产品制作的环节也开始呈现平台化运作的方式，使得音频产品从制作、包装到端上听众的餐桌，在当下成为更完整的经营体系，甚至形成更为成熟的产业链。具体的平台可以延伸为四种：其一是音频产品的最初制作，有音频内容生产公司如专业音频生产机构讯飞配音或是专业媒体团队如中国之声，再如伴随播客兴起而迎来新机遇的播客专门制作公司 Just Pod。其二是将资源出版化的出版集团等如果麦文化、中信出版、读客等。其三则是音频产品的场景消费端，如智能家居与智能音响小度、天猫精灵等，与音频平台合作推出相应的音频节目，形成了闭环式的音频产品传播链。其四则有专门的语音识别与声音研发技术公司如科大讯飞、云知声，负责专业化的声音处理与应用，尤其在智能语音运用方面将音频产品加入服务功能。因此，随着移动音频的发展，平台化的建设思路使得移动音频不再只是以独立的音频内容实现推送，而是使得音频的生产在程序化、系统化的过程中扩大了产业的规模，链条更加完整。

（二）需求为策：移动音频的垂直化经营

“听”是人类最为原始的获取信息方式之一，人类以听信息来满足基本的需求。如果说在传统媒体时代，听广播作为这种信息需求的基本表达，那么在新媒体时代受众则想要听得更多，即需求多样的体现。受众对于目前移动音频产品的期待，很大程度仍围绕声音本身的特性展开。首先是伴随性，声音符号可以附着在执行其他行动上，而不必像获取视觉符号那样需要专注某个感官，使得对于信息的获取更加便利而高效。其次是碎片化，移动音频产品的消费满足了当下快节奏的生活，使得受众对于想要的信息能够见缝插针式地获取，充分利用耳朵渠道。再来是差异性，相较于越发寻常的视觉符号接收，只聆听声音的感官体验让受众能够调动想象与投入感，既对其中音色产生吸引，又能沉浸于所营造的氛围。因此随着移动音频产品的多样化，聆听音频产品并非一种随机、随意的选择，而赋予了用户产生需求的可能。

结合目前各大移动音频平台的类别细分来看，娱乐性信息和知识性信息为两大类别，并且以足够的细分程度来作为各家卖点，垂直耕耘该领域的专业内容。例如喜马拉雅将当下较为火热的音频产品直播放置在首页做明显入口，广播剧类别也在内容细分中处在靠前位置。网易云音乐同样将音乐直播放在首页，另将播客纳入主菜单栏中，紧跟趋势。相较于其他音乐平台，网易云音乐尤其将当下流行的“专注冥想”放在首页入口，吸引对放松疗愈有需求的年轻群体培养使用习惯。目前受众对于移动音频的可操作空间因“耳朵经济”的兴起而产生了更多的设想，认为没有什么内容不适合以音频来再度承载，就连以视频节目为先行产品的内容也能后期制成音频节目，实现再一次热播。如在看理想 App 上陈丹青介绍名画的节目《局部》，这种本来尤其需要视觉画面辅助的内容都能使得听众通过“听画”而得到满足。对于移动音频的需求挖掘实际上则是在垂直经营某一细分类的基础下，牢牢抓住某一群听众，使其充分感知使用与满足。从当下移动音频产品的现状来看，或许不怕没人听，只怕门类分得不够细。

（三）内容为上：移动音频的专业化较量

米歇尔·布尔在其著作《听觉文化读本》中写道：“借用向声音转移的机会来获得用耳朵思考的可能。”当下在移动音频产品的内容打造上有着显著的专业性较量。专业性不仅体现在对于产品细节、产品功能上的专业，更体现在内容的精良上。各类或具有同质化的移动音频产品为了形成差异性竞争，内容的好坏开始着重体现在哪一个移动音频平台能邀请重量嘉宾，或开通具有一定门槛的音频付费产品，成为吸引听众的竞争筹码。在以内容为上的平台较量中，不同平台在内容集合效应上打出不同的招牌。例如看理想 App 主打邀请人文社科类等名家开设以课程为系列的音频节目，如梁文道的人文播客《八分》提供免费收听服务，复旦大学哲学教授徐英瑾开课《哲学家的 10 种生活提案》售价 198 元，App 会员则可以免费收听。导演贾樟柯开设《电影，我只略知一二》课程售价 48 元，对于会员同样免费。而在喜马拉雅、懒人听书等 App 中的大多数内容虽不收费，但以书籍、相声、说书等内容的上架完整性，如“全集”“全套”“典藏版”作为卖点，即用户可以免费收听多而全的感兴趣的娱乐性音频产品，让用户产生在这一平台可以省时、省力甚至省钱的音频消费体验。当下用户对于不论是视频产品或音频产品的消费并不只是追求免费至上，而是以讲求内容质量为先。通过对音频产品的消费，用户对内容本身的质量有着更高的期待与认可，使得当前许多音频产品的推出并不强调价格优惠与折扣力度之大，反倒以内容的重磅、嘉宾名家的入驻为主要卖点，内容牌成为打出的筹码，以自身内容输出的专业来反衬音频产品、音频平台的专业。目前随着用户对消费音频产品的习惯性，音频产品的含金量成为受众买单、认可的首要条件，更成为当下移动音频产品敲定卖点的关键。

三、未来移动音频的发展趋势

移动音频的发展让受众将更多的注意力诉诸声音的可承载性与可塑性。相较于聆听传统广播收音机里的节目，移动设备与互联网络让听信息变得大有可为。结合目前移动音频的现状来看，受众对音频产品的理解趋向深入，使得移动音频的未来发展趋势可与受众的生活产生紧密的联系。这一方面源自移动音频产品本身与当前受众网络媒介使用习惯的契合，另一方面利用声音实现获取信息之外的诉求开始得到重视。由此，移动音频未来的趋势或将朝向打造场景差异化、打造听觉社交以及内容服务的方面发展。

（一）空间构筑：以音频塑造场景差异

声音天然的伴随性使得对于未来移动音频的探讨也需要考虑到声音的传播场景与范围。随着技术的发展，不同时期受众经历的场景不断变更，从私家车数量的骤增带来移动交通工具内的聆听空间，再到可移动设备开创的以个人为单位的收听个体，以及当下物联网普及之下智能场景的开拓赋予声音和空间的交互可能。从早期传统媒体时代听广播的经历就可体会到声音的陪伴性及对空间的填充感。声音对于当下生活场景的嵌入逐渐深入，在不同的场景用户有不同的信息需求。学者彭兰对于构成场景的基本要素进行了概括，分别是空间环境、用户实时状态、用户生活惯性和社交氛围。[①] 因此，移动音频在通过音频塑造场景差异的同时实际上也更需要贴合未来用户对于场景的基本设想，甚至突破原有的空间设定，即车载音频的细分类别不一定只是信息类产品，而身处居家环境或睡前聆听的内容也并非固守着鸡汤文和轻音乐，而更强调场景的适配，用户使用音频进行真正的场景划分。

当下视觉信息的充斥以及对于公共空间环境的噪音探讨，使得人们更多地强调如何在公共空间里保护私人空间。不论是社会开始讨论短视频声音外放的公共议题，还是切实推行的在地铁或公共汽车上的提示喇叭“请勿将电子设备声音外放”并在部分城市执行罚款处置，当下对于私人空间的把握越发重视。因此，移动音频产品的多样化开始一定程度充当私人空间的隔音墙，如网络流行梗“你永远不知道 ta 的耳机里在听什么”所言的现状，在公共空间中戴起隔音降噪耳机使得每个用户都有独立选择音频产品的权利，用声音构筑个人空间，选择个性化的音频产品就能塑造当下的私人场景，地铁或咖啡厅不再完全只是公共空间，客厅和卧室的区隔不再局限，音频的异同即刻划分出场景的差异。

（二）社群搭建：以声音打造听觉社交

媒介环境学第二代代表人物沃尔特·翁在其著作《口语文化与书面文化：语词的技术化》中写道：“和原生口语文化一样，次生口语文化也产生强烈的群体感，听人说话的过程是聆听者形成群体的过程。”[②] 相较于传统媒体时代，移动

---

① 彭兰：《场景：移动时代媒体的新要素》，《新闻记者》2015 年第 3 期，第 22 页。

② ［美］沃尔特·翁著，何道宽译：《口语文化与书面文化：语词的技术化》，北京：北京大学出版社，2008 年，第 104 页。

互联网打破了原有的地理空间隔阂，扩大了信息获取范围，使得传播的互动建立在更开阔的群体基数上。对于收听移动音频亦是如此，当前收听不同的移动音频产品可以在评论区或音频弹幕上形成社群集合，使得具有同样信息需求的用户或是对同一话题感兴趣的听众就能天然地在移动音频平台上各取所需，形成特定的社交群体，产生隔空的群体凝聚力与陪伴感。阿多诺曾提出，在现代文化工业的影响下，相隔的受众在聆听由机械复制出的音乐的过程中可以产生“我们感”和“相互陪伴下的孤独”。目前基于互联网技术，网络社群的聚集可以通过听觉技术与内容数字化使得声音产生陪伴和相联系的感觉。目前一些移动音频平台已有类似的社群建立导向，如播客应用小宇宙 App 在首页进行内容推荐中就不采取传统的具体栏目作为推荐，而是以节目中的金句或亮点节选，让用户在选择收听内容的时候就可以从片段入手，合乎口味则可以订阅收藏，或是直接阅读其他用户的反馈、点评作为评价节目的依据，以内容亮点直接作为筛选社群成员的方式。正如前文提到的麦克卢汉所提出的人类社会“重新部落化”，播客 App 利用声音自带的群体吸引与社交属性，在虚拟的听觉空间内实现了不同独立群落的聚集。不论是以节目的口碑圈粉也好，还是以兴趣相投为动力，移动音频在未来对于社群搭建的内核在于利用声音打造社交门槛。

同样，利用声音实现听觉社交还存在一定的闭环门槛，即必须处在同样的虚拟空间内或接收同样的声音符号才能实现社群联系的第一步。例如在网易云音乐内开始有着较为明显的社群建立引导，根据日常对音频内容的收听情况给出“与你非常匹配的听众”，或开通“一起听”按键使得音频产品在社交媒体或即时通信工具分享后，对方便可同步收听，并且保证音频内容节奏一致，实现了以音频产品为源头的闭环式社群。对于未来移动音频在建立网络社群的趋势上，声音本身将再度发挥最为原始的吸引力与想象力，从前围坐篝火变成共守同一个音频进度条，声音的陪伴感进一步强化为听觉社交，人以群分实则将转化为用声音符号划分领地。

（三）内容服务：以符号强调文化诉求

移动音频以声音为载体，在节目、音效、品牌等包装下呈现出完整的音频产品，但就其本质来看仍是声音符号的编码过程。经过传播者对相应文化内容的编码赋予想传达的内涵，再由听众通过聆听的方式进行解码，完成信息理解的过程。因此，不同的音频产品背后传达着不同的文化价值与符号，不同的用户将结合自身的文化体验解码出不同的符号意义。正如海德格尔所认为的，理解不只是对外在的客观事物产生认识，而是首先基于感同身受的内在展开领域。[①] 结合当

① 李彬：《传播符号论》，北京：清华大学出版社，2012 年，第 202 页。

下受众对于移动音频产品的期待，移动音频产品不仅满足于声音的基本特征，实现陪伴感以及符合碎片化信息接收方式，而是在目前洞察文化诉求方面有着强烈的意识，通过声音符号来满足不同群体对不同类型文化的诉求。这种就内容方面带来的服务，一方面反映在挖掘潜在的内容需求，使得分类更加细化，内容更加聚焦；另一方面则体现在以内容供给成为用户对话、互动的基础，用语言符号表达、创造和唤醒了文化需求。

福柯在阐述符号和物之间的关系时指出，语言符号是“物的完全确实并且透明的符号”，但文化使得符号可能超越物，使得符号变成传播媒介，如货币一般专注于自身的增值潜能。[①] 移动音频的未来重要趋势或就在于继续延续和发扬当下内容对于用户的作用，这里的作用超越提供未知信息，更多的是文化诉求的满足。以当下移动音频对内容打造的力度来看，品牌之间虽有同质化但力求差异。如果说喜马拉雅 App 在首页菜单开辟“少儿素养”，另辟蹊径打造国学经典、双语教学等音频内容，那么猫耳 FM 的首页自然避不开招牌栏目广播剧。再拿小宇宙 App 来看，播客的主题横跨多种冷门话题，从非虚构叙事到社会职场议题，再到登山知识或调香哲学，以看似小众的话题敲开文化诉求的心门，追逐被忽略却有潜力的议题与群体。正如听觉文化研究学者王敦所说：“声音问题的文化负载，来自听觉主体性的投射。很多情况下当人们谈声音的时候，实际上是在听觉的文化范畴里谈而不自知。”[②] 对于移动音频的发展趋势，内容服务的饱满与周道或成为其进行领域开拓的关键，充分利用声音符号，探索用户及其背后的文化需要，与用户形成在文化沟通层面的互动，将带来更持久的动力。

在当下听觉文化回归的背景下，移动音频的发展是一种顺势而为。当下声音符号对于日常生活的影响越发深入，不论是从音频对生活方式的嵌入程度来看，还是就目前不断扩大的音频市场来看，移动音频的发展伴随着对视听平衡的呼吁下正显得越发可观。移动音频借助受众最为原始的对于听觉的依赖，使得当前不少受众改变了信息接收与感知的方式，让耳朵成为开启新世界的入口。也许在未来更先进技术的支持下，移动音频的发展将会以更加带动感官与想象力的方式，发挥声音的魅力，听见更远阔的前景。

（作者系渤海大学新闻与传播学院硕士研究生）

---

① 赵毅衡：《符号学：原理与推演》，南京：南京大学出版社，2011 年，第 224 页。

② 王敦：《“声音”和“听觉”孰为重——听觉文化研究的话语建构》，《学术研究》2015 年第 12 期，第 153 页。

记者“主播”与智能交互：报业音频转向的两种进路

赖黎捷　颜春龙

摘要：我国媒体融合向纵深发展，传统媒体的智能化转型升级与全面融入移动互联网势在必行。近年来，报业音频转向引人瞩目，以音频新闻为代表的报业播客迅猛发展，大致有两种进路：一种是以记者“主播”为纽带，从内容搬运到具身式交往；一种是以智能语音为驱动，从离身到人机交融。两种进路均走向人性化陪伴和个性化服务，与音频媒体的本质属性相契合。报业播客用户黏性持续增高，用户群体从报纸向屏端扩展，给主流媒体的转型发展带来启迪。

关键词：新闻播客；智能语音；记者“主播”；音频转向

2014年以来，我国媒体融合进程先后经历了传统媒体与新兴媒体融合、向移动互联网融入等发展阶段。报纸、广播以报业播客、广播可视化等融入移动互联网新生态，其中，报纸向音频的融入尤为瞩目。有学者预测，全球新闻传媒业正在经历新一轮音频转向，智能语音技术将成为未来全球新闻传播转型升级的突破口之一。①

然而，智能语音技术并非报业音频转向的唯一入口。当前，报业音频转向大致有两种进路，一种是以原有名记者、名编辑为核心的采编团队为基础，将新闻内容音频化，从节目、栏目到频道垂直细分化，打造音频产品矩阵，通过个性化主播增强用户黏性；一种是以智能语音技术的升级迭代为驱动，对新闻内容进行语音转换，从语音合成、语音控制到虚拟现实融合，打造人机交融的智慧共同体，通过虚拟社交强化深层认同。前者以真人主播为核心，以具身认知的专业细分化再现现实社会；后者以智能交互为核心，在虚拟现实之间创造完美镜像。

---

① 史安斌、薛瑾：《播客的兴盛与传媒业的音频转向》，《中国广播》2018年第10期，第95页。

一、从转译到交往：以真人主播为纽带的音频转向

2015年以来，《南方都市报》《封面新闻》等地方都市报经历了从新闻内容生产的音频化到音频节目类型的细分化再到以记者“主播”为核心的多场景浸入式音频互动的融合发展进路。这一进路以一线记者对新闻的个性化解读和独特的个人魅力为核心竞争力，围绕报社的优势信息资源和记者团队的专业特长打造音频品牌产品矩阵，其深层理念是具身式传播，即认为人的意识不能独立于生命载体而存在，人工智能是对于人类思维和意识的模拟、扩展、延伸，只是应用于内容生产的必要环节，但不能取代人类。

（一）新闻内容音频化：品牌栏目入驻第三方平台

从看到听是报业音频转向的第一步。《钱江晚报》自2015年起在蜻蜓FM上开设专区，将文字内容制作成音频节目。开设仅4个月，日均活跃用户达到25万，峰值达到30万，每天都有超过25万人收听来自《钱江晚报》专区的新闻节目，且平台收听留存率超过20%。[①]《封面新闻》则自2017年起在其App推送《早间听封》《读特》等音频节目。《南方都市报》从2019年起在其客户端增设音频版块，同时还入驻蜻蜓、喜马拉雅等移动音频平台和天猫精灵智能音箱。

从整体上看，这一阶段的音频化是以新闻原稿为基础，进行了符号转换，以渠道的扩展和融合为主，将新闻产品搬运到了移动互联网。在这一阶段，新闻内容的发布平台从纸质媒体扩展到移动互联网，包括客户端、微信和移动音频平台，内容生产从文字书写转向音频制作，从诉诸“文字—视觉”转向诉诸“声音—听觉”。但并非所有文字形态的内容都适合用声音媒介表征。从文字到声音，需要选取具有可转译性的内容，并对之进行重新编码。可转译性是指人们通过不同形式对实在的不同内容展开商议、交流和干预活动。[②]与文字的正式与深度思考相比，声音更容易调动人们的情感和想象。尽管在从文字到声音的转换过程中，不得不舍弃某些诉诸理性思维的深层、抽象的意义元素，但由于注入了音强、音高、语调等新意义元素，新闻内容在屏端听众处的解码获得了新意涵。这些节目不仅吸引着原有的忠实读者一同迁移到移动音频平台，其阅听兼备的个性

---

① 《钱江晚报试水音频新闻》，《青年记者》2015年第23期，第32页。

② ［丹麦］延森著，刘君译：《媒介融合：网络传播、大众传播和人际传播的三重维度》，上海：复旦大学出版社，2012年，第9页。

化特征又吸引了新的用户。

从新闻信息的传受关系看，是你播我听，用户主要处于接收状态，即“听新闻”，而记者从新闻素材的采集者和文字稿的生产者转向了音频节目的转码者，其生产环节从写稿延伸至音频制作。在转码过程中，主要是对原创新闻内容的选择和符号转换，大都不具有颠覆式改变。从报纸和扩展的平台关系看，新的平台作为原有渠道的拓展和延伸，居于从属地位。

（二）节目类型细分化：多形态打造音频产品矩阵

报业向音频平台的进军很快走向垂直细分化，数量增加，内容多元，专业化、类型化趋势凸显。从形式上看，从起初单一的短资讯节目到以特色栏目为主打，再到各类音频栏目汇聚的专门频道；从类型上看，从资讯类到谈话类、评论类、服务类等种类多样；从内容上看，题材涵盖财经、教育、健康、娱乐、文化、历史等，最大限度地满足用户需求。

围绕热点新闻将内容效益最大化，拓展相关类型或相关主题的节目，是报业音频转向在内容生产和形态延展上的一个重要思路。如《南方都市报》的《南都快讯》以对资讯的简要发布为主，《南都音频早餐》以对新闻的特色串接和解读为主，《三点表达式》则围绕热点新闻话题展开多角度分析和讨论。从文本关系上看，上述思路是利用不同节目之间的水平互文性进行相关性开发。水平互文性文本有两类，一类是按照时序原则，意义跨越历史的迁移，包括同一类型中稍早的文本和同一系列中稍早的文本，另一类是按照相关原则，意义借由主题或行动者产生关联，包括相关类型和相关的比喻。上述案例属于按相关原则催生文本间性的水平互文性文本，节目之间存在内在关联，故而能吸引和扩展用户群，进而增强其用户规模和黏性。

围绕用户对信息品质和功能的需求打造品牌音频产品矩阵，是报业音频转向的另一个重要思路。以《南方都市报》为例，其财经类节目重在发挥品牌效应，《湾区财富 3 分钟》深耕本土财经信息，紧跟当地经济动态，精心挑选南都首席记者魏凯和首席编辑黄海珊对相关信息进行深度解读。该栏目与《南都财经早评》进行差异化定位，吸引了不少对财经信息品质由较高诉求的用户。同类思路在不同题材的节目序列中得以体现，形成了由财经、教育、健康养生、时尚生活、娱乐等题材品牌栏目构成的产品矩阵。《封面新闻》则定位新闻，形成了由《时政要闻》《热点事件》《呵呵新闻》《1818 黄金眼》《文体江湖》等构成的品牌栏目矩阵。《封面新闻》还从节目到频道，将垂直细分化做到极致，推出“听封”频道，下设脱口秀、有声书等多个大类。

（三）记者“主播”讲故事：元传播特质的具身式交往

由一线记者、编辑担任音频节目主播，以新闻采集者和见证者的身份讲述新闻故事，评点新闻是非，对新闻素材进行深入、即时的解读，是报纸向音频转向的关键环节。比如《南都音频早餐》，其主播遴选了时政、科教、地方各个新闻部的一线记者，而《娱乐响当当》则由娱乐部的全体记者、编辑担任主播，打造“当当家族”主播群。2019年，《封面新闻》打造的方言脱口秀节目《正儿扒经》，选取了资深行业记者“富贵”和“强哥”做主播。

记者“主播”讲故事的方式受到用户欢迎，不仅收听量上升，而且吸引了大量异地用户。记者“主播”讲故事属于第一维度的元传播。元传播的核心构想来自贝特森，其研究着眼于面对面交流的语境。尽管在音频节目中，记者“主播”讲故事主要是由记者讲新闻，但由于节目设置了特定的谈话语境，着力营造一种记者与用户面对面的在线、即时交流氛围，记者的语言就具备了第一维度的元语言特质，其绝大部分语言都是个性化的、含蓄的、意蕴丰富的，与播出语境密不可分，同时还暗含了一种主播与用户之间互信、互嵌的精神交流与情感链接关系。简言之，富有本土特色的记者“主播”讲故事，其实质是一种植根本地或植根特定话题和语境的具身式交往，故而具有独特的人格魅力。

二、从离身到融合：以智能语音为驱动的新闻播客

与地方都市报的音频转向不同的是，以《人民日报》、新华社、南方财经全媒体等为代表的报业集团选择了媒介技术进路，即以数字化的信息传播技术智能语音为核心内驱力，从仿真的问答到人机结合的虚拟现实融合的场景互动，以离身为起点，通过新闻生产与交互的不断升级迭代，实现向具身化传播的复归。在这一进路中，借助人工智能技术，从智能语音播报到聊天机器人再到AI主播，新闻故事的讲述者分别探索了具有独立人设的机器人和以真人为模仿对象的机器人两种模式。

（一）智能新闻生产：语音合成的新闻简报

离身认知是第一代认知科学的主导思潮，也是人工智能的理论来源，着重强调认知在功能上是能够脱离人的身体而独立存在的。[①] 人工智能技术特别是智能

① 於春：《传播中的离身与具身：人工智能新闻主播的认知交互》，《国际新闻界》2020年第5期，第35－50页。

语音技术的应用和智能机器人的升级，使音频节目实现离身传播成为可能。作为人工智能的核心代表，智能语音技术包括语音合成、语音识别、口语评测、语义理解、自然语言处理等多项技术在内，已逐步成为人工智能领域应用最为广泛的技术。[①]

智能新闻生产的初期阶段主要是运用语音合成技术将文字转换成声音，这与地方都市报的早期阶段本质上是一致的。南方财经全媒体集团被认为是全国首家应用真人语音智能生产新闻的媒体机构。[②] 其 2018 年推出人工智能语音主持人，利用真人主播的虚拟音库进行新闻信息播报。《人民日报》于 2018 年 11 月推出语音转写服务项目，并将之应用到 2019 年的两会报道中。在国外，《华盛顿邮报》《金融时报》等于 2017 年将以真人声音为模本的智能语音技术运用于报业音频播客节目的制作中，实现了文字新闻稿转换为模拟真人语音的符号转换，其典型应用是新闻简报，由语音交互指令控制新闻内容，实现资讯类新闻信息的自动播报。

（二）模拟真人的聊天机器人：语音控制的新闻问答

能够播报新闻、与用户互动的虚拟主持人在音频节目中的应用日益普遍，并经历了从模仿真人的聊天机器人到 AI 主播的演变。虚拟主持人是利用数字技术处理的通过媒体渠道与用户形成交流互动的仿真人形象。[③] 按照智能技术对人的身份扮演可将虚拟主持人分为两类，一类是基于大数据技术和深度学习的创造型虚拟人物形象的机器人，如被设计为十八岁少女形象的微软“小冰”；一类是基于特定真实人物数据采集和对真实人物进行虚拟形象再现的再造型机器人。[④] 按照关键技术原理可将虚拟主持人分为三类，一类是基于大数据和深度学习的虚拟主持人，一类是基于关键帧动画的虚拟主持人，还有一类是基于实时动作捕捉等跟踪设备的虚拟主持人。

微软“小冰”是聊天机器人在国内应用得较早的典型案例。它整合了智能语音、大数据及其深度学习和情感计算等相关技术。2015 年以来，先后与 30 多家广播电台展开合作，新闻主播是其重要领域。在国外，指令式应用成为这一阶段的突出特征，具体又可分为语音操控调用其他平台的音频内容和基于语音的新

---

① 胡郁、袁春杰、王玮：《人工智能技术在传媒领域的应用——以智能语音技术为例》，《新闻与写作》2016 年第 11 期，第 15 – 17 页。

② 赵随意、陈燕：《人工智能构建传媒新业态——以南方财经的实践为例》，《新闻战线》2019 年第 1 期，第 70 – 72 页。

③ 刘珣：《新时代 AI 与播音主持的融合创新》，《新闻传播》2021 年第 7 期，第 140 – 141 页。

④ 张洪忠、石韦颖、韩晓乔：《从传播方式到形态：人工智能对传播渠道内涵的改变》，《中国记者》2018 年第 3 期，第 29 – 32 页。

闻问答两类。在新闻问答节目中，用户用语音提问，随后就会获得相应的信息。[①]

与智能语音播报不同的是，聊天机器人的出现给节目注入了人性化元素，而新闻问答类节目则凸显了用户对语音的控制，不再是由语音机器单向输入音频内容，而是根据用户的需求搜索并播出相应的内容。聊天机器人除了帮助用户搜索所需要的各类信息、发挥信息服务功能外，更多地扮演着虚拟伙伴的角色，通过对话更好地理解用户，与用户建立情感联系。此外，部分聊天机器人以真人为模拟对象，将新闻播客从离身认知推向了具身认知的复归。人工智能合成主播是在提取真人主播新闻播报视频的声音、嘴型、表情动作等特征的基础上，利用深度学习技术进行建模训练而合成的。[②] 合成主播的出现则推进了机器人与真人的融合。

（三）人机交融的沉浸式传播：走向综合的虚拟现实多场景互动

在以智能语音为驱动的报业音频转向进程中，聊天机器人、AI 主播等的运用使音频节目从单一节目的信息系统走向以日常生活多场景融合的虚拟现实再造，用户接收节目的终端从手机等移动设备扩展至基于物联网的智能终端，包括智能音箱、沉浸式可穿戴设备。以 VR、AR 技术为基础的无界面接收新闻将成为常态，用户与智能音箱、AI 主播之间的交互嵌入日常生活各个领域，音频转向走向人机交融的沉浸式传播。

按照交互程度，沉浸式传播主要有两类，第一类是新闻测试，即在新闻简报等新闻资讯类节目之后围绕近期新闻热点设计新闻测验，如《纽约时报》*The New York Times News Quiz*，时长 3 分钟，围绕独家新闻资讯而设计，用户与音箱通过交互式问答完成测试，类似的还有 NPR 的 *Wait Wait Quiz* 等。此类应用兼具知识性、游戏性，在轻松愉悦之中强化了用户对音频新闻内容的理解和记忆，进而增强用户的黏性。第二类是音频互动实验剧，即利用语音交互、虚拟现实技术创造用户参与的沉浸式媒体体验，互动广播剧是其典型形态，如《金融时报》和谷歌合作的《隐藏的城市》（*The Hidden Cities*）。互动剧以第一人称个性化叙事和多线索故事引擎为特色，以开放式文本形成用户的协作叙事，通过语音互动推动情节走向，用户成为真正的文本创作者，在生产与消费融合的状态中与节目形成强烈的情感纽带。围绕新闻信息的权威性和专业性资源优势，报业的音频转向从播新闻到聊新闻，从聊新闻到消费新闻、体验新闻，走向服务化、综合化。

---

① 徐琦：《美国传统媒体如何融入智能语音生态》，《出版发行研究》2019 年第 9 期，第 63 – 67 页。

② 殷蕾：《AI 技术在传媒领域的应用研究——以人工智能主播为例》，哈尔滨师范大学硕士学位论文，2019 年。

三、人性化、个性化：殊途同归的音频转向

尽管报业音频转向出现了两种进路，但均呈现出人性化和个性化的发展趋势。两种进路都立足音频媒体共时使用和诉诸情感的媒介特质，针对移动互联终端用户的社交、综合服务等需求，发挥报业在新闻内容生产方面的资源优势，特别是围绕热点话题、深度报道、独家新闻等研发系列原生音频产品，以多场景融合的日常生活嵌入建立情感连接，以个性化、交互式定制服务打造品牌产业链。

（一）嵌入式陪伴的情感连接

从音频新闻的形态上看，报业新闻播客从新闻播报向新闻评论、新闻脱口秀、新闻测试等多元化形态拓展。从新闻内容的呈现形式上看，新闻播客从播报到讲述，到虚拟现实融合，到人机交互隐喻。声音语言中的语音、语调、节奏、环境氛围的营造等在节目中的重要性日益凸显。主播的角色设定也更加拟人化，不再是单一的新闻主播，而是同时扮演多重日常生活虚拟伙伴式的角色。如目前在广播领域运用广泛的微软“小冰”，从最开始能精准播报天气预报、路况信息、新闻资讯，到能自主操控对话，生成有声少儿读物、新闻、评论；再到可以实时利用大数据梳理热点话题、搜集网友评论、全程与人类主持人互动，直至如今已能逐渐融入情感与智商主持节目。经过数次迭代，“小冰”已从一个人工智能对话机器人发展成为以情感计算为核心的完整人工智能框架。[①]

在由记者“主播”或AI主播的日常生活嵌入的情感陪伴式音频消费过程中，主播与用户之间实质上形成了类似虚拟社区的逸闻传播系统。逸闻传播系统是鲍尔－洛基奇等在传播基础结构中提出的概念，用来描述置于传播行为情境之中的特定信息系统。这种系统的特征是建立在社区层次上，即一个由居民、组织和当地媒体构成的逸闻网络，讲述其社区逸闻趣事。传播行为情境则强调由个人与其所在的环境构成的特定传播语境，包括物理、心理、技术等维度。在移动终端，对特定音频节目的忠诚度、对特定主播的固定播出的期待等形成了与虚拟社区类似的空间感和归属感。用户与主播及其节目相互依赖，形成了稳定的情感依赖。

（二）原创交互的个性化服务

音频节目形态的演变和相关产品数据显示，以第一人称叙事方式播出的、用户可深度互动的故事类、评论类、深度调查类和综合服务类节目更受青睐。如

---

① 周宇博：《基于语音识别技术的广播智能化升级》，《中国广播》2018年第11期，第27－30页。

《纽约时报》开辟的特色栏目《52 地旅行官》筛选了 52 个地方，并从每个位置发回音频，通过对话形式使听众跟随旅行官完成虚拟仿真的旅行体验。《金融时报》将周末增刊的文字连载《隐藏的城市》（*Hidden Cities*）升级为音频交互节目，通过 VR 技术、谷歌助手等，带领听众探索城市。①

个性化声音和个性化内容生产成为声音品牌资产的核心元素，围绕核心元素，融入智能交互技术，可以在车载广播、时尚生活、游戏娱乐等日常生活的各个领域中实现个性化服务。声音终端的用户已进入社交 4.0 时代，即虚拟现实融合的语境下对人际交流和身份认同充满渴望。

虽然我国报业的音频转向还处于初级阶段，但其发展势头已经凸显传统主流媒体在新闻内容生产方面的资源优势，特别是在新闻内容的采集、评论及本土新闻内容的解读等方面的核心竞争力。无论是真人主播，还是智能语音交互，都为音频新闻的发展注入了新的生机。

（作者分别系重庆师范大学新闻与传媒学院，广播研究院副院长、教授；重庆师范大学新闻与传媒学院，广播研究院院长、教授）

① 殷乐：《欧美智能音频的使用及传播解析》，《青年记者》2019 年第 7 期，第 19 – 21 页。

试论县级融媒体中心人才转型升级难问题及对策

陈彩莉　卢文兴

摘要：在县级融媒体中心已基本覆盖全国的新形势下，本文通过对60多家区县融媒体中心人才转型升级课题进行调查研究，发现普遍存在着“两分化”现象，即传播平台软硬件全面提升，但操作和管理平台的人才转型升级相对滞后。一方面是原有广播电视报纸等业务骨干在构建全媒体传播格局中能力弱化和人才流失，另一方面是具有互联网思维、善于运营的“一专多能”融合型人才严重缺乏，造成媒体“融”与人才“融”脱节。剖析问题根源指出，县级融媒体中心管理者仍以传统媒体思维经营新型主流媒体，对县级融媒体双重功能属性认识不深入、作用发挥不到位，导致对人才转型升级要求不明确、人才存量与增量不适应媒介转型升级需求等症结日益严重。研究对策提出需推行“双轨机制、多能用人、岗位育人、分级培训、校媒融合、产学互补、多元激励”等策略与措施，以期全方位推进人才转型升级。

关键词：县级融媒体中心；人才转型；对策

2018年以来，我国2 850多家县级融媒体中心挂牌运营，成了我国媒体深度融合的一个重要标志。为研究这种融合发展的规律，笔者近年来先后走访了60多家区县融媒体中心，发现我国最基层的媒体机构软硬件建设都有了大幅度的提升，特别是标志着广播、电视、报刊和各种网媒进入深度融合态势的“中央厨房”（或“指挥中心”）和多功能数字化演播室，已经有了相当的规模和较为厚实的内涵，线上媒介矩阵也正在从“两微一端”向短视频、全网直播等更多更具有现代传播特性的用户端口延伸，媒体传播力、引导力、影响力也有长足进步。而在进一步的调研时发现，与区县各种传播平台快速发展势头形成鲜明对比的是，各种专业人才转型升级滞后问题较为明显，从业人员呈现年龄老化、知识退化、思维僵化的倾向性问题，严重制约了线上线下多元传播矩阵的可持续发展。当前，加强区县融媒体中心建设的重心，应当放在解决媒体“融”与人才“融”相脱节的这一主要矛盾上。

一、县级融媒体人才转型升级的滞后趋向

由于各种先天性条件的困扰，我国县域媒体人才原本就紧缺，在移动互联网、大数据、云计算、人工智能、物联网、5G、AR/VR、无人机、虚拟仿真、元宇宙等新传播技术大爆发的当下，媒体专业人才特别是融媒体全媒体人才满足不了传播需求的矛盾更加令人忧虑。

（一）广播融媒体人才流失严重

在县域原有的媒体大家庭中，广播电台曾经因为建设投入少、运营成本低的优势，而比电视台和报纸更为普及。在做出推进县域媒体深度融合发展的战略决策后，各级都加大了经费支持力度，全国县域媒体在推动传播视频化上皆有长足进步。但由于管理层的各种偏见，媒介音频化不进反退。处在市场新风口的在线音频，在县域媒体中鲜有突破，有的甚至连线下广播都关停了。一些广播业务骨干，有的到更大的平台发展，有的转换跑道从事新传播业务，有的则因广播停了迫不得已转到行政后勤岗位工作。

（二）互联网运营人才普遍缺乏

一些县级融媒体中心的微信公众号管理与运营大多较为成功，不仅拥有庞大的粉丝量且能高效变现，达成社会效益与经济效益并举的目的。但另外也有不少县级融媒体中心虽有可观粉丝量，却因为缺乏互联网运营人才，没有更多的变现手段，难以拓展多元创收渠道。而官网及其所注册的视频号、抖音号、微博等平台账号，因运营人才匮乏，不善于研发新产品，没有出彩新玩法，内容创作老一套，玩不出新花样，产生不了爆款，难以吸粉引流，缺乏有号召力的网红，媒介离“下沉群体”远，不接地气，服务功能少，满足不了社会大众需求。

（三）“一专多能”人才更为稀缺

县级融媒体中心大多处在偏远小城，经济不发达，各方面条件不理想，很难引进高层次人才。与此同时，一些县级融媒体中心的业务骨干也因县域媒体平台小、业务发展路子狭窄而选择往“高处”走。这种“进来难、出去多”的局面，久而久之必然造成人才断层，导致某些业务因无人承担而“玩不转”。县级融媒体中心不少从业者连“一专”都难做到，更别说“多能”，能“一鱼多吃”的复合型人才更是凤毛麟角，一条新闻仍需派出多元媒介记者才能实现多渠道分发。可见，提升县域媒介传播效率，不能没有全能型的媒体人才队伍。

二、县级融媒体人才转型升级的滞后症结

区县融媒体中心的机构合并已经完成，但要达到各种媒介优势互补、融为一体的目标还有一定距离，其主要症结在于管理者与一线人才队伍仍迷恋于传统媒体的编制与规格，“眼睛向上”的思维定式和高高在上的宣传模式既影响了平面媒介、电子媒介和新兴媒介的深度融合，也制约了各种媒介人才队伍的转型升级。

（一）因捧“铁饭碗”而放弃自我造血功能

区县融媒体中心既要引导舆论和凝聚共识，也要做好经营服务，并确保不会在经济与政治之间失衡。[①] 但由于各级政府加大了财政扶持力度，一些区县融媒体中心有了“铁饭碗”的底气，不愿再“找米下锅”，在媒介功能拓展上走了回头路，带来三方面不良后果：一是现代传媒形象受损。一些区县融媒体中心人员因为不食媒介市场烟火，传播理念上缺乏服务社会大众的自觉性，传播内容少了综合性服务信息，传播风格上淡化了平等对话、互动交流的互联网传播特色，也失去了许多贴近社会大众的机会。二是自我发展能力弱化。一些区县融媒体中心的经营管理者形成了对财政拨款“等、靠、要”的依赖心理，给多少钱办多少事，媒体自我“造血”能力不强，可持续发展道路狭窄。三是经营人才流失严重。有的甚至转向自媒体，成为与县级融媒体中心“分庭抗礼”的竞争者。

（二）为加强官宣作用而弱化服务大众功能

县级融媒体中心集广播、电视、报纸、网媒等于一体，是县域直接管理和指挥的新型主流媒体，承担着县级党委政府所赋予的大量官宣任务。县域大事要事和县级领导政务活动，不仅安排在本县官媒中进行全方位传播，还力争在省市和国家级媒体中有更多发声机会。为此，许多县级融媒体中心不得不把最精干的传播力量用在完成年度官宣任务上，没有更多时间和精力关注和服务区域群众，最基层媒体却给服务群体最遥远的感觉。县域新闻充斥着领导参加各种会议、会见、庆典、视察、走访、交流、学习等场景和话题，没了鲜活新闻，少了社会大众，也就少了粉丝、流量。许多区县融媒体中心所传播的信息，权威性不如央媒和省市媒体，接地气不如自媒体。不上不下的媒介定位，老面孔、老套路的传播

---

① 谢新洲、朱垚颖、宋琢谢：《县级媒体融合的现状、路径与问题研究——基于全国问卷调查和四县融媒体中心实地调研》，《新闻记者》2019 年第 3 期，第 56－71 页。

业务，使得区县融媒体中心的青年业务骨干感到缺乏新鲜感与挑战性，认为展示才华的舞台小、自我提升和出彩的机会渺茫，从而加快了跳槽步伐。

（三）推进对外合作却未加强人才保留工作

不少县级融媒体中心在转型升级过程中，主动与社会化媒体平台开展互利双赢合作，其中有平台账号的劳务外包，有制播分离的内容生产，有网红培育和引流，有直播带货产品供应链建立等。在密切交流与互动中，县媒团队一些业务骨干，成了初级 MCN 机构的“香饽饽”“抢手货”，有的被高薪挖走，有的成合伙人，有的“下海”创业。有的则因为在县媒业务上很难成长突破，宁愿放弃事业编也要到大城市大平台发展。

（四）自我难“融”也缺乏引“融”紧迫感

一方面，县级融媒体中心人才队伍的自我培养能力有限，引进人才受编制束缚、工资待遇低、生活条件艰苦和传播平台有限等诸多因素制约难以奏效。另一方面，一些管理者的人才观还不适应互联网传播需求。有的因为自身“融”的意识和技能不强，仅满足于当“专”才，认为只有“专”才能出精品，看不上“融”的本事。有的即使看到了也毫无办法，拿不出引进这种难得人才的特殊政策，在推进人才转型升级上缺乏魄力和手段。

三、县级融媒体人才转型升级的推进策略

在党和国家关于加快推进媒体深度融合发展指导意见和具体规划中，特别强调要加大媒体人才建设力度，着力打造“一专多能”的全媒体人才队伍，以适应全媒体时代的工作要求。复旦大学新闻学院博士生导师朱春阳教授一针见血地指出，“县级融媒体中心的建设，最值得投资的对象应该是人”。[①]

当前，区县融媒体中心机构升格、编制增加、投入增多，对媒体骨干人才的吸引力也势必提升，管理者应当借势发力、乘势而上，紧盯现代传播技术和媒体变革前沿，突出贴近性与本土化优势，重点补强人才队伍线上线下一体发展的短板，为构建融媒体全媒体传播格局造就充裕的高层次人才队伍。

（一）推行双轨管人机制

给予区县融媒体中心许多特殊政策，包括属性确定为事业单位和财政全拨

① 朱春阳：《融媒体中心建设应以人才为中心》，《当代贵州》2020 年第 19 期，第 80 页。

款，是吸引人才的必要举措和重要优势。但若因此停止其作为新闻媒体的改制探索，媒体规模和功能受稀缺编制和有限财政影响，就很难做大做强，发挥应有作用。因此，区县融媒体中心应进一步深化新闻采编与经营管理“两分离、双轨制”改革。上级党委政府和主管部门着重管政治方向、舆论导向和价值取向，加强对管理者和关键岗位的人事把关。除此之外，应赋予区县融媒体中心更大的自主权。首先，不但不能取消其经营创收功能，而且要通过整合优质资源、扩大服务功能等措施，不断提升其自身“造血”能力。其次，在区县融媒体中心经营与创收能力不断增强的同时，允许其扩大规模、增设岗位，鼓励从业人员拓展线上线下媒介传播矩阵，在开展多元化服务中实现人才队伍的转型升级。最后，事业编与企业编人才并举。新闻采编部门和融媒体业务领导岗位人员，应重用原有的政治可靠思想成熟的骨干人才和经过教育培训与实践考察证明是值得信赖的新型业务人才。其他融媒体岗位尤其是运营人才，在事业编有限的情况下，应视业务发展需求积极引进企业编人才，以确保区县融媒体中心在“引导群众、服务群众”中发挥更大的作用。

（二）坚持多能用人导向

在顶层设计上，赋予区县融媒体中心五大综合服务功能，即媒体服务、党建服务、政务服务、公共服务、增值服务。这需要区县融媒体中心的人才队伍建设既要实现“精专”，还要追求“多能”。一是确保队伍整体上的“全能”，做到广播、电视、报刊和各种网媒重要岗位有领军人物把关定向，关键业务有骨干起带头示范作用，每一种媒介平台和传播渠道都有“精专”人才。二是会使“十八般兵器”的全能型人才多多益善，培养和使用有互联网思维和新闻敏感性强、能写会拍、善于运营的人才。这种高层次人才，往往能更好地发挥媒介“融”的作用，有益于提升传播效率。

（三）重视多元岗位育人

一方面，党委政府和宣传主管部门既要加大财政支持力度，使得区县融媒体中心能够建成基层社会综合性服务平台，同时要积极协调有关部门，将百姓刚需的衣食住行信息入口，归到区县融媒体中心这一综合性平台上。另一方面，区县融媒体中心要大力拓展多元服务渠道，全方位加强对区域政治、经济、文化、生态等文明的传播和对基层群众的全面引导上，努力承担起更多的社会服务功能，让人才在各种实体化岗位上摔打磨炼，不断提升综合业务能力，努力成为国家提升基层现代治理能力的关键性人才。

（四）建立分级培训体系

在传播新技术、媒介新产品、市场新风口变化频率不断加快的情形下，建立学习、培训、研究、探索等分级培育体系，是紧跟媒体生态变革的必然要求。首先，应全员保持较强的跨界学习欲，确保对传播的每个方面创新都有浓厚的学习兴趣，及时了解、潜心研究，努力跟上传播发展步伐。其次，要建立层次性培训体系。根据业务需要和人员实际，推行普及性、专题性和项目性培训，以提升培训的针对性与有效性。再次，抽调业务骨干到大平台接受高层次的培训。最后，定期组织走访考察，向走在创新前列的县级融媒体中心学习。

（五）推进校媒产教互助

在我国不断加快传统媒体与新兴媒体深度融合步伐和构筑全媒体传播体系中，许多高校新闻传播专业都在积极培养既懂传统主流媒体又懂新型主流媒体“能跑会说、能拍会写”的全能型人才。县级融媒体中心通过与高校建立战略合作关系，通过优势互补、强强合作，拓宽现代传媒人才培养路径，一方面助力高校推进产教融合，让新闻传播专业大学生更早接触传媒，缩短与现代传媒产业的距离；另一方面也使得县级融媒体中心能更快更多地引进所需要的人才。阳光学院现代传媒系通过与福建省广播影视集团融媒体资讯中心和10家县级融媒体中心开展深度合作，建立了福建省高校第一个融媒体实验室，为“3+1”教学方式改革建立了一批高层次的实践教育基地，并正在探索成立融媒体产业学院，为传媒专业学生增加了融媒体采编专业方向。

（六）优化对外合作平台

目前，由于互联网传播平台的快速扩张，经营平台账号和构建直销体系的互联网科技公司应运而生，并正在成为数量庞大的新型传播组织。这些社会媒体机构专门探索内容的互联网包装，在吸粉引流方面有着丰富的经验。如福建省广播影视集团的《海峡新干线》节目的抖音账号，视频内容外包给福建耀扬网络科技有限公司运营1年，粉丝从200多万增至2 300多万，线上营收达1 600多万元。县级融媒体中心在与社会新型媒体组织开展合作时，应全程考察，选择坚持传播正能量、深谙互联网包装、善于吸粉引流、产品供应链完善的公司开展合作，在确保社会效益的基础上增加经济创收。

（七）完善激励奖惩机制

深化内设机构、人事、薪酬等改革，建立责权对应、奖惩严明的规范体系，制定并量化薪酬绩效考核指标体系，将政治素养、业务水平、创新能力、职业道德等纳入考核范围，推行全员竞聘上岗、岗位任期制、专业首席制、末位淘汰制等措施，让能干的人干得好、拿得多，混日子的人越来越不好混，推进勤政廉政，消除懒政贪政，促进专业骨干人才、全能型人才脱颖而出。

（作者单位：阳光学院现代传媒系）

会议综述

启程 · 突破 · 追问

——第六届中国广播创新发展高端论坛综述

宋佳辰

1986年12月15日，“珠江通四海，经济第一台”的口号开启了中国广播改革的新篇章，2021年12月15日，“珠江模式”迎来了它的35岁生日。35年来，中国广播秉持珠江精神，在深刻裂变和重组的传播格局中，积极应对新兴媒介的冲击，着力调整传播方式和产品形态。如今，广播媒体在数字化、智能化、网络化的转化中注入了新的生命力，打破了在地域和终端接收上的限制，以内容提供者的身份，为受众提供独一无二的使用感受，更大程度满足受众在新时期的个性化需求，让“珠江模式”创新精神的当代价值得以焕发。在“珠江模式”问世35周年之际，中国高校影视学会广播专业委员会2021年会暨第六届中国广播创新发展高端论坛在广州顺利召开。本次论坛围绕“珠江模式与当代广播”这一主题，进行一场主论坛与两场分论坛。全国广播电台同仁、科研机构的专家学者与高校师生从不同的视野、角度，以理论与实践相结合的方式阐述了自己的观点，就“珠江模式”的历史意义和当代价值进行了深刻研讨与回顾总结，同时对5G技术、智能语音、物联网等给广播带来的发展空间和应用前景加以认真探讨，为广播和音频传媒市场的发展与创新贡献学术力量。

一、革故鼎新：珠江模式的当代价值

理念创新是珠江模式的创新内核。珠江经济台采用“以新闻信息为骨架，以大版块、主持人节目为肌体”的形式，每逢半点播出新闻、整点播出经济信息，从珠江三角洲地区听众的收听习惯和生活需要出发，由主持人灵活地将新闻、信息、服务、娱乐和各种话题熔为一炉，并引发全国广播界从机制到体制的全方位革新。

暨南大学新闻与传播学院申启武教授指出，“珠江模式”是凝练了广东广播几十载实践经验，并巧妙借鉴境外广播而成功推出的广播传播样式。“珠江模式”改革的三个关键词是主持人、直播化、大版块。其中，直播化是基础，也是检验主持人应变能力的试金石；主持人是“珠江模式”的灵魂，主持人穿针引线将整个节目缝合为有机整体；大版块既是节目结构，是“珠江模式”的形态特征，也是主持人施展才华与本领的平台。“珠江模式”的当代意义主要有三点，首先，“珠江模式”敢为天下先的创新精神对于新形势下的广播融合发展具有指导性意义；其次，“珠江模式”强调受众本位，珠江模式的传播实践让受众到用户的转变落地开花，真正实现让受众成为广播的主人，在强调互联网精神的今天格外有启发意义；最后，“珠江模式”在扬独家之优势的基础上能够努力践行“按照广播的方式办广播”，在如今媒介融合的浪潮中仍有借鉴意义。

珠江经济台（南方生活广播）首席业务指导张靖华在会议中回顾了“珠江模式”诞生之初的困境与机遇，并历数珠江经济台三十五载的发展进程，展现了创台以来珠江人一直秉承的开放、包容、创新与探索基因。对于“珠江模式”是抄袭的产物这一观点，他进行了有理有据的回击。珠江模式颠覆了中国广播界数十年传统的制播方式，并将广府文化融合于珠江经济台的内容生产中，让广播能接地气，能拥有老广的味道。对于新媒体时代“珠江模式”的发展，他认为，广播在新媒体时代仍然“危中有机”，应牢牢把握自身媒介特性，充分发挥其在碎片化和伴随性场景中解放双眼的优势，用功力抓住用户的耳朵；面对传统广播电台与在线音频 App 的共生与竞争，传统广播稍纵即逝的短板可以被音频 App 所弥补，同时广播频率也可以成为音频 App 的内容供应商，为其提供优质的专业性内容。

二、守正务实：传统广播的融合发展

“珠江模式”诞生于中国特色的社会语境中，富有先天的政治属性。广播作为主流媒体，具备经年累积的权威性和公信力。广播不仅肩负着引领社会风向的责任，还应重视公共空间话语输出的专业性和传播效果。南京传媒学院特聘教授项仲平认为，“珠江模式”是中国广播改革的新的里程碑。在时代新格局的当下，更应让国家意识成为大众传播的追求，信息传播融入大众文化中，并与“国族认同”“价值认同”的文化和精神内涵的审美要求相一致，以此统一大众化的新闻、经济、文化娱乐的多元化与信息传播、娱乐愉悦之间的关系，要将广而告之的大传播与分众和细化的听众群相结合，要将培养主持人粉丝黏性和培育网红流量池并举，将声音传播转化为服务传播，将隔空传播转化为精准投放，使“珠江模式”文化与精神内涵不断赋能，守正拓疆、不断改革、以特创新，使珠江经济电台成为人们信手拈来的“随身听”和“随身用”。

阿基米德（上海）传媒有限公司总裁王海滨提出，媒体不要脱离对社区的观察和思考，应将广播从工具变成基层治理的手段。他以“防盗窗到底装在几楼”“小区内设施应如何安置”等社区问题为切入点，通过讲故事的方式对于社区的疑难杂症进行讨论，并升华出观点：在新媒体蓬勃发展的今天，传统媒体更应关注生活，融入生活，而作为媒体人也应具有依靠媒介为百姓解决问题的意识。

随着媒介融合的深度推进与移动智能终端的普及，极大丰富的信息和受众有限的注意力之间的矛盾愈加显著。与之伴随的是层出不穷的融媒产品，及受众对于参与感、沉浸感与交互性等水涨船高的要求。有效捕捉受众注意力，增强用户黏性是地方广播电台亟待解决的问题。安徽广播电视台副台长张阿林认为安徽广播开始节目视频化的探索，通过广播频率的抖音号、视频号等平台，直播发布视频化广播节目，把能听又能“看”的广播节目提供给听众，从而实现了广播节目内容的可视化、场景的多元化、交互的即时化，大大拓展了广播传播的渠道和载体形态，让音视频的融合在广播节目中得以实现。这实实在在地催生了具有互联网基因的“新广播”，为构建广播新生态提供可能。

广东广播电视台羊城交通广播（城市之声）频率总监陆敏华认为，在媒介融合时代，对于广播的内容渠道要进行平台经营管理等深度融合的全面探索实践。珠江经济台在近五年积极进行融媒实践，创办全球粤语音频第一端，建立由移动客户端、电商、教育培训、珠江财讯等构成的珠江经济全媒体家族，坚持自有文创 IP 深耕，让传统电台赋能广东农业，“用荔枝传递爱”打出广东的专属王牌。

三、科技赋能：移动音频的路径探索

每一次革命性技术的到来，都会引起人类传播活动和社会生活方式的逻辑性重建。“媒介即讯息”是西方传播学巨擘麦克卢汉的经典论述。他指出，新兴媒介的诞生开创了有意义的新的生活方式，并将这个时代所使用的传播工具的性质、它所开创的可能性以及带来的社会变革寓于其中。如今 5G、AI、大数据、物联网等技术将现实世界以数字化的方式嵌入每个人的日常生活中，构建出万物互联的智能世界，而媒介传播格局也正经历着深刻的裂变和重组。人与人、人与物、物与物的链接共同推动传播产业链的更新迭代，也推动着新型社会关系的构建。同样，科技的赋能也丰富了广播的传播渠道，拓展了广播的传播阵地，创造了智能终端之间的超级链接，从而巨大且深刻地改变着广播业态，驱动了广播的形态的迭代与更新。

在媒介融合的大潮中，传统媒体与互联网产业界限日益模糊，被唱衰多年的纸媒亦在实践探索中寻求方向。重庆师范大学新闻与传媒学院副院长赖黎捷教授指出，传统报业向音频生态圈的进军不容忽视，记者“主播”与智能交互是报业音频转向的两种进路。第一条进路为从转译到交往，《封面新闻》《南方都市报》等报业以真人主播为纽带，进行新闻内容音频化的转向，并通过品牌栏目入驻第三方平台、多形态打造音频产品矩阵，及打造主播群等方式实现主播元传播特质的具身式交往。第二条进路为从离身到融合，通过以智能语音驱动的新闻播客，实现综合的虚拟现实多场景互动。现今，新华社、《人民日报》、南方财经全媒体集团、《纽约时报》等已经搭乘科技的快车，尝试机构媒体音频化的转向。通过在节目中引入虚拟主播丰富新闻形态，并形成嵌入式的情感连接。

科技的加持更大程度地实现了传播媒介的富化和反馈的双向循环，用户成为实现流量扩散和裂变的关键，被更深刻地赋予了传播主体的功能。同时，在网络音频的传播实践中，算法的运用已经屡见不鲜。用户在内容和形式偏好上的隐藏法则和深度相关数据，都能通过云计算技术被制作者知悉，并以此服务于垂类产品的打造和用户的差异化推荐。荔枝集团副总裁、总编辑吕明心肯定了技术革命带来的网络音频产业变革。她以荔枝集团发展为例，介绍了荔枝 FM 在打造“社区 + 内容 + 社交”的产品矩阵、拓展音频使用场景、打造 IoT 时代沉浸式交互体验等方面的深耕。荔枝集团充分重视了受众的自主化选择和个性化需求，更着力将科技赋能于音频产品，增加受众黏性；同时通过 AI + RTC 赋能于内容创作者，激发多元化的内容创作，由此改变受众发现和欣赏音频内容的方式，提供稳定流畅的音频体系，满足用户在多样化场景中的音频需求。

“珠江模式”开启了广播的新时代。而今，互联网改写了原有的媒介图景，广播也迎来全新的发展契机。面对诸多的机遇与纷扰，广播更应去芜存真，让珠江精神在当代彰显价值。在积极参与媒介融合的同时，结合自身优势和专业化生产能力，凭借传统媒体的权威性和公信力，走出具有广播鲜明特色的时代化之路。

（作者系暨南大学新闻与传播学院硕士研究生）

后　记

1986 年 12 月 15 日开播的珠江经济广播电台，以新闻信息为骨架，以大版块主持人节目为肌体，通过直播化的播出方式，将新闻、信息、服务、娱乐和各种话题熔为一炉，创立了被国内广播同仁一致推崇的“珠江模式”。“珠江模式”的横空出世，是中国广播上创新发展的重要创举，为中国广播史写下光辉夺目的一页，成为中国广播改革的一个新的里程碑。在新媒体时代的今天，广播媒体在融合发展的过程中，传播形态、生产流程、传播渠道、节目营销以及管理体制、运营机制等诸多方面都发生了巨大变化，而这一切是广播改革的主要成果，也是“珠江模式”创新精神的延续。2021 年 12 月 15 日是“珠江模式”诞生 35 周年纪念日。为此，去年 9 月，时任珠江经济台总监的陆敏华在一次台里的活动上与我商量举办广播研讨会事宜，我觉得很有必要。于是，由中国高校影视学会、广东广播电视台、暨南大学联合主办，广东广播电视台珠江经济广播频率和暨南大学新闻与传播学院共同承办的中国高校影视学会广播专业委员会 2021 年年会暨第六届中国广播创新发展高端论坛在这个特殊的时间节点顺利举办。来自学界和业界的 180 位代表就“‘珠江模式’与当代广播”这一主题以线上线下相结合的方式回顾“珠江模式”的历史贡献，探寻“珠江模式”的精神内涵，同时对 5G 技术、智能语音、物联网等给广播带来的发展空间和应用前景加以深入研究探讨。

本届研讨会除主题发言外，与会代表围绕“珠江模式”的历史意义与当代价值、“珠江模式”与广播主持人的转型、新媒体时代珠江经济广播的创新发展实践、移动音频的发展现状与趋势、广播直播带货，以及当代广播的可视化发展策略、听觉文化与音频传媒等具体问题进行分组讨论，发表了许多有价值的见解和观点，开展了富有成效的交流对话。为了将研讨会的成果固化下来，会议的主办方决定编辑出版会议论文集，将部分与会代表的论文结集为《珠江模式与当代广播》一书出版。

在论文集即将付梓之际，作为研讨会的主要策划者、组织者与论文集的主编之一，我要特别感谢中国高校影视学会和广东广播电视台的大力支持；感谢广播业界和兄弟院校的专家学者的大力支持，为研讨会提供颇有见地的学术论文，使得会议得以成功圆满。尤其令人欣喜的是，一些兄弟院校的硕士、博士研究生积极参会并撰写质量上乘的学术论文，让我们看到广播乃至整个音频传媒研究的美好未来，本论文集里几篇年轻学子的研究成果尤其值得关注。感谢中国高校影视学会学术委员会副主任李幸教授，广东广播电视台党委委员、副台长周炜女士，暨南大学副校长张荣华教授热情洋溢的致辞。感谢中国广播电视社会组织联合会学术委员会副主任、云南师范大学覃信刚教授在百忙之中为本论文集拨冗作序。

在本届研讨会策划、筹备、举办以及论文集编辑过程中，重庆师范大学新闻与传媒学院副院长赖黎捷教授为研讨会议题的选取提供了颇有见地的意见；广东广播电视台珠江经济台为研讨会的直播、客户端宣传给予诸多帮助；会务组的刘苏丽、苗丽娜、尹青青、柳叶等老师在会议期间付出了许多辛勤劳动；作为本书的副主编，暨南大学新闻与传播学院党委副书记张建敏副教授、广州广播电视台新闻广播副总监徐宏对论文进行必要的整理、分类、审校，为论文集的顺利出版付出了艰辛与努力，做了许多卓有成效的工作。在此，一并表示由衷的谢意！

申启武

2022 年 7 月 6 日